先祖如是说系列

刘邦告诉我如何才能出人头地

姜正成◎主编

中国财富出版社

图书在版编目（CIP）数据

刘邦告诉我如何才能出人头地 / 姜正成主编. —北京：中国财富出版社，2015.1

（先祖如是说系列）

ISBN 978-7-5047-5029-7

Ⅰ. ①刘…　Ⅱ. ①姜…　Ⅲ. ①汉高祖（前256～前195）-生平事迹-通俗读物　Ⅳ. ①K827=341

中国版本图书馆 CIP 数据核字（2013）第281046号

策划编辑　白　柠　　责任印制　方朋远

责任编辑　白　柠　　责任校对　饶莉莉

出版发行　中国财富出版社

社　　址　北京市丰台区南四环西路188号5区20楼　　邮政编码　100070

电　　话　010-52227568（发行部）　010-52227588转307（总编室）

　　　　　010-68589540（读者服务部）　010-52227588转305（质检部）

网　　址　http：// www. cfpress. com . cn

经　　销　新华书店

印　　刷　北京柯蓝博泰印务有限公司

书　　号　ISBN 978-7-5047-5029-7 / K · 0158

开　　本　710mm×1000mm　1/16　　版　　次　2015 年 1 月第 1 版

印　　张　15.75　　印　　次　2015 年 1 月第 1 次印刷

字　　数　218千字　　定　　价　36.00元

前言

刘邦年轻时放荡不羁，一身流氓习气，但在烽火连绵、英雄辈出的秦末，竟然脱颖而出，击败了一个又一个对手，最后不但完成了统一天下的重大历史使命，而且创建了400多年的汉家天下，其原因确实值得后人深思。

刘邦在兄弟四人中排行第三，他性格豪爽，不太喜欢读书，但对人很宽容。秦朝时曾担任泗水亭长，在秦末农民战争中起义，登高一呼，天下英雄云集于麾下，称“沛公”；公元前207年12月，刘邦所率义军率先攻入秦都咸阳；公元前206年被义军盟主项羽封为“汉王”，封地为汉中、巴蜀；公元前202年2月28日，刘邦在定陶城边的汜水北岸称帝，7月建都长安。

建立汉朝统一中国之后，刘邦以文治理天下，征用儒生，诏令天下，广泛求贤。在政治上，刘邦承接秦朝的中央集权制和郡县制，同时废除了秦朝的苛刻律法；在思想上，以儒家思想为主，以法家思想为辅，取消秦朝“严刑峻法”的做法，废除连坐法及夷三族之法，提出了“德主刑辅”的治国思想，即以教化为主，刑罚为辅，达到宽严相济的统治效果；在经济上，刘邦废除秦朝苛法、豁免其徭役减轻人民的负担，如减轻田租，什五税一，“与民休息”，释放奴婢，凡民以饥饿自卖为奴婢者，皆免为庶人，解放生产力。以“兵皆罢归家”“以功劳行田宅”的政策让士兵复员归家，给予他们土地及住宅，使他们从事生产劳作，迅速恢复提高国民经济。鼓励生育，扩大劳动力。同时大力发展农业，抑制打击唯利是图的商

人及残余的奴隶主阶级。在发展文化事业方面，刘邦建立了规模宏大的“国家图书馆”——天禄阁、石渠阁等。

刘邦采取的“宽松无为”的政策，不仅安抚了人民、凝聚了人心，也奠定了汉代雍容大度的文化基础。可以说刘邦不仅使四分五裂的中国真正统一起来，而且还逐渐把分崩离析的民心凝集起来。他对汉民族的形成、中国的统一强大、汉文化的保护发扬做出了决定性的贡献，也为以后开创“文景之治”的社会局面奠定了坚实基础。

刘邦高瞻远瞩、深谋远虑，他的政治制度和对后世的安排使大汉延续了长达400余年，是中国历史上延续时间最长的统一王朝。他的这套政治体制和经济制度也为后世统治者沿用，因此刘邦开创的大汉帝国可以说是中国历史上最强盛的朝代之一，令后世国人景仰与怀念。

魏晋时期竹林七贤之一的阮籍曾经说刘邦是“世无英雄，使竖子成名”，就连司马迁的《史记》，对刘邦也不以为然。实际上，刘邦绝非一无是处，他的高明之处就在于他精通权力的智慧。

本书全方位描述了刘邦的一生，利用大量翔实的历史资料，多角度地再现了刘邦从草根到皇帝的传奇经历。本书图文并茂，资料翔实，生动感人，引人入胜。

编　者

目录

第一章　志存高远——刘邦这样对我说志向

人们常把“人无志不立”“志不立，天下无可成之事”之类的话语当作自己的座右铭。这里所说的“志”，其实就是人们心中的目标，以及要为之奋斗的决心与坚持。立志就是让一个人从大地上站立起来，从懵懵懂懂中清醒过来，从浑浑噩噩中悔悟过来，从艰苦之中卓然挺立起来。立志是一种自我警醒，是成就自我最关键，也是最基本的一步。或许你目前一无所有，一无所成，但这些都无关紧要，最重要的是要有志向。

第二章 百忍成刚——刘邦这样说忍耐

水至柔，而石至坚，然而滴水可穿石。忍字头上一把刀，但纵观历史千载，凡成大业者都有其柔忍的一面，忍之越深，发之越远。忍而不发是懦弱，勃发不忍是莽撞，其中奥妙不可不知。

第三章 聚集人才做大事——刘邦这样对我说人才

识别人才，考核人才，是用人的前提条件。因此，很早古人就流传“得人之道，在于识人。帝王之德，莫大于知人”的说法，提倡“为治以知人为先”，意在说明治理国家应以了解、识别人作为最重要的事情。知人虽难，却并非没有良方可循。古往今来，那些善于用人的政治家、军事家、企业家无不具有知人、识人之术。而汉高祖刘邦便是其中的佼佼者，他的识人之术是很值得我们现代人学习借鉴的。

第四章 谋略是成功的关键——刘邦这样对我说谋略

如果没有智慧的力量，一分力量只能有一分效果，如果加上智慧的作用，却能收到四两拨千斤的奇效。所以谋略家刘伯温说："力之用一，而智之用百。"因此，用兵打仗，从政经商，仅靠力气是无谋的匹夫，最后肯定会被有智慧的人击败。如果给力量插上智慧的翅膀，智勇合一，有胆有识，必能笑傲群雄。综观历史上的成功者，都和刘邦有着同样的信条：靠头脑打天下，不靠拳脚打天下。

第五章 做人要谦虚——刘邦这样对我说做人

谦虚使人进步，骄傲使人落后。所谓“愚者千虑，必有一得；智者千虑，必有一失”。为人不可骄傲自满，应该有空杯心态，随时随地地学习、接纳。只有目光短浅、胸无大志的人才会像鹦鹉一样叫嚣，真正有功绩的人是会保持谦逊的美德的，因而也会受到人们的尊敬。

第六章 御权有术——刘邦这样对我说御权

不是谁都能执掌权力，运用权力，只有有头脑的人才能有效地掌握权力，运用权力。这不仅需要有非常高的智商，还要具备很高的谋略和良好的精神状态。这样，在危急的时候，你才可以安如泰山；在得意的时候，你才可以冷静面对。刘邦在这方面就做得很好。

第一章

志存高远——刘邦这样对我说志向

人们常把“人无志不立”“志不立，天下无可成之事”之类的话语当作自己的座右铭。这里所说的“志”，其实就是人们心中的目标，以及要为之奋斗的决心与坚持。立志就是让一个人从大地上站立起来，从懵懵懂懂中清醒过来，从浑浑噩噩中悔悟过来，从艰苦之中卓然挺立起来。立志是一种自我警醒，是成就自我最关键，也是最基本的一步。或许你目前一无所有，一无所成，但这些都无关紧要，最重要的是要有志向。

出身平凡，志向高远

中国历史上，社会等级森严。统治者用伦理、制度、法律，规定了人与人之间的差别，或尊贵或卑贱，或中心或边缘，这个差别并不能说明人的智力高低，而是“与生俱来”的胎记，一个人的出身决定了他的地位、前途和命运。

但是，总有一些“弱势群体”中的人，不满意、不安分于自己的社会地位，总是要打破固有的身份界限，去开辟新的受人尊重的生活。这些智者的信念就是，人的富贵与贫穷，应该由人的智慧和能力来决定，而不应由所在阶级、地位来决定，每个人都有成功的心愿，都有实现愿望的需要和权利。这些人中的杰出代表之一就是汉高祖刘邦。

翻开中国的历史，人们不难知道汉高祖刘邦是真正以布衣起家的皇帝。

人们难以想象，一个农家子弟，最终成为历史上的第一位平民皇帝，成了史学大师汤恩比眼中的人类史上最有远见、对后世影响最大的两位政治人物之一。

在神秘主义大行其道的古代，对刘邦的成功，唯一的解释就是他生来就是真龙天子，天生就是做皇帝的料。

刘邦于公元前247年（还有史料认为是公元前256年）出生于沛县丰邑。《史记》中的《高祖本纪》，一开始便有了介绍。

在那个年代，身为良家妇女的刘媪，做梦和神相遇，雷电交加，天昏

地暗，只见到一条蛟龙伏在她身上，因而怀孕，生出刘邦。实际上，这是刘邦后来成了大业，那些文人们杜撰出来的神话，意在证明刘邦是真龙天子，这自然是不可信的。

那为什么要这样说呢？有关刘邦降生神话中的蛟龙是什么意思？这里应有地方性图腾的意义，蛟龙是一种水蛇的神像，换句话说，刘邦的先祖，是属蛇图腾的部族人氏。

司马迁算是中国历史上最有见地、最为严肃的史学家了，即便在他看来，刘邦也是真龙天子。

秦始皇死后，各路英雄纷纷揭竿而起。当时许多地方都有起义军出现：大泽乡与刘邦起兵的沛县，项籍、项梁起兵的会稽，还有黥布与番君起兵的鄱阳湖畔等。然而，最终夺取全国政权的则是秦帝国东土上沛县境内的一个小小的泗水亭长，这个人就是刘邦。

沛在秦朝时才建立县制，丰邑则是沛县的一个乡邑。沛县约在今天江苏省的北部，汉王朝以后，泗水郡改称为沛郡，原先的沛县县城则称为小沛，是徐州非常重要的粮食储存中心。

沛的意思，是水源充沛。水流多，生物自然较繁盛。江苏省中部有长江贯穿而过，长江以北部分古代属徐州。春秋时期，这里是吴、梦、陈的交界处，战国时代则是楚、齐的边疆。所以这个地方混杂有多种图腾部落的文明，也许蛇图腾对这个地方有很大的影响。

长江北岸众多支流带来了很多沙土，堆积在江北较平坦的地方，形成了肥沃的平原。这种土质的生产力很高，丰邑的名称大概便源于此。

刘邦的父亲是一个很老实的农民，刘邦排行老三，他有两个哥哥。那时在民间，相命学是很发达的。刘邦形象出众，气度非凡，据说他身上长有72颗黑痣，这72便是一个很吉利的数字。当时，人们十分迷信，对相术几乎达到痴迷的程度，因此被大家争相喜欢的刘邦，在这样的氛围下成

长，注定将来不会仅仅是位脸朝黄土背朝天的农民。

身为老三的刘邦天生就不用干很多活。由于刘邦出生得晚，父亲的经济能力也好一些了，做不做工，也不指望他一人。加上他从小受到照顾较多，尤其腿上的胎记被乡人传为龙气，刘家大大小小不论是谁都对这个最小的儿子另眼看待。

又有时间又不用工作，刘邦当然就可以仔细打扮一番，胡须要整理得配合脸型，穿着也要一套一套很讲究。刘氏兄弟的底子可能差不多，但经过自己的“形象包装”，刘邦看起来就更加英俊体面了。

刘邦在长辈的溺爱中成长着，优越的环境给了他乐观、开朗而自信的性格。他的宽容、大方在广交朋友方面表现得更为突出。但由于被过度纵容，加上自命不凡，其懒惰、喜欢嬉游而又浪荡成性、没有责任心等缺点，在他身上也都体现了出来。

很多史学家认为刘邦出身于农家，加上天性懒惰、好玩，所以不过是个在社会上混的小文盲而已。

其实，刘邦是受过教育的。《史记·卢绾列传》记载：“卢绾者，丰人也，与高祖同里。卢绾亲与高祖太上皇（指刘邦父亲）相爱，及生男，高祖、卢绾同日生，里中持羊酒贺两家。及高祖、卢绾壮，俱学书，又相爱也。”正好有同伴，家庭经济情况也还过得去，又没有生活压力，两家的长辈都觉得很好，便送他们共同去接受教育。我们很难了解刘邦受过多少教育，但从他后来的表现可以看出，他绝不是不学无术的文盲。

在乡村地区的年轻人中，刘邦是一位幸运儿。《史记》中还描述其个性如下：仁而爱人，喜施，意豁如也。常有大度，不事家人生产作业。

这的确是在宠爱中长大的写照，刘邦虽然不务正业，但还算善良、有气度。在这种环境下长大的年轻人自然不喜欢辛苦无聊的庄稼工作，只要有机会就会偷懒往外跑，想着去外面闯出一片与众不不同的生存天地，但

是作为一个没有什么背景的农家子弟，想要成功，就得吃不少苦头，从后来他的经历可以看出，刘邦是有这种思想准备的。

四方交友为日后

倘若一个人品质不好，为人刻薄小气，小肚鸡肠，就不会有好朋友。即便有，也不会是真心的朋友，不会相处很久。俗话说得好："一个好汉三个帮"，想做个好汉都得这样，可见胸怀大志的人是多么需要广交朋友，四面结缘。刘邦志向高远，人缘好，或者用邻里的话说就是威信好。所以，很多人都愿意与他交往。

身为农民，在农田耕作方面，刘邦并不擅长，但对于广交朋友他却深得其道。由于性格豪爽，为人豁达，他与人交往时出手大方，不斤斤计较。

与朋友一起出去时，刘邦口袋里有多少钱，就花多少钱，一分不留，十分慷慨大方。家里人对他这种行为很不满，也经常埋怨他，担心他长大后会成为好吃懒做的"浪荡儿"，可是，他仍然我行我素，一副不务正业的样子。

刘邦的家位于江苏省东北部，地理位置上是苏北丘陵地区。沛、丰一带的残丘低缓，临近微山湖畔，多有沼泽、小溪，溪流源出于沛、丰南砀山县东南面的芒山、砀山。

从自然条件上看，刘邦的家乡适于发展农业，又有水流与湖泊，堪称"鱼米之乡"。

以农业为本，是中国的传统生产方式。在农村生活，一个青年如果识

文断句，又受父母娇惯宠爱，干起农活来丢三落四，心不在焉，加上好高骛远，自然就会被视为不务正业、好吃懒做的人，他的街痞无赖的恶名，在当地也就传遍了。

他经常带一帮趣味相投者到家中白吃白喝，时间一长，父母虽不怎么计较，兄嫂却有意见了。

有一回，刘邦带着几位朋友到家中来，大呼小叫地让大嫂给他们置办酒菜。这在农村，当然也是常有的事儿，大嫂不好当面拒绝，又恨小叔子不争气，就想给他一个教训，教育他一下。

于是，她走进厨房，故意用勺子将锅敲得乱响，示意刘邦和他的朋友们，锅里是空的，没有什么食物可以招待他们。刘邦的朋友们不得不乘兴而来，败兴而归。

刘邦送走朋友，回来掀开锅盖一看，见锅里既有饭又有菜，才知道是他大嫂不满自己的做法，设法故意赶走他的朋友，使他大丢面子。此后，他一直对这件事耿耿于怀。

当皇帝后，所有刘家的亲戚他都封了，就是不封大哥刘伯的儿子。他父亲出面说情，刘邦便向父亲解释说："不是我忘了封我的侄儿，而是恨他的母亲，在我朋友面前出我的洋相，使我下不了台，我这才不封大哥的儿子。"最后在父亲的再三劝说下，刘邦只封大嫂的儿子刘信为侯，而没有封王，这也算是刘邦对当时尴尬的遭遇进行了报复。

实际上，刘邦并不是个游手好闲的地痞无赖。一个伟大的人物由于出身卑微而非贵胄，总会引起许多人的关注和贬损。此外，一些乡邻因是看着他在身边长大的，对他也就少不了许多带神秘色彩的评论。

据说刘邦经常到王媪、武负两家酒馆中喝酒，却从来不给钱，都是赊账，有时喝醉了就睡在酒馆中。对于这样的"无赖行径"，两位老板娘虽忿忿不平，但妇道人家，却又发作不得。

不过刘邦的交友非常广泛，什么样的朋友都有，他们也经常来找刘邦一起喝酒，大多是到这两家酒馆里来，而他们都很慷慨，因此，只要刘邦来喝酒，酒店的生意就会比平常好上几倍，这样一来，反而把刘邦所欠的酒饭钱给赚了回来。由于刘邦的光顾带来了丰厚利润，两位老板娘干脆让刘邦白吃白喝，到年终结账时，就将刘邦所欠的酒账一笔勾销。

刘邦34岁的那年，秦灭楚国。两年后，秦统一六国，设郡县于天下。按照秦帝国的政治制度，在地方上，郡下设县，县下设乡，乡下每十里设亭。这个时候，中阳里的几个老者改变了对刘邦的看法，由他们带头，凑集了一笔银子，替刘邦找到了一个沛县东部的泗水亭长的职务。

亭长平时负责练兵，接待来往官吏，为政府输送财物、传递文书等。在亭长之下，还设有掌管开闭扫除的“亭父”和掌管追捕盗贼的“求盗”。亭长是秦帝国基层政权组织中微不足道的小吏。

自从刘邦当上了泗水亭长以后，因公事经常出入县府衙门，一来二去，同县府里的下级官吏们混得很熟。刘邦目光敏锐，善于察言观色，很能体察人们的心理活动。加之他谈话风趣，因而每当同事们聚首的时候，或在公案之旁，或在酒桌之上，只要刘邦一语既出，在场的人无不开心大笑。他有时谈古论今，有时设譬为喻，在座的某一位的言谈举止，往往也会成为他取笑的对象。不用说，被取笑者往往是被弄得手足无措。然而，这并不影响他与同事们的友善关系。因为同事们不仅知道他是善意的取笑，而且他那体察入微的洞察、诙谐而风趣的言语，其中蕴藏着极大智慧。他总是从人们不大留意或观察不到的地方，为大家挖掘出来可供开心的笑料，使同事们在公务之余感到无比畅快。再说，刘邦并不总是取笑某一人，几乎在场的任何一个人，没有不被刘邦取笑过的。

至于县府里的衙役，刘邦也混得很熟。由于衙役与小吏身份有所不同，刘邦对他们的取笑便有些过分，带有很大的戏弄耍笑成分，体现出某

种程度的玩世不恭。好在衙役们由于职业与身份的关系，对于刘邦的取笑也不介意，彼此之间也相处得很融洽。

刘邦取笑同事及县府内的衙役却不会引起反感，从一个侧面表明他对人情世故有很强的洞察力。他起兵反秦后的知人善任，显然与此有关；他善于处理人际关系，能把自己融合于不同阶层的不同人之中，于此也有清楚的体现。在秦帝国的暴政之下，作为一个胸怀大志的人，面对举世混浊的种种世态，他怎能不用玩世不恭的态度，取笑人们身上的种种可笑之处，来抒发胸中的压抑和不满，以求得心境上的平衡？对《史记·高祖本纪》中的“意豁如也，常有大度”，特别是所谓“廷中吏无所不狎”，做上述那样的一些叙述，恐怕是合乎实际的。

刘邦对县府中的小吏无不取笑，又“好酒及色”，这绝不意味着同他私交密切的人都是些酒肉朋友。在县府的官吏之中，主吏掾萧何与狱掾曹参，便同刘邦是莫逆之交。在沛县之中，刘、萧、曹三人堪称为“沛县三友”。应该说，刘邦对自己前途的选择是明理而智慧的。身为一个卑微的农家子弟，他竟从来不设想如何安心务农。然而倘若他安心务农，又怎能立大业，定天下，做皇帝呢？

当时天下已统一，秦始皇焚书坑儒，英雄无用武之地，因而武不能从军建功，拜将封侯，文不能读书以求功名；经商又无雄厚的资本，唯一可行的就是从基层小吏做起，一步一步地往上爬。刘邦志向已定，然而他当时的志向并没有狂妄到想要做皇帝，但其目标绝对是高远的。他一边收罗各路朋友，一边培养着真诚的友情，向着他的志向走去，永无止境！

要善于“包装”自己

一个人如果想要别人记住自己，最好的办法就是学会打名气，同样，作为一个团体的领导也要这样。只有让别人知道有你，知道你是谁，才可能和别人抗衡。所以我们就要学会炒作，以提高自己的声誉。

秦朝时期，官吏的来源主要有两种渠道，一种是靠立战功加官晋爵，另一种是靠乡里的长老推荐。所以，一个人如果没有战功，要想做官，就得有一定的家族地位和乡里关系作保障。像刘邦这样的平民，要想靠关系及家族地位走被推荐的道路是不可能的，要想做官，必须建立起自己的“知名度”。当然，刘邦在建立自己的知名度方面是做得非常成功的，他利用人们的迷信，采取了神化个人形象的办法。

刘邦不仅长得好看，而且身上有不少异相。据《史记·高祖本纪》记载：“高祖为人，隆准而龙颜，美须髯，左股有七十二黑子。”“隆准”的意思是鼻子高挺，两颊端正；“龙颜”是指刘邦脖子长，胸部挺直，背脊硬朗，手脚长而有力，在众人中显得鹤立鸡群、相当有精神；“美须髯”是指他的胡子特别漂亮，看起来显得特别高贵，少年老成，值得信赖；“左股有七十二黑子”是指左腿有72个黑痣。在中国古代相学中，72是个大吉大利之数。一些喜欢讨论异相的三姑六婆，得知刘邦的体型与长相与众不同后，便一传十，十传百，百传千，刘邦的知名度就这样建立起来了。

从前文可知，由于刘邦的长相奇特，他在家里也享受到了特殊待遇，刘家大大小小都对他另眼相看，他甚至不必干农活，从而有充分的时间去打理自己的人脉，进行自我包装。他非常重视自己的衣着，每天都要打扮一番，把胡须整理得很有气度。这使他在面对自己的朋友时，显得格外自信。

由于注重个人包装，再加上某些人的宣传，刘邦的个人形象有些神化了。

秦始皇在位时，便有不少懂得天象的方士向他建言：“东南方有天子气。”当时，秦始皇非常担心，便常到东方巡幸，企图以自己的天子之威镇服这股气。

刘邦对此传说，颇为自疑，为了避免获罪，他时常藏匿于芒县和砀县间的深山、沼泽和岩石间。

不过，令人奇怪的是，无论刘邦躲在什么地方，一旦他的妻子吕雉和地方父老有事要找他，都能很快找到他。

刘邦感到非常奇怪，便问吕雉说：“你怎么每次一来便找到了我呢？”

吕雉回答说：“你所在的地方，上空常有云气，只要顺着云气找，便可以找到你。”

至此，刘邦更相信自己有祥瑞之兆，非常高兴。沛县子弟听到了这种传言，更相信刘邦有贵人之相，认为刘邦有天子之气，追随刘邦将来能够大富大贵，便纷纷前往山中投奔刘邦，于是很快形成了一股力量。

这段故事，显然是后人附会加上去的。方士再大胆，也不敢向专权猜疑的秦始皇进言说“东南方有天子气”，即使有这件事，亦属宫廷中秘言。又怎么可能传到刘邦耳中呢？如果这件事是真的，那么只能说明一个问题：刘邦在神化包装自己的形象上可谓用心良苦。

正因为刘邦善于神化和包装自己，给天下人造成了他“贵不可言”的直觉印象，所以刘邦起事后，那些希望改变自己的命运、追求大富大贵的人，便死心塌地地追随刘邦，和他一起出生入死，尤其是刘邦年轻时结交

的那帮朋友。这些人对刘邦的支持是无私的，是全心全意的。没有他们的支持，刘邦很难夺取天下。由此可见，一个人要想在人生和社会博弈中获得成功，应该适当地包装自己，建立自己的知名度和美誉度。

一个人在成功的道路上，想要获得成功，就得有让人信任的东西。有的人是靠出色的能力，有的是靠极强的凝聚力。但不可或缺的一点是，作为领袖，要善于包装自己，将自己以一种名正言顺的领导地位出现在世人面前，只有这样才能更容易走向成功。

刘邦作为领袖，就充分利用了古代人迷信的特点，通过神话大肆宣扬自己的非凡之处，给自己披上神圣的外衣，从而让人们从心理上认同自己，这可是比打多少次胜仗都管用的。

所谓“人微言轻”，这是十分深刻的道理。身份低微，易为人觑，欲成大事就得好好包装自己，这是形象的问题。同样的发展，如果将自己包装、炒作起来，受到了大家的关注，那么在起步阶段，就会收到更好的效果，从而在发展的道路上，达到事半功倍的效果。

与秦末同时起兵反秦的旧六国的贵族后裔相比较，刘邦没有显贵的家世，地位非常卑微，但他从小就喜欢包装造势，不论面相还是外表，他以各种条件来装扮自己，这的确收到了极好的效果。

事实上，在现代社会，一个人要想获得成功，良好的个人形象、较高的知名度和美誉度是非常重要的一环。那些成功的博弈者，往往都是非常善于包装自己、树立良好个人形象的典型。

在现代社会，一个人要想获得成功，借鉴刘邦的成功经验，适当地包装自己，这是非常重要的，也是非常必要的。

胸怀大志，设定目标

人活于世间，谁不想做点大事？然而，成功并不会垂青每一个人，也不是人人都能成为英雄，英雄毕竟是少数。因此，把握自己的真实水平，找到适合自己的目标，也就是设定自己的人生角色就十分重要了。

刘邦虽被人看作是市井无赖，为人放荡不羁，但他胸怀大志，自小就是群众的领袖，魅力人缘极佳，更兼有王者风范，天生就是一副富贵相。所以，在见到秦始皇万人造势的巡幸队伍时，刘邦不禁脱口而出："大丈夫当如此也。"这要从刘邦去咸阳的一次差事说起。

有一次，刘邦奉命送一批农夫到咸阳，从沛县至咸阳，一路西行，大约有一个月的行程。深秋季节，田地的庄稼都已收割入场，冬小麦麦苗刚刚破土而出，中原大地之上，远望黄绿相间，近看则一片荒凉。田野上看不到劳作的农夫，只有田边枯黄的杂草，秋风迎面吹来，一派凄凉气氛。

刘邦同他带领的农夫，都是告别了亲人而踏上征程，怀着同样的心情向西方默默无语地行进，哪有什么兴致欣赏旅途中的风光。刘邦很是别扭：往年深秋同妻子女儿在场院打场，喜庆丰收，各户人家都是喜气洋洋的，怎么今年深秋在田野上却见不到人影，一派凄凉？年过四十的刘邦，难道不知道此刻农夫不在田野而在场院吗？这是由于刘邦在旅途中心绪不宁。此时，只有此时，他才体会到父母、朋友，特别是妻子儿女在他心中竟占有这么重的分量。

旅途中刘邦很少一个人独自饮酒，他深知自己带领着本县的几百名农夫，责任重大，不能给萧何及家中父母妻子添什么麻烦，让亲人挂念。妻子嘱咐他途中节制饮酒的那句话，他牢牢地记在心中。

刘邦出身于寻常人家，在农村中长大，深知身服徭役的农夫们的疾苦。一路之上，他很关心农夫，有谁患了头痛脑热的，他都亲自问候。临行前同事们送给他的那些旅费，他饮酒是用不尽的，况且他又很少独自饮酒。因此途中不时用自己的旅费买些酒食，让大家一同享用，他自己也喝上几杯，但由于公务在身，他也没有兴致多饮。几百名农夫中有人同他年龄相近，但大多是20岁上下的青年男子，属于晚辈。刘邦体恤农大，这使得他所带领的几百人对他无限感激和爱戴，没有一个人给他惹出什么麻烦。

刘邦带领民夫从沛县启程西行，一路凄凉，心绪不佳，整日寡言少语，似乎自己变成了另外一个人。然而，走过函谷关进入关中秦国故地时，他的心情随着路旁的景观开始振奋，似乎从另外一个世界把自己寻找回来，恢复了自我。被他带领的民夫们看得清楚：队长边走边仰望左侧高耸入云的秦岭，有时又驻步凝视路基之下右侧远方的黄河、渭水，那犹如一条条白色的丝带，一片宁静的气氛同左侧山间的鸟鸣声，恰成相反的映照。

刘邦还是不讲话，他贪婪地望着层出不穷的奇景，仿佛自己走入了另一个世界。观望而无语，刘邦的脑海中在不停地思索：大秦帝国的故土，确是一块宝地，崇山峻岭，巨川大河，形势险要，无怪乎山东六国的联军总是不能越函谷关而西行一步，而猛如虎狼的秦军却是从西方居高临下，一举而灭亡六国。这一切，都是刘邦身居沛县时无法体会得到的。

观览景物，思索历史，伴随着西行的步伐。为在限期内赶到咸阳，刘邦怎敢停步发怀古之幽情。作为队长，跟随在他身后的，毕竟是几百名农

装不整的农家子弟啊！也正因为如此，停留在他脑海中的景物，总是使他陷入一片憧憬之中，使得他可以因此而尽情地遐想。

走着走着，远处的山阳水阴之间，露出了帝国皇帝离宫别馆的殿影。秦自建国以来，西起雍都（今陕西凤翔），东至潼关黄河，“东西八百里，离宫别馆相望属”，所谓“关中计宫三百”，说明秦国多年来在渭水两岸所建造的庞大宫殿群，堪称“数不胜数”。风格各异的秦宫，夕阳映照，点缀在青山绿水之间，使刘邦神往。这时，刘邦才知道在家乡时常听老人们所讲述的天宫，其实不是在天上，而是在人间，就在他的视野之内。

刘邦同他所带领的民夫们全都被征途上的景观所吸引了，一个个指指点点，欢声笑语，旅途的疲劳一下被驱散得无影无踪。而刘邦的视线，却始终没从此起彼伏的宫殿上方移开。他在想：建造这么多的宫殿，有一处不就够用了吗？要是自己，选择一个最好的去处，建造一座最好的宫殿，也就够一生一世享用了，何必建造那么多？驰骋的想象，使刘邦忘记了自己的身份。他无限感慨，山间的离宫，不也是人住的吗？他暗暗自语：何时能住上这种别馆，也不枉活一世！

刘邦所带领的民夫，报到地点是咸阳城东南的阿房宫工地，距咸阳尚有几十里的路程。进入工地后，民夫便在监管下投入了紧张而繁重的劳作，刘邦则借着职务上的方便，有机会仰瞻了雄伟的咸阳城墙和城楼，游览了城中繁华的街市，特别是有幸目睹了秦始皇车驾的出行。

秦始皇车驾出行，一般都是戒备森严，禁止老百姓观看。但偶尔也有破例的时候，即允许路旁的百姓观看，任人瞻仰，借以在平民百姓面前显现他的神威。史书记载中的“纵观”，即是任人观看的意思。刘邦有幸赶上这一盛大场面，当时，警戒线之外，路旁人山人海，刘邦被人流涌至前沿，他叉腿站稳了脚跟，得以观看了皇帝车队在他面前驶过的全部情景：车队前面的是类似兵车性质的所谓“高车”，每车驾都是清一色的四匹高

头大马。车上笔直地站立着高大魁梧的卫士，手持兵器，身着盔甲，威风凛凛。兵车之后是副车，即所谓“安车”。车顶是椭圆形车盖，车厢分前后两室，外表装饰华丽，前面坐着谦恭谨慎的驾车御官，也是每车驾清一色的四匹高头大马。副车过后是秦始皇乘坐的更为豪华壮丽的所谓“金根车”，车上驾六匹清一色的高头大马。金根车过后，又有副车、兵车驶过。整个车队浩浩荡荡地在刘邦眼前驶过，他感到眼花缭乱。

据文献记载，天子车驾出行，有大驾、法驾、小驾之分，除皇帝乘坐的金根车、五时副车之外，大驾有属车（包括兵车在内）八十一乘，法驾有属车三十六乘，小驾有属车九乘。秦始皇此次车驾出行，不是出函谷关巡行帝国的东土，当然不会配备有八十一乘属车的“大驾”；但他恩准百姓“纵观”，用配备九乘属车的“小驾”又不足以在百姓面前显现皇帝的神威；因而他下令配备有三十六乘属车的“法驾”。由金根车、五时副车、三十六乘属车和仪仗所组成的车队，可谓是浩浩荡荡了。

当秦始皇的车驾从纵观的百姓面前驶过的时候，警戒线随即撤除，人群中顿时随之鼎沸起来。此时刘邦才如梦方醒，望着远去的车队，他情不自禁地感叹道：“嗟呼，大丈夫当如此也！”

刘邦也弄不明白，自己怎么会在大庭广众面前冒出了这样一句犯有杀头大罪的狂言。好在当时离散的观众人声沸腾，周围也没有什么人听到他这句话，但刘邦却对自己一字一字吐出的这七个字，听得清清楚楚。

刘邦虽有幸看到了秦始皇出游，但也有一个小小的遗憾，就是没有看到秦始皇的“龙颜”。但他脑海中所想象的皇帝尊容，肯定会比实际要神秘与高大得多，所以这对他具有长久的诱惑力。

这则故事，司马迁在作《史记》时，于《高祖本纪》中以凝练的文笔生动地记载了事件的经过：

高祖常徭咸阳，纵观，观秦皇帝，喟然叹息曰：“嗟呼，大丈夫当如

此也。”

从刘邦的经历来看，“常徭咸阳”是他一生的转折点。他多次来到关中，实际上是在接受“洗礼”，洗去身上的世俗痞气，终于找到了大致的终极目标。

刘邦在沛县生活了40多年，他除了熟悉终年劳苦的农夫之外，所见过的人物上至郡守令，下至守令的属吏，除了萧、曹之外，他一概瞧不起。然而瞧不起守令及其属吏又算得了什么？“大志”又从何谈起？他多次带领民夫去关中，走咸阳，才知道人世间有多大，见到了他从未见到过的一切。在这个理想王国中，当然要有士、农、工、商四民，人人安居乐业，但国王则是他刘邦，他享有关中的300余处离宫别馆，拥有秦皇帝那样的车驾仪仗，手下有呼之即来的文武百官。从此，他在物质上生活于现实世界之中，而在精神上则向往另一个理想的世界，形成了他的双重人格。其后秦末农民大起义的洪流中可谓英雄豪杰辈出，刘邦不过是其中的一员。然而，那些叱咤风云的英雄豪杰，论指挥作战的本领和拥有的势力，超过刘邦者大有人在，但谁也没有像刘邦这样曾多次到关中接受洗礼，没有像刘邦那样在头脑中多年追求着属于他的理想王国，也就是说，谁都没有在秦始皇在世时便有“大丈夫当如此也”的大志，也没有在起义之初便有想当皇帝的雄心和规划，自然以后全一个个败在刘邦的手下。

刘邦如果不是“常徭咸阳”并树立了“大丈夫当如此也”的大志，他又凭什么能在秦末乱世，于多路诸侯之中脱颖而出？又怎么能以微弱的力量而定鼎天下呢？

顺应时势做沛公

每个时代都会有其客观的社会形势，在时代的潮流中，总会有一些时代的宠儿能够站在时代的风口浪尖，引领着时代的走向。俗话说："时势造英雄，英雄亦适时。"只有能够把握住时代大势的人，借势而起，借势而行，才能够走在时代的前沿，成就自己，走向成功。当然，刘邦的成功也离不开他所处的时代。

秦二世元年秋天，陈胜、吴广等因不满秦朝的苛政，在大泽乡揭竿而起，成为正式以武装力量反秦的第一批力量。

而后，全国各地英雄豪杰纷纷响应陈胜、吴广的起义军，拥有数千名将士的兵团，数不胜数，其中以项梁、项羽叔侄起兵会稽，以及后来沛县父老拥戴的刘邦最为有名。

刘邦之所以能被沛县父老拥戴起兵，与他一次释放劳役逃难深山的举动是密不可分的。原来，在陈胜全力造势下，各地地方官员大为紧张，沛县自然也不例外。沛县县令立刻召集萧何、曹参等重要干部商议如何应对眼下的局势，商议的结果是：与其与势不可当的起义军对抗，还不如顺应时势，率军响应陈胜。

这个举措当然是很明智的，但问题是，县令身为秦朝官吏，又是外地人，如果要背叛朝廷，恐怕沛县的人民不会积极响应。最好的办法是选出一个沛县本地最有声望的人出来领导这场起义，这样才能做到一呼百应，

让响应陈胜的起义成功。曹参提议由萧何来发号施令，萧何以自己也是秦朝官吏为由，当场否定了曹参的提议。

经过争论，最后萧何、曹参提议，泗水亭长刘邦，曾因押解劳役失职而逃亡在外，现在已聚集有数百人，如果召他回来，以他的名义抗秦，是最合适不过的了。

这个提议一经提出，便得到了大家的认可，县令本是秦吏，对起义本来就心有余悸，也只好答应了大家的提议。于是，萧何立刻派樊哙前往深山中去寻找刘邦。

这时候，刘邦领导着数百名为逃避秦王朝劳役痛苦而逃亡的沛县子弟踞居深山中。他们在听到陈胜起义这个消息时，本也有意响应，但因人少势弱，不敢轻举妄动，只好暂时观望。

现在县令来请自己出山，刘邦很是高兴，于是便整理行装，率领弟兄，浩浩荡荡地下了山。

快到城里时，刘邦突然觉得，沛县县令是不会轻易放弃县城，由他来领导这场起义的，老谋深算的县令会有这么傻吗？想到这些，他就停了下来，请来传达命令的樊哙先回县城，让他联系沛县父老作为内应，如果县令反悔就来个里应外合，夺取县令的军权，然后再举易旗。

刘邦的推测是正确的。当时，县令看到萧何、曹参态度暧昧，行动又过分积极，后来又从别人那儿得知，不仅萧何、曹参是刘邦的好朋友，连那个去传信的樊哙，也是刘邦的好朋友。他越想越害怕，觉得这是萧何、曹参收买了众人，商量好了让自己钻进这个套子，目的是想架空自己，夺取自己的政权。说不定等扶植起刘邦，刘邦就会杀了他这个秦朝官吏，以自己的人头向陈胜起义军邀功。

于是县令立即下令关闭沛县城门，并派人捕杀曹参及萧何等拥戴刘邦起义的人。就在这时，县令反悔的消息被夏侯婴探听到了。

夏侯婴曾经做过县令的马车夫，权势虽不大，却也是个上传下达的角色，消息非常灵通。夏侯婴和刘邦的关系非同一般，听到这个消息后，他立即调动了县府里所有的马车，将萧何、曹参等人在城门尚未封闭前送出城外，投奔刘邦。

萧何见到刘邦，立刻将县令反悔的事告诉了他，让他立即撤退，免得县令派兵追杀。听了萧何的话，刘邦只是点头微笑。

刘邦并没有撤退的意思，而是让樊哙先回城，通知留居城中的“刘邦党”煽动沛城父老发动兵变之事告诉了萧何。

萧何见刘邦经过这几年的磨炼，已经有了如此卓越的领导才能，心中大为高兴，更加坚定了自己协助刘邦成就一番大事业的决心。刘邦和萧何决定，事已至此，不仅不能撤退，还要继续前进，向沛县进发。

三天后，刘邦的人马到达沛县县城，见城门紧闭，戒备森严。萧何建议，由他起草，由刘邦手抄“传单”数十份，系在箭上射入城内，以期取得发动政治喊话的效果。虽然射出的传单大多数由守城士兵截获，交给了县令，但仍有几张辗转传到了沛县父老手中。

这几张传单，经过沛县父老的秘密传阅，几天时间就传遍了大街小巷。“传单”的大体意思是天下之人受苦于秦国的苛政已久，现在全城父老虽与县令共负有守城之责，但各路诸侯皆已起兵抗秦，大军若至，恐沛县亦将遭屠城之难。父老们不如响应义军，擒杀县令，选沛城子弟可为领袖者共同尊奉之，以和各路诸侯站在同一阵线，这才是保家卫城之道！不然，父老与子弟们可能会玉石俱焚，这是很不值得的！

这份传单的用意是想制造县令和沛城父老之间的矛盾。

果然，县令为之大惊，立刻在沛城内展开了严酷的镇压活动，对传阅“传单”、造谣惑众的人，格杀勿论。

沛县父老们看到县令的这种极端行为，大为气愤，便一不做二不休，

立即发动了民变。原县府守卫的子弟兵因大多是本地人，也响应叛变，县令孤身逃离府邸，终为乱民杀害。

事态的发展越来越有利了，樊哙领导沛城民众打开城门，迎接刘邦入城。民众夹道欢迎，将刘邦迎入县衙，并恳切请求刘邦出任县令。

刘邦却说："我没有这个才能啊！眼下天下大乱，诸侯并起，是大家生死存亡的关键时刻，如果推选的领头人不能胜任，可能会一败涂地，因此大家要慎重对待这个问题，重新推选出一位能胜任这个重任的人吧！"

在众人心中，虽然萧何和曹参的地位高于刘邦，但他们都是文官，不会指挥打仗，没有带兵经验，所以大家仍全力拥护刘邦，希望由他出面领导。他们认为，刘邦有很多令人惊讶的珍奇异相，注定将成为贵人，只有由这样的人出面，才能把起义大业领导好。

刘邦释放劳役、率众入山之举，已经充分显示了他的凛然大义和卓越的领导才能，还有谁能比他更胜任这项工作呢？

众人坚持推选，刘邦表面上装作很为难的样子，假意辞谢了几次，见"众命难违"，也就只得"恭敬不如从命"了。但刘邦最高的官位只是个小亭长，如今一下子成了沛县的最高领导者，应该怎样称呼他才好呢？

萧何认为，"沛公"这个称号比较合适，既可以表示刘邦是沛县的领袖，又有贵族的气派，而且也很具有亲切感。"沛公"这个称号对于外表尊贵、个性随和的刘邦来说，的确是再恰当不过的了。

萧何在沛县的地位一向很高，所以这个称号一经萧何提出，便得到了大家的认可。

此后，大家便都一直把刘邦称作"沛公"，直到刘邦在抗秦战争中被楚怀王封为西征大元帅，甚至在他被西楚霸王项羽分封为汉王后，这个称号还一直有人在叫。

刘邦被众人推上起义的领导岗位后，他便行动起来了，他着手重新整

编人马。这个工作仍由萧何主持，萧何以原先的“刘邦党”为基础，在这个基础上又重新编入沛城的子弟兵，很快就组建了一支两三千人的队伍。几天后，这两三千人都换上了全新的戎装，稍加训练后，便在县衙前的广场上排列起来，接受刘邦的检阅。

刘邦身着戎装，头戴“刘氏冠”，昂首挺胸，显得威风凛凛。

他首先到大庙祷告了黄帝，以此向世人表示，他刘邦受命于危难之际，率领沛县子弟，响应陈胜的起义大军，志在诛灭暴秦，恢复天下秩序。

然后，按照萧何的安排，刘邦又在广场上祭祀了战神蚩尤，祈望得到蚩尤的庇护。

最后，刘邦下令擂响战鼓，并用牲血祭鼓，所有旗帜均采用红色。这样一来，这支三千多人的队伍，就显得很威风了。

刘邦任命萧何为军师，曹参为参谋，卢绾为侍从官，夏侯婴、任敖、周勃、灌婴等人为部将，剽悍勇猛且擅长谋略的樊哙则被任命为先锋。而刘邦的这些兵马也为他将来争霸天下打下了坚实的基础。

在这样动荡的时势中，刘邦一边默默注视，一边留心学习，不断地进行思考。也正是这样的时势，造就了刘邦这样的英雄。所以，一个人要想抓住机遇，走向成功，一定要把握住时代的脉搏，认清时代的走向，在时代的潮流中搏击风浪，走向成功。

乘势而为，能够让我们少走弯路，减少不必要的阻力。懂得此道的人往往能用最短的时间获得最大的成功。

以仁为本终成功

孔子曰“成仁”，孟子曰“取义”。儒家学说统领中华民族思想数百年，已经在人们心目中扎下了深厚的根基。我们想要获得成功，得到世人的认同，也要以一颗仁义之心灌注于胸中。对于这一点，在刘邦称王之后表现得尤为突出。

在汉王刘邦元年（206年）十一月，沛公（这时刘邦已称沛公）在率先入关后，他听从属下意见，还军灞上。并在此后，立即召集关中各县的父老豪杰，向他们宣布说：“各位父老们，你们受秦朝苛法严刑的毒害已是很久了。诽谤朝政的要诛灭全族，相聚议论的要杀头，这是十分不可取的。我和诸侯同受怀王的约定：先攻入关中者称王于关中，我先入关中，当然是关中王。今天，我与父老们约法三章：杀人者处以死刑，伤人及盗窃财物的依法治罪。除此三条之外，秦朝的所有苛法一律废除。各县的所有官吏，一律照常履行公务，不必惊扰。这次到关中来，为的是替乡亲父老们除害，不是有所侵犯残害，都不必惊慌恐惧。我之所以还军灞上，为的是等待各路诸侯到达后，共同制定规约而已。”

作为沛公，刘邦宣布废除秦王朝苛法的约法三章，为关中父老除害，得到了百姓的拥护。同时，他宣布的“诸吏人皆安堵如故”使所有的官吏没有了仇视心理和戒心。从此，沛公获得了百姓的拥护，这也成为他夺取天下的资本。另外，为了安定社会秩序，沛公令原秦朝的官吏照常任职，化

阻力为动力。在如此乱世之中，只有刘邦才能做出如此高瞻远瞩的决策。

在宣读约法三章之后，沛公派人与原秦朝的官吏巡行各县，借此向关中百姓宣传安民告示。在得知此事后，关中人民皆大欢喜。他们纷纷奉献牛羊酒食以款待沛公的起义军。如此场面使沛公按捺不住心中的喜悦，但欣喜之余，他保持清醒做出了令人意想不到的高明决定。沛公对百姓的行为深表感谢，但他拒绝接纳，并向这些百姓做出解释："我们仓库中有很多存粮，大家不必破费了。"

沛公的这番讲话和决定，使得关中百姓更是喜上加喜，心悦诚服，都怀着无比爱戴的心情，唯恐沛公不在关中为王。在进入关中后的短短时间内，沛公出色地实践了得人心者得天下这一真理。

刘邦的"约法三章"是深谙民心之作，也是深得民心之举。暴秦不仁，乱世久矣，久乱思治，民心所向。刘邦的民心牌也是一张明智牌。它是张良"得民心者，得天下"理论的具体实践；尤其是刘邦与项羽相比，处于兵力弱势之时，更应当安抚民心（或曰笼络民心），以图休养生息，丰满羽翼。

与此相对应的是项羽坑杀20万降卒，顿时失尽民心。动机是斩草除根，效果却适得其反，天怒人怨。这是一桩历史上著名的暴行，后来的屠夫暴君几乎无人可与之颉颃。秦时中国人口不多，20万精壮兵丁是何等比例的骇人数字！项羽一生功过虽众说不一，但仅此一项，已足可显见其杀人魔王的本色。

在历史上，成就大业的人，多数都有着深入人心的民众基础。尤其是像刘邦这样，出身很低的成功者，因为身份的问题，如果想要登上成功者的宝座，就要依靠同是底层的劳动人民。虽然刘邦家庭较为贫困，但是他长期混迹在下层人民中，所以他有着与人民天然的亲近，也就更容易获得民心。

刘邦也很注重民心的向背，从约法三章开始，刘邦一直走的是仁厚

路线，一直依靠民众，将民心作为争霸的一个筹码。“水可载舟，亦可覆舟”，仅此一项，项羽失尽人心，楚汉胜败之势几可定论！

中华民族传统思想就以仁爱为本，古代成功人士无不标榜仁义，从仁义之路走向成功。

把目标放在未来

树木要想长得高大，就要扎下很深的根。我们想要获得成功，就要树立牢固的根基。而在确立根基之前，同样要用长远的目光进行审视，因为根基的确立决定着我们未来的发展，确定根基时目光短浅，将来的发展也一定会受到限制。

刘邦在还定三秦后，以栎阳为都。待他即皇帝位于汜水之阳，旋即车驾前往洛阳，以洛阳为国都。于汉高祖五年（公元前202年）五月，在洛阳下令官兵复员返乡，发布五月诏书，安定天下；同时在洛阳南宫设酒宴庆祝汉帝国的建立，席间发表高论，论张良、萧何、韩信是辅佐他夺取天下的三位“人杰”。

洛阳是周公在周朝建国之初所建立的“东都”，周平王东迁后即都于洛阳。汉高祖于洛阳发布五月诏书，设酒宴招待群臣，庆祝胜利，表明他想要把汉帝国定都于洛阳。这时，是一位身穿羊皮袄的戍卒娄敬，以其高见改变了汉高祖原来的设想。

娄敬是齐国人，汉高祖五年，他应征到陇西郡（今甘肃临洮县南）去戍守边境，途中经过洛阳，汉高祖此时正在洛阳南宫。娄敬下车后，身穿

羊皮袄，面见虞将军（齐国人）说：“臣想要面见圣上，谈点有利于国家的事。”虞将军见他穿着羊皮袄，便要给他换身新衣服去面见圣上，娄敬谢绝说：“臣现在若是身穿丝绸，那就穿着丝绸去拜见；若是身穿麻布短衣，那就穿着短衣去拜见，不敢临事改换衣服。”于是，虞将军入内向汉高祖汇报，汉高祖召见娄敬，以饭食赏赐娄敬。用餐过后，汉高祖问娄敬有什么事情相告，娄敬说：“陛下以洛阳为都，是想要同周王室一比隆盛吗？”

“是的。”汉高祖答。“陛下取天下与周王室有所不同，周的始祖后稷，被尧封于邰（今陕西武功县西南），积德累善，传有十余代。到公刘时为躲避夏桀，迁移到邠（今陕西彬县东北）地。到太王古公亶父时，又因为戎狄逼迫的缘故，离开豳地，赶着牲畜马匹，迁往岐山周原（今陕西岐山县北），部族的人都争相跟随他同行。等到太王的孙子姬昌做了殷王朝的西伯，因出色地解决了虞、芮两国的争端，才承受了上天之命，当时的贤人吕望、伯夷都从遥远的海滨前来归附他。待周武王兴兵讨伐殷纣王，到达孟津（黄河古渡口，在今河南孟津县东北）时，不待相约而前来同武王会师的就有800诸侯。诸侯们都说：‘是讨伐殷王的时候了。’于是，一举灭掉了殷王朝。周成王时，周公等人辅佐天子，于是营建成周于洛阳，因为洛阳是天下的中心，这样各路诸侯从四方来洛阳向周王室纳贡述职，所走的路程大抵都均等，有德行的君主在这里是容易称王天下的；没有德行的君主在这里却很容易亡国。凡是定都于洛阳的，都是想令后世用德政招致远方的人民，而不是想凭借险阻、令后世骄奢淫逸来暴虐百姓。当周朝兴盛的时候天下和平，四方外族都向往周天子，仰慕他的道义，怀念他的恩德，都心悦诚服地归附并侍奉周天子，而不用在边境上驻守一兵一卒，四面八方的大国无不顺服，向周天子纳贡述职。待到周天子衰弱之后，京畿分裂成西周君和东周君两个小国，天下再也没有谁来朝见他们，再也不能驾驭四方诸侯了。这并非是周王室缺少德行，而是形势衰

弱的必然结果。”

“今陛下起兵于沛县丰邑，收集士卒3000人，率领他们一直向西方进军，席卷蜀郡、汉中，平定三秦，与项羽交战于荥阳，争夺成皋的险要隘口，经过70次大的战役、40次小的战役，使天下人民受难，父子暴骨于中原，因战乱而死者不可胜数，至今仍哭泣之声未绝，伤残者尚不能起身行走，而要同西周的成王、康王的盛世一比兴隆，臣私下以为是不相称的。”

“况且关中秦地靠着华山，面临黄河，四方都有险要可以固守，以为天然屏障。如果突然发生紧急情况，上百万的军队可立即动员起来。就着秦国原有的基础，凭借着富饶肥美的土地，这就是人们所说的天府之国啊。陛下入关中定都，纵使山东发生变乱，秦国的故地可以保全。譬如与人搏斗，不卡住他的咽喉，只是捶他的脊背，是不能完全取胜的。今陛下如果入函谷关定都于关中，据有秦国的故地，这也是如同卡住天下的咽喉而又捶打它的脊背呢。”

汉高祖面对这位身穿羊皮袄的戍卒，见他侃侃而谈，句句在理，不由得肃然起敬。娄敬的一席话，又把汉高祖引回到他曾向往的关中圣地，然而，定都毕竟是国之大事，他本人又一度想定都于洛阳，因此便就定都一事征求群臣的意见。汉高祖手下的群臣都是出身于山东六国的人，当然愿以洛阳为都，离家乡近便些。因此，他们争相诉说周天子以洛阳为都，享国数百年；秦定都关中，却二世即亡，不如以洛阳为都会有利于国家。

汉高祖听了群臣的意见，一时又拿不定主意，便在朝廷上交付群臣进行讨论。这些出身于山东六国的大臣们都说：“洛阳东有成皋（今河南荥阳县境），西有山（今河南洛宁县西北）、黾池之水（黾池水发源于河南熊耳山，东南流，汇入洛河），背靠黄河，面向伊河、洛河，其坚固也足以凭借。”

留侯张良反驳说：“洛阳虽有这些险阻，但中心地区狭小，不过方圆数百里，土地瘠薄，四面受敌，并非是用武力可以固守的都城。而关中左有崤山和函谷关（今河南灵宝西南），右有陇山（今陕西陇县西北）和蜀郡的岷山（今四川省北部），沃野千里，南面有富饶的巴、蜀二郡，北面胡地有畜牧养马的便利，依靠西、南、北三面的险阻以为固守，只用东方一面来控制诸侯。天下太平的时候，通过黄河、渭河转运来的粮食，西上供给京都；如果诸侯反叛，可沿黄河顺流而下，河道足以转运军队和粮食，这正是所说的‘金城千里，天府之国’啊！娄敬的说法是对的。”

汉高祖听了娄敬的劝说，已倾向于定都关中；张良驳斥群臣的一番论证，强调的是地理形势与国家的安危，是对娄敬见解的升华，这就容不得汉高祖再有半点犹豫了。

以从谏如流而著称的汉高祖，在听完张良的意见后，当日便下令起驾动身，西行定都关中。西汉王朝定都于关中的这件大事，便以娄敬和张良的建议被汉高祖采纳而成为事实。对于西汉王朝来说，定都于关中无疑是一个正确的抉择。

定都一事既已确定，汉高祖说："最初建议定都于秦地的是娄敬，'娄'就是'刘'嘛"，于是赐娄敬改姓为刘，任命他为郎中，号为"奉春君"。春季是一年的开始，娄敬首先建议定都关中，所以称他为"奉春君"。

定都问题是确定一个国家根基的根本问题，可以说是一国之根本，事关一个国家将来的发展。国都的确定就是考验一国之君的远见卓识和胆识气魄。

定都洛阳是那些大臣们都很希望的事，因为身为山东之人，不希望远离故土，背井离乡，但是他们的目光不够长远。娄敬的上谏不能说其怀着靠游说刘邦而一举成名的心理，但是我们应该看到他的意见中更多的是远见卓识，而刘邦领悟了这种远见，果断定都，反映出刘邦在确立根基上的长远目光。

我们在自己的成功之路上，一定要有长远的目光，正所谓不想当将军的士兵不是好士兵。但是如果在基础确定时出现偏差，选择做了厨师，却一直想着将军的梦想，不难想象，这一生会是多么煎熬，所以，在确定我们的基础之时，也要有长远的目光。

第二章

百忍成刚——刘邦这样说忍耐

水至柔，而石至坚，然而滴水可穿石。忍字头上一把刀，但纵观历史千载，凡成大业者都有其柔忍的一面，忍之越深，发之越远。忍而不发是懦弱，勃发不忍是莽撞，其中奥妙不可不知。

匿迹芒砀山寻生机

历史上有许多伟大人物之所以获胜，就在于他们是困难的克服者、危险的超越者，他们用大无畏的勇气战胜了前进道路上的种种障碍。成吉思汗说：“有包天勇气者，必有包天的胆识。他们敢作敢为，敢于担当重任，敢于攻击强敌，敢于奔赴危险。”在人的一生中，敢于克服困难，敢于向危险挑战，需要大的胆识和勇气，而像刘邦这样的英雄豪杰都是在艰难困苦、九死一生的危难中磨炼出来的。

当小亭长刘邦一心一意地精心编织着他的社会关系网，一步一步地正准备往上爬时，却意外地发生了一件结束他安定幸福的生活，甚至几乎给他带来性命之虞的灾难事件。正所谓“天有不测风云，人有旦夕祸福”，人的一生不可能永远都是一帆风顺的。命运的天平总是在幸运与不幸之间摇摆，任何人都是在这两端沉浮。这次，一向幸运的刘邦便偏向了不幸的一端。

刘邦38岁那年的秋天，沛县县令交给刘邦一项任务——令他押解60多名壮役和30多个囚犯前往骊山服役。说起服役一事，就不能不提一提当时的社会背景。

秦始皇在位的晚年，因北征匈奴、建筑长城而动用大批人力物力，加上原来进行的修驰道、修宫室以及骊山陵的工程，使政府原有的人力根本不足派用，只好由民间征调大量的劳役。劳役这件事，原本是大家利用农

闲时间奉献劳力，来增强国家建设、促进社会繁荣的，可当时征召太多，超过了农闲所能负担的限度，也影响了农民正常作业及生活，自然就变成苦役了。这就难免会招致百姓的怨恨。但晚年的秦始皇已变得征役无度，早已无视百姓的疾苦了。为了尽快营造好他的骊山皇陵，他又开始在全国范围内大征劳役。

沛县也毫无例外地接到了征调劳役的命令，接到命令后，沛县县令自然不敢怠慢，立刻根据当时建立的户口籍，编造名册，东拼西凑，凑足了所要征役的名额，也就是我们前面所说的60多名壮役和30多个囚犯。然而，服役人员选好了，押解人员的选择又着实让县令大伤了一番脑筋。因为这次的劳役是建筑骊山陵，是件非常艰险的工作，再加上大家对过多的劳役反感颇深，因此负责领队是件十分危险的差事，万一有人结队逃亡，领队也要连坐论罪。同时，那60多名壮役都是年轻力壮之辈，一般人对付不了，更何况还有30多个亡命之徒，让他们远离家乡去遥远的骊山，哪个心甘情愿呢？左思右想，县令最终选定了泗水亭长刘邦。刘邦在当地青壮年中很有威望，在所有的亭长当中，也许只有刘邦最合适。

就在这种情况下，刘邦接到了这项不同寻常的任务。刘邦虽说有十二分的不愿意，但既然县令发了话，他也就不得不硬着头皮接下了这份差事。这也使得他在秦政权中的官运走到了尽头。

刘邦极不情愿地走上了押送役夫的路途。从沛县到咸阳，有数千里之遥，跋山涉水，翻山越岭，全靠两只脚，又携带着笨重的炊具及野宿设备，日夜兼程，是件非常苦的差事。出了县城，队伍中便开始有人抱怨发牢骚了。有的怒气冲天骂县令，说他心狠手辣；有的诅咒差吏，说他们该断子绝孙；有的人则唉声叹气，诉说家中有白发老母和弱妻幼子，他们走了，家里将无人支撑，有的人则泪水涟涟，担心自己此去会不复返。

刘邦听着这些，心中不免也伤感起来：“我虽为押解之人，但不过是

个小小的亭长，如今和他们同向西行，和他们又有什么区别？此去骊山山高路远，谁知一路上会出什么事儿呢？家中父母年事已高，妻子儿女无人照料。想当初老丈人说我有贵人之相，如今我都38岁了，却也不知贵在何方，连妻子儿女都顾及不了，还有什么好前程呢？”

刘邦一路上就这样想着心事，出了县城三十里地，就发现少了几个人。原来，他们看刘邦脸色阴沉，自顾着想心事，本身他们就思乡心切，满腹牢骚，加之感到前途茫茫，见到这种千载难逢的好时机，那些比较机灵的人，便乘刘邦不备，偷偷地溜了。虽然发现有人逃跑，但监管的人员太少，山路又崎岖复杂，实在也难以搜捕。所以刘邦虽头痛异常，却是束手无策，只好装作不知，继续领着剩下的人前进。随着逃亡的人愈来愈多，刘邦开始害怕起来，他担心再这样下去，到咸阳时恐怕只剩下他一个人了。交不了差，这对于领队的刘邦来说，只能是死路一条，事已至此，与其坐以待毙，不如干脆好事做到底，把这些人全放了吧。

这天晚上，刘邦弄齐了酒菜，开始按照自己早已想好的步骤来做。他先把那些役夫们手上和身上的绳索解开来，然后邀请他们喝酒。这些役夫们不知道到底是怎么一回事，酒也喝得战战兢兢。酒后，刘邦就对这些役夫们说：“喝完了酒，你们都各奔前程，各自逃命去吧。”同时他又提醒他们，要想回家的，可以回家，但绝对不能声张，回家后也要找个安全的地方躲起来，等事情平息了后再露面。

这些役夫们听了之后，心里自然非常高兴，同时他们也对刘邦十分感激，然而他们却又都不大敢相信，因为按照当时的法律，这样做肯定会受到严刑惩罚的。于是他们便试探着问刘邦：“我们走了，官府追究起来，你该怎样办呢？你会交不了差的呀！”

刘邦见大伙还不大相信，便笑笑说：“你们各奔东西之后，我当然也不会坐着等死，我也要找个地方躲起来。”

《论语·颜渊》里说："君子成人之美，不成人之恶，小人反之。"成人之美，就是帮助别人做成或者实现其美好愿望。

每个人的成功，都需要别人的帮助，帮助了别人，往往许多时候便也是帮助了自己。刘邦此举也可谓是成人之美。这些劳役当时满心困苦，压根儿没想到刘邦竟会做出这样的决定，如逢大赦一般欣喜异常样，之后，他们自然而然地对刘邦也生出了不尽的感激和敬佩之情。于是，有一些人，当场就逃跑了，有一些人，则为刘邦这种舍己为人的凛然大义所感动了，他们流着泪表示，愿永远跟随亭长，哪怕是逃到天涯海角，因为大家都在一起，互相也有个照应，这总比一个人流亡在外强。

刘邦见劳役们态度坚决，也很感动，于是便乘着酒意答应了下来。然而，虽然有了一群人，可以相互照顾，但天涯茫茫，又毫无准备，该到哪里去呢？幸好刘邦一向乐观，心理上虽也担心着，但仍谈笑风生，带着酒意，带领着大家往深山里走。这一方面是为了避免消息走漏后会被官方逮捕，一方面进入山区也比较容易找到吃的东西，存活机会较大，或许还可以据寨而守。

刘邦乘兴前行，带着众人朝芒砀方向逃命。芒砀一地因有芒山、砀山两座山而得名。两山相依相偎，中间夹着一块平地。这一带人烟稀少，荒草丛生，乱树遮天蔽日，其间的小路曲曲折折，长满了荆棘。山上有猛虎和野狼，经常下山寻觅食物，一般人听而生畏，但是山上又结满了各种野果，生存着不少野兔、小鹿、黄鼠等小动物。对于逃难者来说，这一带是隐身的好地方。

隐身芒砀山，成为刘邦生命历程中的一个崭新的起点。从此，他便在反秦起义的巨大浪潮中，走上了一条不归之路。

综观刘邦在此过程中的举动，应当说这绝非刘邦在一时冲动下的反应，而只能说是由于当时大小政治气候所酿成的不满在刘邦心中促动的结

果。作为一心向善的人，刘邦在秦朝仕途上的希望完全破灭，应该说是迟早的事情，是完全可以预见的。刘邦对于秦朝大量征调民夫的行为早就看不惯，还曾经发过牢骚，但是作为还梦想着升官的秦朝基层官员，刘邦还是尽力地维护着政权。自己摊上的这份差事，从他自己的心理上来说是很不情愿的。从当时的社会现状来看，刘邦也已认识到，施惯暴政的秦王朝已经失去了人心，柱木已经腐朽，大厦基础已经动摇，叛乱的事情迟早会出现。而就在此时，平时蓄养起的雄心壮志就显得格外突出：跟着这样的残暴政权，是没有前途的、为这样一个禁锢人心、把国家当监狱的政权卖命，也不符合自己的性格。心存这样的想法，在环境比较稳定时，尚可苟安现状、按部就班地安排自己的人生之路，而一旦被逼上绝路，面对生死抉择时，人便会自然而然地生出谋反之心。横竖都是一个“死”字，与其不明不白地做了冤死鬼，还不如趁人心不定之机，速做定夺，说不定还能给自己创造出一线生机，找寻到一条生路。

正是鉴于对自己所处的社会大环境的清醒认识，刘邦才果断地做出了自己的选择，这一选择不仅说明了刘邦眼光的独特性，而且表明了刘邦在困境面前的积极心态。因此，面对危难之境时，要有一个乐观的态度，一份坦然面对的勇气，并准确地把握住自身所处的大势，给自己创造出一线生机，默默等待时机的到来。

永不磨灭的企图心

企图心是一种强烈的欲望和决心，“我想要”和“我一定要”显然

不是一个意思，要想成就一番大事业，就要有强烈的企图心，强烈渴望自己成功，只要你下定决心你就会为这个决心而拼搏，为这个决心而全力以赴。同时，企图心也是一种成功的“野心”和燃烧的欲望。它可以给人带来不懈的精神动力。刘邦进入关中以后实施的一系列不扰民、不烧杀掠夺、“约法三章”等政策就完全是出于他想成就霸业的“企图心”。这种强烈的企图心也最终使他走向了成功。

秦王子婴不战而降，有人主张杀了秦王，夺取秦政。而刘邦的头脑是清醒的，他仍保持着足够的理智，没有杀掉秦王。

在萧何和张良等人的建议下，刘邦将子婴交给负责看管俘虏的人员管理，让他们处理好投降事宜，而自己则立刻整军进入咸阳。

按战国时就传下来的惯例来说，只要攻陷城池，就要掠夺财物，犒赏军队，这是很正常的事，很少有人意识到这是一种野蛮行为。

西征军人员结构很复杂，到了这个时候谁也管不着谁，大军刚一进入咸阳城，各军团将领就纷纷指挥原部属，大肆掠夺秦国皇宫、国库、官员家及民间的殷实人家。

对此情形，刘邦没有觉得有什么不妥，但经过张良等人的警告，刘邦认识到了问题的严重性，于是急忙下令各军团将领对自己的部属进行约束。

而此时，陷入极度狂喜中的士兵们哪里还约束得住，刘邦只得暗暗叫苦，眼睁睁地看着自己的西征军在咸阳城胡作非为。

过后，刘邦深刻地检讨了自己，认为这是自己犯下的一个严重错误。身为西征军大元帅，却无法制止部下的掠夺行为，实在是一种耻辱。

刘邦善于听取别人意见，凡是他听了觉得有道理的，他总能愉快地接受，并立即改正自己的缺点。这次，也是因为张良、萧何等人的苦劝，刘邦才没有让自己的错误继续发展下去。

出身低微的刘邦，第一次进入富丽堂皇的大秦王朝的咸阳宫，面对后宫里那些专供皇帝享用的帷帐、宝马、珍宝、美女时，也不能自控了。这些都是他想要的东西啊！尤其是美女，对生性风流的刘邦来说，更是一种致命的诱惑。

樊哙从刘邦的眼神里看到了这种危险的信号。他警告刘邦说："沛公的志向是想称霸天下，还是只想做个大富翁？这些奢华的享受之物，都是使秦王朝灭亡的罪魁祸首，沛公您怎么会需要这些东西呢？"

经过樊哙的这一点拨，刘邦只得离开了秦宫。在离开时，他下了一道非常严厉的命令：有敢于擅入秦宫者，杀无赦。

从秦宫出来后，樊哙把这件事告诉了萧何。之所以这样做，是因为他明白，刘邦只是碍于脸面，暂时离开了秦宫，不出今晚，他一定还会偷偷潜入秦宫来享受一番。樊哙只得让萧何想办法，劝一劝刘邦让其死了这条心。萧何见连樊哙都难以劝谏成功，于是就把张良请了来，此时只有张良能说服刘邦。

张良真诚地对刘邦说："就因秦皇室无道，只顾享受而不知天下黎民百姓的疾苦，沛公才有机会进入咸阳啊！为了替天下除暴安良，您应该树立简朴廉洁的形象，而您刚入秦宫，便急着去享受奢靡的皇宫生活，人们会怎么看你呢？"

刘邦当然也知道这些大道理，只不过人有七情六欲，很多时候都难以控制自己的欲望。刘邦也不例外。

最终刘邦接受萧何等人的建议，将西征军从咸阳城撤出来，驻扎在灞上。这是因为刘邦明白，这么多兵马，只要在咸阳驻扎一天，咸阳便不得安宁。这样，西征军的形象就会受到损伤。

刚入城时，由于刘邦的疏忽，西征军在咸阳大肆掠夺的行为，已经激起了关中人民的愤怒。虽经过严厉整治，西征军稍微收敛了一些，但还是无

法杜绝掠夺民间财物的现象。因此，刘邦就把军队强行从咸阳撤了出来。

驻扎到灞上后，刘邦又发现，西征军中仍有不少士兵，常常私自进入咸阳城掠夺民间财物。于是他将萧何、张良、樊哙等叫来商议对策。

鉴于秦王朝那些既严酷又繁杂的法令给人民带来的不满情绪，萧何建议，制订新法律。

在萧何的建议下，刘邦经过几天的思考，召见了各军将领和关中诸县的民间领袖人物，向他们宣告：

“相信关中父老对秦王朝的严刑苛法，深受其苦已很久了。我和全体起义的诸侯有共同约定，先进入关中者为王，因此我是最有资格成为关中王的人……如今我便以王的身份和父老们约定，只订立三个最基本的维持治安的法律：从现在起，没有任何理由杀人者，判处死刑，伤人和抢夺盗窃的依情况轻重处以应得罪。其余秦法全部废除，所有官吏及民众的地位、工作和生活习俗，一切如常……我到这里来是为了给父老们除去生活疾苦，不是来欺负和抢夺你们的，大家不用恐惧惊慌……因此，我下令，所有军队撤军到灞上，并等待其他诸侯军队的到来，重新制订统治管理的办法！”

随后，刘邦立即派遣使者配合秦国原任官吏，到各郡县乡邑张贴这张公告。这几条异常简单的法律条文，使关中很快又恢复了往日的宁静。

咸阳城的官吏、百姓和关中各乡邑的长老、村民，想不到亡国后能获得如此保障，无不欢天喜地，争先恐后地将牛、羊、酒送到军中慰问将士。

刘邦果断地谢绝了这些慰问品，并将前来慰问的关中百姓代表送出了很远才回到灞上。

刘邦的形象、威信从此树立起来了，关中老百姓都认为他是一个了不起的人物，都希望他不离开这里，希望他继续做关中王。

刘邦的事例告诉我们：不论做什么事情，都应该有强烈的欲望去激发

你的企图心，成功最大的敌人是没有欲望和目标。在沼泽和泥潭中谁会有感觉呢？可是一旦有了目标，我们就有了能量和活力，充满了想象和欲望，这些动力驱使我们向“某个方向”前进。不过在这条道路上，既有兴高采烈，也有灰心绝望，每到这一刻，我们都应告诫自己不要迷失了方向。

示弱也是大丈夫气概

在生活中，很多人都喜欢争第一，在别人面前表现出自己的能力强大，但最后却弄得自己身心疲惫。因此，有时候示弱更能达到自己的理想目标，因为它可以麻痹别人，从而能够转移别人的注意力，得以保护自身的安全。同时，示弱也可以作为一种计策，若是运用得当，你便能够取得成功。刘邦将队伍从咸阳撤出，除了给关中人民树立一个良好形象外，最重要的，是想借此向项羽表示：自己对关中没有野心。

关中虽然是刘邦打下来的，但这其中的功劳，也有项羽的一份。刘邦想以此行动来应付项羽的质问。这样做他心里当然是很不平衡的。所以刘邦派了一支队伍，守住了函谷关，下令没有他的命令，任何军队不得进入关中。封锁函谷关这件事，张良不知道，就连萧何也被刘邦瞒住了，甚至连主要将领樊哙、周勃、曹参等人都全然不知。

刘邦心里清楚，自己这么忍气吞声，就因为项羽的实力比他强大。项羽自降伏章邯后，声望已如日中天，堪称“天下第一英雄”。

这个天下第一英雄的称号对项羽来说，也是当之无愧的。这一点，刘邦自然清楚，但做起事来却不免犯糊涂。这次，刘邦不知不觉地又犯了一

个错误，这个错误眼看就要给他惹来大麻烦了。

项羽的主力军，正火速开往关中。当他到达函谷关时，已是十二月了。

函谷关又称“古关”，是进入关中地区最重要的要塞之地。这里是黄土高原，没有树木，周围都是岩石和黄土断层，只有一条窄路可以通行。古关的城门依险要地势建造，很坚固，自古就有“一夫当关、万夫莫开”的气势。于是刘邦便错误地判断，凭此天险，足以抵挡项羽的几十万大军。

不久，项羽便得到了刘邦比他早攻入关中的情报。

虽然项羽一直没有在关中为王的想法，但让刘邦抢先入关，项羽面子上还是有些过不去。因此，当他得知刘邦派军扼守住函谷关口时，不禁大怒，立刻派遣先锋英布率军猛攻函谷关。

函谷关虽地势险要，但项羽军团已经击溃章邯，气势高涨，守关的刘邦军队不久就顶不住了，只好撤退。项羽很快就进入了函谷关。

函谷关两边是悬崖峭壁，中间的道路相当狭窄，很多地方只能容一辆马车行进。如果刘邦真要据险而守，项羽可能花上数倍的时间也不一定能攻破。但刘邦守关阻止和自己同根的楚军通过显然没有道理，所以刘军很心虚，因而项羽才能这么容易便通过了函谷关。

即使顺利攻下函谷关，但由函谷关到潼关再进入关中盆地，仍然足足花了项羽两天多的时间。

经过两天多的急行军，刘邦驻扎在灞上的大军已赫然在眼前了。项羽不知道刘邦到底如何打算，所以暂时将部队驻扎在新丰鸿门附近。

刘邦在灞上的部队大约有10万，号称20万；项羽率领的诸侯联军大约有40万，号称百万。面对项羽的到来，刘邦一下子还没想好该怎么应付，所以双方就对峙起来。

刘邦的军队也是楚军，和项羽本是一家人。刘邦把他们强行拉到灞上，禁止他们在咸阳城掠夺财物，早已让他们不满了，此时再眼见项羽军

团的庞大气势，刘邦又摆出一副对抗的样子，士兵们的心里便更不情愿了。这些人在衡量双方实力后，功利心占了上风，急着向项羽讨好。

刘邦的左司马曹无伤派人向项羽密告：“刘邦有意在关中为王，并令子婴为相，私自侵吞了皇室所有的珠宝。”项羽并不了解真实情况，听完密告，不禁勃然大怒，下令全军进入戒备状态，准备和刘邦开战。

最希望项羽向刘邦开战的是军师范增，他对项羽说：“现在问题明摆着了！你要清楚，刘邦主动撤出咸阳驻军灞上，然后又约法三章不让军队扰民，显然野心很大。现在放过刘邦，以后也许就没有机会收拾他了。”

项羽没有马上表态，范增又说：“不能小看刘邦，要消灭此人，眼下正是一个很好的借口，这真是天赐良机。”

范增说这话也自有道理，假如说刘邦从一开始就做出欢迎的姿态，即使他野心再大，项家军也拿他没有办法，更找不出理由来讨伐他。

范增仍在劝说项羽：“刘邦是个有名的贪财好色之徒，现在他进入关中，却对关中的财物和美色无动于衷，这显然有失他的本性。仅从这一点，就可看出他野心不小，是真的有意在关中自封为王。本来我们正愁找不着借口消灭他，现在他居然封锁函谷关与我们为敌，这就给我们制造了一个很好的借口，不如借助这个把柄讨伐他，彻底消灭他，以绝后患！”

于是，项羽便开始和他的智囊团谋划具体的战略部署。楚军内部之间的这场大战，眼看就要开始了。

此时刘邦才发现自己已经处在一个十分危险的境地，并对自己封锁函谷关的愚蠢举动大为后悔。

事已至此，后悔也来不及了，唯一的出路只能是和项羽决一死战，但和项羽决战，他取得胜利的可能性很小。

于是，刘邦决定冒一次险，去向项羽请罪，他要向项羽表示，他马上就要退出关中，将关中这块富饶之地无偿地赠送给项羽。

真正的智者善于保护自己、大智若愚、激流勇退，也不是消极地避凶趋吉，而是为了养精蓄锐，伺机而动。在中国历史上，此类计谋很多。

在人的一生之中，总会遇到诸如人际关系和事业上的很多不如意的事，面对这些不如意我们不要有针尖对麦芒的心态，而要向刘邦一样学会示弱。

屡败屡战成大器

“屡败屡战”形容人的一种不屈精神，“败而不馁”说的是人失败后的心态，败了也不垂头丧气，而是意志坚定地去想办法解决问题、克服困难。

人最大的敌人就是失败后一蹶不振，如果真如此，势必堕落下去，而不是奋进。可人总不会一帆风顺的，失败总会不期而至。这就看你怎样来对待自己的失败了。

古今成大事者在失败面前都表现出了不屈的精神，最后均以成功告终。从刘邦失去丰邑根据地，到被贬封巴蜀和汉中，再到惨败彭城，他已经受了统一大业中的三次大起大落。随着这些挫折对刘邦打击程度的增强，随着这些失败在规模上的升级，刘邦对挫折和打击的承受能力也在不断增强，逐步地走向坚毅。伴随着政治权力上的成熟，他的事业也逐步冲出险关，走向了浩荡之途。

三起三落只是个概数，实际上这里不仅有第三次，还有第四次、第五次……

楚汉之争进入艰苦的相持阶段。刘邦自出师汉中以来虽偶胜一两次，

但总归是败多胜少，这次在荥阳又陷入艰苦阶段，原因是：项羽派了自己最得力的部将钟离昧把汉军运粮甬道给截了。

负责守卫甬道的汉将周勃不是钟离昧的对手，粮食也被楚军抢去了很多。

荥阳城里的粮食越来越少，城外楚军日夜进攻。汉王刘邦急得心如火燎，赶忙把谋士郦食其找来，问郦食其有什么高招。

对刘邦的问题，郦食其建议“复立六国之后”。他解释说：“楚国兵强马壮，我军势单力薄，无法抵御楚军，只有把六国贵族的后裔封为诸侯王，让他们在自己的封地上恢复旧国，牵制住项羽，才能减轻我们的压力。”

郦食其又搬用历史典故来说服汉王，他说：“从前，商汤取代夏桀，把夏王后裔封在杞国，商朝延续了600年；周武取代了商纣，把商王子孙封在宋国，周朝统治了800年。秦始皇时恃强坏了这个规矩，灭六国而不封其子孙，结果秦朝只有十几年就被推翻了。要是大王现在能把原来的六国再恢复起来，那些穷困潦倒的王子们必然对您感恩戴德。大王的德范传遍天下，各国的君臣，谁敢不老老实实地听您指挥！就连西楚霸王项羽，也会整束衣冠，恭恭敬敬地当您的臣仆。那时候，天下霸主，非大王莫属！”这些话，把汉王刘邦说得心花怒放，立即传令，刻制各诸侯王的金印，只等这些印刻好，便由郦食其带往各国封授。

但是张良不同意分封，于是给刘邦讲了一席话。那时刘邦正在吃饭，听了张良的话后，他出了一身冷汗，不禁说道：“郦食其这个书呆子，差点坏了我的大事！”当即下令：已经刻制的六国国王印章，全部销毁，如有人再提封六国后代的事，定杀无赦。

张良虽为韩国人，况且原来也极力主张立亡国后代，但现在又坚决反对分封诸侯，这是他思想上的一大飞跃。楚军攻势紧迫，眼下困难重重，危机严重。于是，刘邦采纳了张良的意见：与楚国和谈，以避开楚军锋芒。

刘邦无时无刻不在败，无时无刻不在困难之中，但他从未气馁，而是

想尽一切办法摆脱困境，以求重新崛起。

刘邦的屡战屡败，有时是他自己造成的。他在攻下彭城之后，糟蹋了项羽的寝宫，这虽然是一种替义帝复仇的行为，是名正言顺的，但个人享乐主义也是主要的。

然而事有不料，正当刘邦丧失警惕、纵情玩乐的同时，愤怒的项羽已经准备反攻了。虽然项羽在前线也正在进行战争，分不出更多的兵力来反攻彭城，但是项羽对于刘邦的军队却看得很透，并且对于战胜这样的乌合之众有着强烈的自信心。

项羽的自信是建立在他的军队战斗力强的基础上的，尽管此时项羽整体实力已居于下风，但由于部队素质、拼打精神好，在局部较量上仍然十分顽强。因而当项羽以复仇之师突然杀回，向由各路诸侯组成的刘邦大军突然发动进攻时，刘邦军队的阵营立即陷入无序状态，溃不成军。

刘邦在大业尚未成功之时，就早早地躺在功劳簿上享乐，不仅目光短浅、缺少恒志，而且是意志薄弱的表现。他如不更正，势必半途而废，功亏一篑。

刘邦在打下彭城之后耽于感官之乐而被项羽击败的教训，还证明了一个道理，一个人要想干成一件大事，仅有豪言壮语不行，必须踏实苦干，还要持之以恒，不断地同来自客观和主观的干扰因素作斗争，以免成为自己的俘虏。其实，在这种情况下，外面的敌人并不可怕，主要是自己的思想意志问题。假如我们看一下处于被动环境中的项羽的作为，就不难发现，有时真正强大的不是敌人而是百倍的勇气和绝不懈怠的精神，它们才是反败为胜的法宝。

让我们来看一看，在大敌当前、老巢被端的情况下，项羽是怎样表现的。都城被刘邦所率的诸侯联军攻破，这一消息通过逃亡的虞子期报知于项羽，项羽知道都城兵虚，虞子期抵不住对方的60万大军，也就没有责备

他，只是愤愤地发誓：“竖子（小子）刘邦，竟敢夺我彭城，欺负到家里来了。我要亲自去要你的命。”

项羽气上心来，胆由气添，所以即使根据地被占，他也临危不惧，既没有惊慌失措，更没有丧失斗志，而是镇定地吩咐部将龙且与钟离昧继续围攻齐国的城阳，又派人去九江请求九江王英布出兵相助，自己率领项庄、桓楚、虞子期、季布等几个将军和3万精兵疾速反击，从鲁、胡陵到萧县，虽然路途上有刘邦的军队阻拦，但在归兵面前，根本不是对手。于是项羽很快切断了刘邦大军的西退之路。当项羽半夜来到彭城外的时候，刘邦还陶醉在胜利之中，麻痹大意的刘邦大军在仓促之中，急忙迎战。然而项羽在单打独斗的时候谁会是他的对手？不一会儿，司马昂就被项羽杀死，其所率的军队也一哄而散。楚兵的家大多在彭城里，他们恨刘邦的军队在自己的家乡胡作非为，更是奋不顾身地与汉军拼杀。由于刘邦的军队都是从各个诸侯那里拼凑来的，所以一经接触就只顾着自己逃命，而再不管其他队伍的死活。楚军由此士气大涨，一路攻打，愈战愈勇。此一役，仅刘邦的军队就死伤20多万。

因此，这次战役，刘邦的伤亡是很惨重的，他几乎被摧垮了，刘邦屡败的战役很多，而彭城惨败是最典型的。

所幸的是刘邦逃脱了。他被楚军围住，一阵猛攻猛打，自己的士兵渐渐地减少，眼看着就要被抓住，忽然西北方恰恰起了一阵大风，直往东南刮过去，四周的人均睁不开眼，站立不稳，楚军纷纷四下找地方躲藏，刘邦趁着时机得以逃了出去。

刘邦死里逃生，夏侯婴总算保全了刘邦和他的一对儿女的性命。但刘邦的父亲和妻子却成了项羽的俘虏。彭城之战以刘邦付出高昂代价，项羽大获全胜而结束。

彭城之战，是楚汉相争的第一大回合。刘邦以项羽杀害义帝为罪名，率领60万缟素之师讨伐项羽，无论从政治策略上、军事方针上，还是从出击的时机上看都占天时地利与人和，可以说拥有绝对优势。因此，刘邦的大军几乎未经大的战斗，就攻下了项羽的都城彭城，使项羽失去了政治上的重要资本，失去了战略的后方。

对于项羽来说，根据地丧失，形势自然非常不利。如果任由这种形势发展下去，项羽的军心就会涣散。这种情况一旦发生，那么项羽纵有天大的本领，也无法挽回彻底失败的命运了。所以说刘邦的这一招是非常致命的，而刘邦本人的得意之处也就在这里，但非常不幸，得意固然难免，忘形却是危险，刘邦居然忘形得只顾享乐了。而对于项羽来说，都城的失陷必然会使他斗志倍增，拼力厮杀，对于这一点，刘邦并没有想到。

刘邦既然占据着彭城，即使在彭城外围与项羽会战失败，也可以退守彭城，或留一部分军队退守彭城，用一部分军队在彭城外机动作战，决不至于溃不成军，以至于差点连性命都丢了。这或许可以一方面说明刘邦近60万军队的战斗力实在太差，另一方面说明这支军队进入彭城后，完全融入了温柔乡，丧失了斗志。刘邦彭城之战的大败，在于他进入彭城后完全沉醉在胜利之中，丧失了警惕，丧失了斗志。从这一点讲，让刘邦占领了自己的都城，尽管未必是有意，或者说是不应该犯的大错，但却是项羽唯一能够激发士卒，哀兵作战，反败为胜的途径。

彭城之战，是刘、项两人第一次针锋相对的正面较量，也是两人优劣位置互换的转折点。刘邦先胜后败，项羽转败为胜，均发生在转眼之间。也许是刘邦对对方太轻视、太麻痹，才出现了如此迅速的战局变化，而最后以项羽取胜。

经过这次战役，刘邦在彭城之战前所获得的政治、军事上的优势以及在战略上的进攻态势均已失去。由于原来反项羽的诸侯们，又都纷纷背叛刘邦而倒向了项羽，因而此役也可视为项羽演的一场苦肉计，以此招回旧

部的军事行动。在经过此役之后，除殷王司马昂战死外，塞王司马欣、翟王董翳又离开刘邦而投奔了项羽，魏王魏豹也乘机脱离了刘邦，跑回了自己的封地。赵、燕、齐等国也抛弃了刘邦，成了项羽的盟友。刘邦的实力由此大损，元气大伤，处境十分困难，此时他只能痛定思痛，韬光养晦，在相当长的时期内采取战略上的守势，以抵抗项羽的进攻。

对于刘邦集团来说，这次失败的打击是最为惨重的，教训也极其深刻。除我们前面所谈到的事业未竟之前必须不断努力，不可懈怠、不可居功自傲轻敌的教训外，还应该从刘邦个人的素质上找原因。刘邦的确是一个豪杰之士，同时他也认为自己是一个豪杰，并且也渴望成功，但是往往事不遂人愿。成功是每个人都愿意看到的，但是一件事物，总是有它的两面性。成功的反面必然是失败，而失败恰恰是追求成功时应时时记住的危险，只有充分地考虑到失败的可能性，多作提防，防患于未然，才有可能更有效地避免失败。

刘邦败不馁，胜却骄。彭城之战，刘邦军队损失惨重，几近全军覆没，他个人也险些送命。但他败后及时吸取了教训，于危难中并不放松，以图东山再起。当刘邦进驻咸阳，面对秦王朝的荣华富贵，他向往、贪婪、留恋，但他能听得进谋士们的建议，及时调整了自己，骄后能清醒地认识自己，能总结教训，并最终促使他成就霸业。

卧薪尝胆图自强

“卧薪尝胆”一词原指中国春秋时期的越国国王勾践励精图治以图复

国的事迹，后演变成成语，形容人刻苦自励，发奋图强。纵观中外历史，凡是成功之人都知道在自己的力量比较弱小，不足以与对手力敌抗衡的时候，采取隐藏大志，屈身示下之策，以求长远之计。

一个人要想成就大事，就要有一定的胸怀和气量，这样才能团结可以团结的力量完成自己所要成就的事业。

秦末之际，天下纷争，豪杰并起，群雄逐鹿。刘邦在这个时候的势力是很弱的，他的成功主要得力于贤士之佐助，还有其自身素质，那就是：豁达有度。豁达有度能很好地把众人团结起来，增强自己的势力，而成其事业。称刘邦豁达有度，是说他气度开阔，胸怀大志，心有全局。司马迁作《史记·高祖本纪》称刘邦“仁而爱人，喜施，意豁如也。常有人度，不事家人生产作业”。

自从刘邦在咸阳看到秦始皇的出行队伍，他就有了想做皇帝的大志，正是有这种志向，他不怕吃苦，敢于向命运挑战。自丰西亭释放刑徒后，他逃入山林匿身。刘邦当时不会想到，他敢释放秦帝国的刑徒，这分明是让自己以救世主的身份站到了秦国的对立面。这一切，使得刘邦虽藏身于山林，漂泊不定，尝尽了千辛万苦，但他的皇帝梦比常徭咸阳时做得还多，而且是越来越真切了。陈胜、吴广大泽乡首倡起义，天下群起响应。在这种形势下，刘邦走出山林，被沛县父老推戴为“沛公”，正式加入了反秦起义的洪流之中。在反秦的各路诸侯中，沛公的队伍起初是一支不很强大的力量。然而，与众不同的是，刘邦是在做过皇帝梦之后才举起反秦的义旗，举兵起义是作为他实现皇帝梦想的第一步。

但灭秦后项羽却舍弃关中，甘愿回彭城做号令天下的西楚霸王。霸王与皇帝，两者又怎可同日而语！正因为有这种不同，刘邦在参加起义行列后，能够审时度势，善于处理他所遇到的一切问题，在力量不甚强大时投奔项梁，又能与骄横的项羽一道共同与秦军作战；同时又能招揽天下英

雄，壮大自己，终于率先经武关攻入关中，接受秦王子婴的投降。

楚怀王曾与诸侯约定，先入关中者为关中王。刘邦抢先入了关中，理应为关中王。况且，他为了称王关中，入关中后与关中父老约法三章，抚恤百姓，做了不少准备工作。

屈就汉王正是刘邦力量还弱小的体现，就像当年越王勾践，献出美女，情愿在吴国做苦活一样。刘邦正是这样的人，他自愿屈居，正是一种迷惑对方，积累力量的招数。当时受封的诸侯王大多是封在自己的家乡或附近，唯有刘邦和他部下的将士被封在远离家乡的汉中盆地，四周都是高山峻岭，对外交通十分不便。项羽的这种做法，是刘邦无论如何也不能忍受的。

他想与项羽以死相拼一了了之，但被萧何等人劝住了。为了大局和将来，他甘愿忍辱负重，屈就汉王一职，在关键时刻体现了他的豁达大度。

但是把刘邦“压制”到巴蜀之地，其实是一个严重的失策，竟在无意中让刘邦得到了一个进可以攻取关中，退可以御敌于“门”外的良好立国之地。

从表面上看，巴蜀位置偏远，路险难行，是诸侯多不愿去的地方，事实上，巴蜀一带，也是我国文化发展较早的地区之一。这里不仅土地肥沃，气候适宜，资源丰富，经济发达，而且自春秋至秦末一直未遭到战争的破坏。更为重要的是，这里四面高山耸峙，中间平原宽广；陆有剑门之障，水有三峡之险；东扼长江，实为吴、楚咽喉；北越秦岭，可以直捣关中——军事上可攻可守，实为一良好的立国之地。

至于汉中，战略地位同样重要。刘邦之所以要贿赂项伯，向项羽请求加封汉中之地，正是出于这一原因。问题在于，项羽既然已经认识到刘邦可能对他构成威胁，却又将如此重要的地区封给他，并且还要以章邯、司马欣、董翳这样三个既不得关中民心又无智略德才的降将在关中防御他，真可以说是愚蠢之极。

刘邦自在汉中拜韩信为将后，一出“汉中对”，让刘邦豁然开朗，既看清了自己的实力，也看清了项羽的弱点。于是他便采取韬晦之术，故意在汉中装作一副无所作为的样子，暗中却将东征计划全权委托给了韩信。韩信采取了“明修栈道，暗度陈仓”之计，一举击败了镇守关中的雍王章邯。刘邦被项羽逼入汉中仅仅四个月时间，已攻入了关中。

刘邦之所以能在这么短的时间内重新复出，主要是他从和韩信的“汉中对策”中受到了启发，真正做到了知己知彼。

孙子说：“不知彼而知己，一胜一负；不知彼，不知己，每战必败。”这句话虽然很容易理解，实际做起来却很难。要想做一个永远不败的胜利者，就应以此话来时刻提醒自己，无论做何事均应做好事前的调查工作，确实客观地认清双方具体情况，才能获胜。

刘邦在垓下之战后，便在汜水之阳即皇帝之位。这对做了多年皇帝梦的刘邦来说，自然是天大的好事。但同项羽在灭秦后甘愿回彭城做西楚霸王相比较，可知刘邦的这种选择并非寻常。试观秦汉之际的众多诸侯王，英布“欲为帝耳！”不过是故意说的一句气话，意在激怒汉高祖，借以发泄心中的积愤。观英布举兵反秦以及受封为九江王、淮南王前前后后的表现来看，他何时想过做皇帝呢？而唯有刘邦想做皇帝，而且也确实当上了皇帝，实属非常之举。中国自春秋战国以来，实质上是上无天子，诸侯称雄。秦始皇首创皇帝制度，在中国历史上建立了第一个统一的、中央集权的封建专制帝国，然而十几年却灭亡了。项羽不想当皇帝，他只想当楚王，也很快灭亡了。而刘邦的称帝天下，汉承秦制，坚持了皇帝制度，使中国的封建专制制度在西汉王朝得以最终确立。这是刘邦对中国历史发展的一大功绩，这同他的豁达大度亦不无关系。

刘邦志向远大，很有战略眼光。他并不以自己当上了皇帝，称帝于天下而自满自足。他即皇位后，在百废待兴、异姓诸侯王叛乱此起彼伏

的情况下，“虽日不暇给”，却在百忙之中“命萧何制律、令，韩信审军法，张苍定章程，叔孙通制礼仪；又与功臣剖符作誓，丹书、铁契，金匮、石室，藏之宗庙”，为西汉帝国的制度建设做出了总体规划，并初具规模。西汉王朝存在200余年，为中国的历史发展做出了贡献。追本溯源，自有刘邦的一份大功劳。史称他这项工作做得“规摹弘远”，并非是溢美之词，是他的豁达大度在称帝以后再度体现。刘邦为此所做的一切，当然有为他子孙后代谋划的意图，但不能说这是他意向的全部。使自己所成就的帝业巩固发展下去，令汉帝国长治久安，这才是刘邦生前的主要愿望之所在。

刘邦成就的一切，也可以说是成在其大度，或在其能屈能伸上，也就是他这种大度、能屈能伸的性格让他由弱变强，而终至成功。

以退为进创奇迹

“以退为进”，本来想前进，却装出后退的样子，语出《历代名将事略·误敌》，旨在欺骗与调动敌人。

东汉安帝永初年间，羌族反叛，侵犯武都。邓太后命虞诩为武都太守，平定叛乱。足智多谋的虞诩率军进发武都途中，被羌人抢先夺占陈仓和崤山峡谷等险关要塞，前进受阻。虞诩一面命军队停止前进，一面故意散布消息说：已向皇帝上书请求增兵，要待增兵到后再向西进。羌人误以为虞诩当真不会再前进，就放松了阻截力量，分兵到附近掠劫。虞诩乘机拔军速进，日夜兼程，日行百里，很快进至武都。虞诩此举的成功之处，

在于他运用欲进形退，似止非止，似退非退，使羌人误判，暴露空隙。

欲进形以退，就是抓住“退形”做文章，以退为进，虚实并存。战场上的一切退都是为了进，如同防守都是为了进攻一样。因此，在作战指挥中，如果遇到对方主动退却，一定要留意查明是真退还是假退。否则，就会由于判断失误而丧失胜利。

刘邦的“火烧栈道”，实际上就是一种以退为进的谋略，因为项羽最担心的就是刘邦不服从他的安排。现在刘邦不仅服从而且烧了栈道，他以为刘邦安于现状，他也可以在东方高枕无忧了。刘邦按张良的计策而行，烧毁栈道，其实是为了麻痹项羽而施放的一枚烟幕弹。他先退了一步，实际上既可以防止其他诸侯军队或武装力量进入关中攻击刘邦，又可以向项羽表示自己安心于在汉中、巴蜀地区为汉王，绝没有向关中地区扩张的意图，好让项羽吃一颗定心丸，使项羽不再防范刘邦。刘邦焚毁栈道的举动，正反映了他日后准备攻入关中的意图，正所谓欲盖弥彰。但当时的项羽却未能看出刘邦的真正意图，所以刘邦的火烧栈道，以退为进的战术，巧取了霸王的心。

现在让我们漫卷帛书，品读一下刘邦是怎样用“火烧栈道”妙骗项羽，以及在该谋略中所展示的智慧。唐代大诗人李白说：“蜀道难，难于上青天。”这句诗词一语道出了古时西蜀山峻路僻之险。而刘邦将要在这个地方休养生息，以待重新与项羽一决天下。刘邦为了迷惑项羽，表示自己永不东归就放火烧了栈道，这就是历史上著名的“火烧栈道”。

西楚霸王项羽分封刘邦为汉王，一开始刘邦也挺高兴，但当他得知他的辖地竟在巴蜀、汉中时，气愤不已。刘邦知道，巴蜀之地一直是流放犯人的地方，被封到了那个地方，就意味着与世隔绝了，还有什么前途可言？于是他整日一言不发、闷闷不乐。

见此情形，大家都让张良、萧何等人去劝劝刘邦。萧何对刘邦说：

"大丈夫处天下，能够承受一人给予的大耻辱，而建立万乘之国，这是商汤和周武王给我们做出的榜样。臣希望您能在汉中先建立政权，招募贤人，并建立人民对王朝的信心。等完全稳定巴蜀后，再反过来收服关中的三个秦将统辖的国度，有这样的实力后，再来和项羽争夺天下，就一定能够成功，没有必要为眼前的这点得失而悲观。"

萧何的一番话，虽然起到了一点效果，但还是没让刘邦完全从死胡同里钻出来。后来，又经过张良等人的劝说，刘邦才逐渐看清了形势，从颓丧中慢慢地振作了起来。于是，刘邦宣布接受分封，以萧何为丞相，立即启程赶赴巴蜀。接着，刘邦又以汉王的身份，赐给客座军师张良黄金百镒、珍珠宝物二斗，张良接受了这些赏赐后，却将它们原封不动地转赠给了在鸿门宴中保护过刘邦的项伯。张良将这些礼物转赠给项伯后，希望他能向项羽请求，将整个汉中盆地封给刘邦，项伯满口答应。不久，项伯竟真的说服了项羽，把整个汉中盆地都封给了刘邦。但是，项羽为了限制汉王的力量，下令刘邦原来所领的十万军队，只许带走三万。但是其他诸侯王的将士，自愿跟随刘邦去汉中的，竟有好几万。刘邦领着这些人马，离开灞上，从杜县南部进入汉中，打算由子午线走褒斜道进入汉中。褒斜道蜿蜒于秦岭深山，它的北口叫"斜谷"，南口叫"褒谷"，全长250公里，是古代由陕入川的重要通道。沿途山高沟深，坡陡路窄，不少地方还是悬岩峭壁，无法驻足。人们就依着悬岩，凿上孔眼，入石桩或木桩，上铺木板，作为甬路，称为"栈道"。进入子午线后，已经没有路了，只能在栈道上行走。栈道是一种先穿凿岩壁，再用圆木作支柱而建架成的人工通道，只能容几人行走，大队人马及辎重休想从上面过去。因有些栈道的木头已经老化，承受不了这么重的重量，必须先动用军力修复、加固，有的地方还要拆掉重建，因此工程十分巨大而且艰难。

栈道的底下是千丈深谷，一不小心掉下去，便会立刻粉身碎骨。尤其

有些特别艰险的地方只能容一个人小心通过，所有的粮食、器具、武器都必须用人力一个个背过去，所有行人只能沿着山路逐步攀爬前进。那些体力虚弱或过分粗心的人，往往一不留神就会消失在千丈的深谷中。“火烧栈道”之计正是张良所出。

张良是韩王成的相国，刘邦去汉中就国，张良按约定也应回韩国复命。可两个人相处了一年多了，难舍难分。张良决定送送刘邦，然后再返回韩国。送着送着，一直送到褒中。这儿离南郑不远了，张良向刘邦告别。刘邦要求他先回韩王处述职，待取得韩王同意后，再入汉中辅助刘邦，张良也欣然答应。其实，刘邦实在舍不得让张良离开，张良也不愿离开，可心里还牵挂着韩王，便勒转马头，猛抽一鞭，很快消失在前边的树丛里。

张良已经走出好久了，刘邦还站在那里痴呆呆地望着、望着。突然，一阵急促的马蹄声又由远而近，张良从山后边转过来了。刘邦喜出望外，赶紧迎上去，拉着张良的手说，“先生是不是不走了？”张良说：“我放心不下韩王，还是要走的。只是有一件重要的事情忘了告诉您，才特地赶回来。”

刘邦有些失望地问：“什么事竟劳先生如此费心？”

张良建议说，应当赶快把沿途的栈道烧掉。刘邦对此发问：“烧掉了栈道，我们以后如何出去？”

张良胸有成竹地笑了笑，说：“以后自有以后的办法。眼下只怕您还未能出去，诸侯的军队却打进来了。”张良附在刘邦耳边，悄悄告诉他：“大王虽然离开关中，可项王对这仍不放心。烧掉了栈道，既能截断诸侯军队来犯的道路，又可表示自己没有东归的意图，解除项王的疑心。至于以后嘛，还可修复陈仓古道。”刘邦听着听着，愁眉顿展，笑逐颜开，立即令樊哙领一队士兵，护送张良出山，返回时烧毁栈道。这件事载于《留侯世家》，“汉王之国，良送至褒中（在今陕西汉中北），遣良归韩。良

因说汉王曰：'王何不烧绝所过栈道，示天下无还心，以固项王意。'乃使良还。行烧绝栈道。"

清朝林则徐对此咏诗说：

偶凭道力领三军，天汉通灵压楚氛。
烧绝褒斜于阁道，羽衣终占一山云。

据《史记·高祖本纪》载，公元前206年"四月，兵罢戏下，诸侯各就国。汉王之国，项王使卒三万人从。楚与诸侯之慕从者数万人。从杜南（杜指杜县，在今陕西西安南）入蚀中（即子午谷，又称子午道）。去辄烧绝栈道，以备诸侯盗兵袭之，亦示项羽无东意。"

果然，范增派来的密探很快地向项羽密报了这个消息，项羽也因而放松了对刘邦的防范心理。

从以上的记载可以看出，刘邦入汉中时，的确是听从张良之计而烧毁了通往关中的栈道。但是，在汉中与关中之间，通道并非只有子午谷一条，此外尚有褒斜、傥骆、陈仓诸道，张良所烧栈道究竟在哪里，从上述记载中无法看出。按常理分析，张良既然是要东归韩都阳翟，自然以从原路返回最为方便，所以其所烧为子午栈道的可能性最大。不过，张良东归时所烧栈道也可能是褒斜栈道。这是因为，张良与刘邦分手的地点是褒中，褒中位于褒斜谷南端，由此向北入褒斜谷道回关中也比较近，而且在楚汉之际，褒斜道同样是沟通汉中、关中两地区的主要通道之一。

所以，张良归韩时不走子午线而改走褒斜道是可能的。如今，汉中市北有道高坡，名叫酒奠梁。据当地人讲，之所以叫这个名字，是因为当年汉王刘邦听从张良之计，火烧栈道之后，他勒马立于这座坡上，眼望远处栈道焚于熊熊烈焰之中，按捺不住宏图再起的激动心情，把酒临风，祭祝

成功有日，同时抒发想念张良之情，于是改此地为“酒奠梁”。

刘邦通过“火烧栈道”来迷惑项羽，自然那不可一世的项羽也就轻信了。

我们进一步思考，从谋略学角度看，刘邦、张良烧毁栈道的举措，属于韬晦之计的范畴。“韬”字的本意是弓袋，引申为掩蔽、敛藏的意思。“晦”则是阴暗不明的意思。所谓“韬晦”，就是把自己的才能、打算等隐藏起来，以隐人耳目，欺骗对手。韬晦之计，是一种十分有效的政治权术。当一个人在政治斗争中心有余而力不足的时候，最好的办法就是藏起锋芒，韬光养晦，麻痹对方，以等待羽翼的丰满和时机的到来。即使是在力量强大之时，韬晦之道也不失为一种有效的策略，因为它能使对手丧失警惕，为己方实施打击提供良好的时机。反之，如果过早地暴露自己的才能和实力或者目的和企图，则往往会引起对手的警惕和关注，从而使自己还未发展壮大起来即被对手打败。

刘邦与张良合谋烧掉东归途中的栈道，的确是极为高明的韬晦策略。这一策略的高明之处在于，它不仅进一步麻痹了项羽，使其放松了对刘邦的最后一点警惕，而且也有效地防止了其他诸侯国及乱兵盗贼的袭击。

众所周知，在秦末，推翻暴秦的战争中形成的所有政治军事集团中，项羽的势力最为强大，特别是巨鹿之战后，项羽的政治军事力量达到了巅峰状态。他自称西楚霸王，分封诸侯，为天下宰，不可一世。但是，他却始终有一个潜在的敌人，这个敌人就是刘邦。

从表面上看，刘邦的力量远远不如项羽，而实际上他的潜力却比项羽大得多。首先，从资历上看，刘邦与项羽原本都是同时起义的义军首领，而且曾经同属义帝的臣僚，他们在身份上本来就难分伯仲。其次，从贡献上看，刘邦在反秦战争中战胜攻取，同样立下了很大的功劳。特别是他率先攻入关中，更是其他诸侯所无法比拟的。再次，从素质上看，刘邦宽厚

大度，善于用人，有政治头脑，要比项羽高出许多。所有这些，都使他有能力、有条件与项羽争霸天下。所以，项羽对他很不放心，处处加以控制，甚至企图将他封闭在汉中、巴蜀的崇山峻岭之中，永远不得东归。不过，从当时总的形势来看，刘邦却远远不是项羽的对手，根本没有能力与项羽公开抗衡。在这种情况下，刘邦唯一可取的策略就是韬晦之计。他一方面要忍耐，要设法麻痹项羽，另一方面要暗中发展自己的势力，养精蓄锐，等待时机。

后来事情的发展结果也可证明，刘邦的韬晦之计是成功的，他的上述目的也随之达到了。据《史记·留侯世家》载，张良回到韩国后，项羽为了张良跟着汉王刘邦去了趟汉中的缘故，不让韩王成留在自己的封国，而将他和张良一块儿带到了彭城。张良对项羽说："汉王把栈道都烧毁了，已经不打算东归了。"项羽果然从此不再担忧西边的刘邦了，而放心地发兵向北攻打齐国。然而，恰恰就在这个时候，刘邦在大将韩信的策划下，"明修栈道，暗度陈仓"，一举消灭了项羽留在关中的三个诸侯王，将关中据为己有，从而拉开了与项羽争夺天下的序幕。

有时候，表面的退只是一种策略，是为了追求更高的目标而做出的一些善于变通之人的成熟表现。

战略对峙也是一种主动

竞争的最终目的，是要自己获得发展。然而，竞争的胜负不是一蹴而就的。某些时候，我们在竞争中会面对比自己强大的对手，要想很快在竞

争中获得决定性的胜利，是不可能的。这时候，我们不能够选择退却，相反，要选择一种相持的态度，在不断对峙中，消耗对手，保持一种主动的竞争态势，直到时机来临，结束竞争。

俗话说，“罗马不是一天建成的”。在刘邦与项羽的正面博弈中，双方展开了长达四年的对峙。有趣的是，项羽屡战屡胜，却渐渐陷于疲于奔命的境地；刘邦屡战屡败，却逐渐掌握了战争的主动权，并将项羽“拖瘦”、“拖垮”。这就是博弈的妙处。面对项羽这位战争天才，屡败屡战的刘邦，是怎样变被动为主动的呢？

我们知道，当年刘邦率领诸侯联军56万，挥师彭城，并迅速占领了彭城。项羽得报，立刻从齐国撤军，挥师反扑。项羽不愧是军事天才，在他的反扑之下，刘邦所率的诸侯联军很快战败。

从大赢到大输，刘邦对自己与项羽对抗的能力有了更清醒的认识。他认为，硬碰硬，自己绝对不是项羽的对手，必须要想办法转输为赢。

虽然刘邦在彭城遭遇了溃败，一些诸侯纷纷反叛自己，但韩信在睢水南岸的阵营相当稳定。不久，不少流散的军队纷纷汇集到韩信那里，很快他又集结了一支数量可观的军队。这样一来，诸侯虽然反叛了不少，但刘邦的直属军队和关中军的主力还比较完整。

一天，刘邦秘密召见将领们，问道：“如果我愿意放弃函谷关以东的统治权，让给肯和我合作共同对抗项羽的人，那么，你们认为谁可以充当这个角色呢？”

张良说：“当今天下，可以有效地协助我们对抗项王的只有三个人。第一个人是九江王英布。他是楚军中除项羽以外最厉害的猛将。在灭秦战争中，他曾多次出任先锋大将，出生入死，战功卓著。但是，他仅被封为九江王，心里非常不满，和项羽之间是貌合神离。第二个人是彭越。他出身低微，和项羽一向格格不入。在分封时，他和田荣一样遭到刻意贬低，

对项羽非常不满。他曾协助过齐国反项王，而且目前他已经掌控了梁国的大部分势力。只要大王赶快派人与他们结盟，就足以让项王伤脑筋了。至于第三个人，就是大王手下的韩信。韩信可以独当一面。大王应该让他独立率领一支军队，和汉军互为犄角。大王若想和他人分享天下，联合了这三个人，便足以击败项王了。”

刘邦听了，觉得张良分析得有道理，便决定按照此计行事。在这三个人中，韩信是刘邦的部下，怎么安排与授权，较容易解决；彭越和刘邦意气相投，只要条件合适，也不难争取；但是，要争取英布却比较困难。英布虽和项羽相处不愉快，但他是楚军的首席大将，每次作战时几乎都是项羽的首席副手，要游说他得有相当大的胆量和技巧。郦食其喜欢过分夸张，去游说个性强悍的英布显然不合适。于是，刘邦开始物色人才去执行游说任务。

彭城败讯传出时，萧何从关中守军分出一部分军队去占了米仓荥阳，以避免楚军和其他诸侯军控制中原地区的最大粮仓。此外，萧何还组织起了一支老幼大军，加强关中地区的守备，以及关中和荥阳间的联系和补给线的控制。

由于荥阳防卫阵地非常坚固，刘邦便率军移驻荥阳。刘邦说：“只要萧何还在，我就有拼战下去的保证！”

稍微安定下来后，刘邦就全力以赴地考虑如何去拉拢英布。此时，一个叫随何的人自告奋勇地去游说英布。刘邦答应了。

派出随何一行人以后，刘邦将大军火速集聚在荥阳。一时间，在荥阳的汉军声势再度大振：不仅有韩信率领的主力军，刘邦率领的直属军，还有来自关中的补充军队。

此时，项羽也率军直逼荥阳。但是，因为刘邦逃入荥阳后又迅速集结了大量军队，关中的援军也到达了，荥阳的防御工事非常坚固，项羽要想

很快打垮刘邦绝非易事。气愤之余，项羽便派军队经常前来骚扰。

刘邦也毫不示弱，在荥阳以南的京、索间摆好阵势，公开向项羽叫阵。一时间，双方互有胜负，一直呈胶着状态。

楚、汉双方形成了对峙的局面。

项羽经常派骑兵攻打汉营，这让刘邦很被动。为了改变被动的局面，刘邦也开始紧急筹组骑兵部队。

在挑选将领时，大家公推原秦朝关中骑兵名将李必和骆甲为骑兵统帅，但他们说："臣等是秦朝故吏，恐军中将领无法完全信任我们，反而会影响骑兵的作战能力。还是由汉军大将中善骑者为统帅，我俩负责实际的训练和领军即可。"

于是，刘邦就任命灌婴为中大夫令，统帅骑兵，李必、骆甲为左右校尉，负责率领骑兵作战。

北方人擅长骑射，这样刘邦的骑兵很快在战斗力方面超过了项羽的骑兵，项羽的骑兵虽然骁勇，仍不免被击败，很难侵入荥阳以西。

接着，汉军在荥阳建立了坚固的基地，修筑甬道将敖仓和荥阳接连起来，派军坚守，准备和楚军进行持久战。如此一来，项羽就不得不与刘邦在荥阳展开对峙，这样的局面从战略上讲，对他肯定是不利的。

对于任何人来说，要想干成一番大事，要想战胜强大的对手，就必须要有吃苦的心理准备，就必须要有打持久战的心理准备。因为他们所面临的一切都是具有挑战性的，是繁杂的，是不可能一蹴而就的。只有具有吃苦的心理准备，有打持久战的心理准备，不折不挠地奋斗，才有可能在博弈中获得最终的胜利。

在现实中，一个人要想成就一番大事业，必须要有打持久战的心理准备，用时间去换空间。刘邦与项羽正式展开正面博弈之前，虽然在做势和造势方面做得很出色，但造起来的势并不代表他的真正实力，所以要想在

短期内击败项羽这样的军事天才，显然是不可能的。因此，刘邦虽然迅速攻入了彭城，但很快就导致溃败。当然，这次溃败，使他清醒地认识到了自己与项羽在实力上的差距，于是改变了与项羽硬碰硬的策略，继而在荥阳凭借有利的地形和充裕的储粮与项羽展开了对峙。通过对峙，一方面可以拖住项羽的主力，为韩信经营燕、赵、齐地提供机会；另一方面，也可以以逸待劳，消耗对方的力量，从而在战略上确保自己的主动地位。

这也体现在我们现代人的生活中，在各种竞争下，也许我们的实力一时不足以与对手做出决定性的对决。但是我们不能够轻易放弃，换一种思路，一直不断地让对手受到侵扰，千万不能给对手喘息的机会。

然而，项羽不懂这个道理，几次都错过了消灭刘邦的机会，但是刘邦深谙此道。于是刘邦屡败屡战，一直没有放弃对项羽的挑战和消耗，于是在不断战斗、不断对峙中，刘邦在不断壮大，而项羽在不断被消耗。最终，刘邦消灭了项羽，开创了大汉王朝。

等待时机，蓄势待发

在面对被项羽挟持的楚怀王时，势力刚刚壮大的刘邦遇到了一个不得不解决的问题，当时人为刀俎我为鱼肉，难道就只能任人宰割然后听天由命吗？刘邦显然不这么想，他从起义的第一天起，就想着能够拥有四海，执掌天下，如今为项羽的傀儡所号令，刘邦当然不能甘心，他必须为自己的团队，为自己的前程做出决策，是该唯唯诺诺地俯首听从，还是该孤注一掷公开表示反对？很显然刘邦和他的谋士们已经找到了妙计。

被项羽挟持的楚怀王命令刘邦率军西征，主要任务是让他“收陈王项梁散卒。”

受命后的刘邦人数大概只有几千人，即便得到魏将皇欣、武蒲的军力补充，其过高阳（杞县）时人数也仅万人。部众如此之少，显然不足以完成灭秦重任。为此，楚怀王给刘邦的权限是“收陈王项梁散卒”。当时的情况是，西征路途所经之处多被秦军重新占领，防卫得到加强，而且可供刘邦召集的援军并不太多。

刘邦率部自砀山出征后，第一站就进攻且取下了安阳，随后，又率军越过安阳然后南下在亳南之地进攻秦军。秦二世三年二月，项羽在河北打败了秦军将领章邯所率部队。而刘邦又率部队自栗向西攻击高阳、陈留之地，而后再向北进攻开封、白马津的敌人，这一系列的军事行动一是为了于楚军后方策应，二是为了开拓肃清河北楚军主力和楚国都城彭城之间的地带。

毫无疑问，刘邦所率的西征军团无论在气势还是兵力上，都不如项羽、宋义所率的北征军团。所谓的“西征军”，顾名思义就是应该一直向西进发，可刘邦的西征军团在行军过程中却突然改向北开进，行起南辕北辙之事。

刚开始刘邦的确是挥师西进的，可是当他率军进入颍川附近时，便和秦国驻扎在魏地的守军遭遇，刘邦于是向其发动猛攻，几个回合之后，秦军退到了昌邑和高阳一带。

刘邦之所以敢这样做，是因为之前就奉了楚怀王的命令，由于楚国兵力有限，刘邦的西征军团兵力较少，楚怀王下令让他沿途收编陈胜及项梁溃亡后流散在各地的残部。

刘邦的军事才能或许不及项羽的十分之一，但他帐下谋士的能力却绝对要超过项羽十倍不止。而刘邦的西征军团如果想顺利收编陈胜和项梁的残军，就需要有笼络人心的能力，刘邦恰恰就具备这种能力，所以从彭城

出发到达砀县之后，在咸阳和杠里附近，就有不少原来流散的义军闻风而降，刘邦广为接纳，于是声势大增。

这些守卫秦军虽然人数极少，但见刘邦竟然明目张胆地大肆收罗起义军残部，十分气愤。于是这些秦军主动向刘邦发起进攻，刘邦遂下令反击，秦军寡不敌众，很快就被击溃，不得不又退回城中坚守阵地。

这时，刘邦派去打探北征军消息的密探来报，北征军驻扎在安阳后，就一直没再往前进。刘邦得此消息之后和其谋士研究半日之久，觉得北征军团既然一直按兵不动，他们也可以不用急于西进。另外北征军团按兵不动，一定还没有伤及北方秦军的皮毛，那北方的降卒一定还有更多，为扩大战果，收编更多兵马，刘邦决定率西征军团先向北进发，抢于项羽之前虏获更多兵士。随后再折返西进，犹未晚矣。

如果不能公开表示反对，那就要在适当的时候表现出必要的虚与委蛇，在不暴露自己真实动机的前提下，逐渐扩展自己的力量，直到自己可以说“不”的那一天。如果公然地表示反抗，很可能就会断送自己以及自己团队的前程，所以遇到类似的情况，领导者必须多考虑一下自己的最终目标，以此作为动力和参照，然后再冷静地思考和分析，这样就不大容易做出失去理智的决策了。另外，还要注意多选拔一些头脑清晰、思维冷静的人来作为自己的部下，以保证自己能在最为冷静的状态下做出决策。

聪明不露，才华不逞

古云：鹰立如睡，虎行似病。这正是它们攫鸟噬人的法术。故君子要

聪明不露，才华不逞，才有胜任重负的力量。这可以形象地诠释“藏巧于拙，用晦而明”这句话的具体含义。同样，历史上著名的“明修栈道，暗度陈仓”也能说明这个道理。

当刘邦率领几万兵马进入深山，来到南郑后，拜萧何为丞相，曹参、周勃、樊哙、灌婴等人为将军，准备跟霸王项羽争夺天下。当时，韩信被刘邦封为大将军后，便着手替刘邦制订东征计划。

韩信真可谓文武双全，他被刘邦重用后，广泛施展了他的雄才大略。只用几个月的时间，便训练出了一支军容整肃、纪律严明、英勇善战的军队。

东征要突破的第一道防线，由原秦国名将章邯把守。

章邯投降项羽，保住了自己的命，并且还被封为雍王，但他却没有保住跟随自己投降的20万士卒的命，这让秦国人民都非常痛恨他。被项羽封到关中为王后，章邯在关中一直抬不起头来，因此变得非常消极、颓废，早已失去了昔日的秦王朝名将的风采。

刘邦拜韩信为大将，韩信拜将后不久即下令修建栈道。这个工程相当庞大，即使行动再秘密，消息也不可能不走漏，得到消息后章邯便加强了对栈道的防守。

而韩信却从未想由栈道进攻关中。他只想以修建栈道这样轰轰烈烈的大工程，来调动章邯的注意力，从而使得他聚集兵力以守卫栈道之口。如此，才能减轻他偷渡陈仓时需对付的兵力，也保证了大军安全进军中原的战略。

在章邯的雍王京城废丘的西方，有个地方叫作宝鸡。由于渭水流经这里，使宝鸡成了黄土高原中少见的丛林区。相传当年秦文公曾在这里狩猎，并获得一颗珍贵的宝石。这颗宝石异常明亮，更令人吃惊的是，轻轻摩擦它时，会发出公鸡般的啼声，文公于是下令立祠供奉，祠名为宝鸡，后人便以此为地名了。

渭水由陇西流经宝鸡，在这里形成一个通道，而渭水下游便是咸阳，为了运输上的方便，秦王朝在此建了一个官仓，用以储藏粮食，称为陈仓。秦军为保护陈仓粮食的安全，便在这里建立了一个小关卡。这个关卡很小，容不得太多守军，而且山路崎岖，军队也无法驻扎，所以只有情况紧急时，才能派兵前来驰援。这点，对进攻的一方极为有利。

然而在秦岭的所有山脉中，唯一能使一个大军团经过的，就是这条渭河所形成的天然过道。而且此道地势险恶隐蔽，很难引起别人的注意，因此很适合偷渡。韩信是个有心人，在老渡夫的无意介绍中，他有意记下了此道。他所选择的入关道路，便是这条。

陈仓关口虽小，却易守难攻，所以必须采取突击战术。韩信于是公开宣布修建栈道，有意让关中守军将注意力集中在栈道的工程上，这便是历史上有名的“明修栈道，暗度陈仓”。

韩信将军团分成四大部分，每个军团大约四五千人，出发时相隔行程约两天，以免让对方发现。韩信自己则暂时留在栈道工程现场，以免章邯察觉陈仓的军事行动。

果然，当樊哙率领的先锋部队顺利攻下陈仓时，章邯这才发现中计。

陈仓陷落后，章邯非常惊慌，便向东撤退，并派急使向司马欣、董翳等求救。因援军迟迟不到，章邯只好将军队退入废丘准备坚守。刘邦军队于是轻易占有雍地，并攻入咸阳；樊哙继而攻打废丘，周勃、灌婴则分别向司马欣、董翳施加压力。

不久，司马欣、董翳投降，关中地区除了章邯军队固守的废丘之外，已经全部落入汉军的手中。韩信的暗度陈仓之计，终于让刘邦实现了自己的夙愿，成为关中之王。此时，离他被迫带军进入汉中，只有四个月的时间。

然而樊哙所率领的军队虽然作战非常猛烈，却迟迟没有攻下章邯坚守的废丘，因为章邯组织了一支敢死队守卫着废丘。韩信亲至废丘视察

战场，他建议樊哙引雍河之水淹灌废丘。时值夏天雨季，水流湍急，樊哙便令人堵住雍河，让水灌入废丘。很快，废丘全城已浸入水中。章邯见大势已去，不忍军民损伤太重，遂自杀身亡。废丘残军于是向樊哙投降，关中完全平定。萧何将其地规划为渭南、河上、上郡三个郡，纳入汉国的管辖中。

刘邦夺取关中，是刘邦与项羽争夺天下的事业中具有决定性意义的重大胜利。从实力方面看，刘邦现已拥有关中、汉中、巴、蜀地区，相当于战国时最为强盛时的秦国的疆域范围，拥有了最为富庶的关中平原及成都平原。这些地区，在秦末农民大起义的战争中，除咸阳这一局部范围内遭受到破坏外，其余均没有遭受战争的破坏。刘邦拥有了它们，无论是从控制的地域范围还是人口数量以及总体的经济实力相比，都成为当时所有的诸侯王中实力最强大的一个。从地理位置看，关中的形势最为险要，正所谓四塞之地，易守难攻。它和汉中、巴、蜀连成了一体，可以说是占尽了当时的地利。刘邦在关中地区注意收买人心，已有了较好的声望，取得了民心，得到了人和。当时，天下的政治形势正处在否定项羽的分封格局、引起新的一轮军事纷争的时期。刘邦占领关中，与项羽争夺天下，也占有了天时之利。因此，刘邦攻占关中，使他既拥有了与项羽争夺天下的实力，又占有天时、地利、人和三项优势，这就从根本上改变了刘邦以前的不利地位。

一般来说，人性都是喜直厚而恶机巧的，而胸怀大志的人，要达到自己的目的，没有机巧权变，又绝对不行，尤其是他所处的环境并不尽如人意，那就更要既弄机巧权变，又不能为人所厌恶，所以就有了鹰立虎行如睡似病，藏巧用晦的各种做人的方法。事成于密，败于疏，做到在众人眼皮底下暗度陈仓，才是做人的上乘功夫。

第三章

聚集人才做大事——刘邦这样对我说人才

识别人才，考核人才，是用人的前提条件。因此，很早古人就流传“得人之道，在于识人。帝王之德，莫大于知人”的说法，提倡“为治以知人为先”，意在说明治理国家应以了解、识别人作为最重要的事情。知人虽难，却并非没有良方可循。古往今来，那些善于用人的政治家、军事家、企业家无不具有知人、识人之术。而汉高祖刘邦便是其中的佼佼者，他的识人之术是很值得我们现代人学习借鉴的。

识别人才，为己所用

在与陌生人交往的过程中，所得到的有关对方的最初印象称为“第一印象”。第一印象并非总是正确，但却总是最鲜明、最牢固的，即“先入为主”带来的效果。刘邦能够重用张良，信任张良便是与初见张良时的第一印象分不开的。同样的是，张良能够在初见之后，便决定辅佐刘邦共闯天下也是和对刘邦的第一印象是分不开的。可见在人与人交往的过程中，第一印象是十分重要的。

乱世英雄起四方，有枪便是草头王。现在刘邦已经是一位草头王，但要横行天下，单凭几条枪是远远不够的，还得有个杰出的头脑来指挥这些枪。

刘邦运气不错，在这个关键时刻，他遇到了一位奇士。这位奇士就是历史上有名的人物张良。

秦二世二年，刘邦因雍齿以丰邑背叛，举步维艰，不得不前往投靠景驹。途中路遇张良聚集百余名少年也想要投奔景驹。当时，刘邦的队伍有数千人，张良便归附刘邦，刘邦任命张良为“厩将”，负责管理军马。后来，张良成了刘邦争夺天下的军师，为刘邦“运筹帷幄”，是刘邦手下的三位人杰之一，立有大功。

张良投奔刘邦还有一段有趣的故事，也正是张良说服刘邦不要做以卵击石的事去攻打项梁，而要去同项梁谋好，从而发展壮大自身的力量。

刘邦屯兵下邳，张良自然知道。这天傍晚，他潜出城外，造访刘邦。

刘邦正在大帐中独坐，长几上摆着一壶酒。士卒报告张良来访，刘邦说："请他进帐。"

一个身穿儒服的男人悄然而入。

"在下张良，特来拜见沛公。"

刘邦好奇地打量着对方："你就是博浪沙行刺秦皇的张子房？"

"正是在下。"

刘邦笑了："我一直以为你是个膀大腰圆的汉子，不意竟是个文弱儒生。"

张良一笑。双方分宾主坐了，刘邦吩咐换烛摆酒。

"先生酒量如何？我与你对饮。"

"我酒量有限，不敢与沛公相比。"

"男子汉大丈夫，应当豪饮才是。"

"若是借酒浇愁，喝得再多也无济于事。"

刘邦一怔，继而笑道："讲得好。我目前的处境的确不妙。不过，酒还是要喝的。"

刘邦举杯，一饮而尽，张良只喝下一小口。

"下邳城守担心我攻城，先生此来，想必是为他做说客。"

张良摇头。

"那么，你是来投奔我的？"

"我是韩国人，还得为国家效力，或许以后与沛公有缘。"

"你什么时候来，我都欢迎。我对你印象不错，尽管你像个儒生。"

刘邦快人快语，张良也畅快。对这个农民出身的草莽英雄，他产生了好感。

刘邦兀自饮酒，长时间一声不吭。他的脸红红的，挺直的鼻子在烛光

下格外惹眼。张良默默地望着他，想着心事。

张良原是有备而来，准备与刘邦讨论时局，必要的时候点拨他几句。张良有一种预感，不久他就将投到刘邦帐下，共谋大业。就他的学识和雄心而言，韩国太小，并不是理想的栖身之地。

但刘邦不发问，他也不便启口。

两人就这么呆坐着。夜很静，大帐之外两个手执长枪的士兵直挺挺地站在大帐门口。

刘邦忽地抬头，对张良说道："我欲攻项梁，先生以为如何？"

"我以为不可。"

"哦，说说看，为何不可？"

"论实力，项梁在沛公之上，何况他现在气势正旺，沛公避之尚恐不及，何苦与他正面交锋？"

"他杀了楚王景驹，着实令人气愤。"

"目前秦军势大，各路义军若互相残杀，总有一天会被秦军消灭。"

"依你看，我现在该怎么办？总不能老是按兵不动吧！"

"不如向项梁借兵，转攻丰邑。这样做有两个好处，一是消除项梁对你的猜疑，二是增强实力，一口气拿下丰邑。"

刘邦说："这主意不错，只是得派个能言之士前去。"

张良说："若沛公信任，我愿前往。"

刘邦大喜："如此甚好，甚好。以先生这样的辩才，说动项梁，谅也不难。"

"我试试，但也没有绝对把握。"

两人又谈了许多。张良稍稍抖搂胸中之学，刘邦即为之倾倒，只恨相见太晚。

第二天，张良去了薛城，摇动三寸不烂之舌，果然把项梁说动了。项

梁原本疑心刘邦与景驹是一伙，现在刘邦借兵，便消除了他的疑虑。项梁答应借兵5000，助刘邦夺回丰邑。

刘邦和张良凭借对对方的第一印象，便下定决心精诚合作，共创天下。虽然在今天看来有些不可置信，但是想来或许真如史书上那样记载，刘邦天生一副帝王之相，张良觉得刘邦将来能成大事，所以才决定跟着他发挥自己的智谋韬略。

而刘邦观张良更多的则是在其言行谈吐之上，两人经过一番交谈，刘邦发现张良是个难得的人才，对于自己今后争霸天下有着很大的帮助，所以才极力拉拢重用。

那么，在现实生活中如何才能给对方留下良好的第一印象呢？

媒体策划专家有一句名言：要给人好印象，你只需要7秒钟。通过大量的分析，研究者们得以成功描绘出影响第一印象形成的因素。

第一印象的形成有一半以上内容与外表有关。不仅是一张漂亮的脸蛋就够了，还包括体态、气质、神情和衣着的细微差异。

第一印象有大约40%的内容与声音有关。音调、语气、语速、节奏都将影响第一印象的形成。

第一印象中只有少于10%的内容与言语举止有关。

试验显示，见到一个陌生人时，你头发的样式比面部特征更能吸引对方的注意。长发暗示着健康和性感，短发看起来自信而成功，自然、中长、没有特定款式的发型，则让人感觉智慧和真实。此外，握手也能传递重要信息。研究发现，那些握手时目光和你直接接触、手掌干燥、坚定有力、自然摆动——而不是无力、潮湿、试探性的人，不仅能让你对他感觉良好，还将取得你的信任。

给人留下良好的第一印象的关键之一，是了解对方的性格特点和谈话偏好。当对方不喜欢大有来历的人时，你最好不要表现得太强势，或者说

话时抢风头、露锋芒。你最好表现得低调一点，让对方认为你比较沉闷，这才不失为一种策略。

要成功就要当“伯乐”

古人云：“千里马常有，而伯乐不常有。”因此，对于人才来说，如果有一个善于识别优劣真伪的“伯乐”出现在面前，无疑是一种幸运和鼓舞，因为只有在这种情况下，优秀人才才可能脱颖而出，平庸无能之辈或者滥竽充数之人才能相形见绌。

韩信出身于江苏淮阴一个没落贵族家庭，他出生的时候，家里已经很贫穷了。因祖上曾经有过的辉煌，尽管韩信从生下来就没有经历过一天贵族人家的生活，但天生的贵族气质依然在他身上留下了深深的烙印，所以，建功立业、封王封侯的理想，一直支撑着韩信在困境中活了下来。

当动乱四起时，韩信的机会来了。韩信是一个很有眼力的人，陈胜、吴广的起义军攻下淮阴后，很多年轻人都参加了起义军，而韩信却没有参加。因为，韩信早已洞察出：这群乌合之众，是很难有真正的作为的。

后来，韩信主动投奔了在会稽起义的项梁叔侄，当上了一名小军官。韩信的武功并不高，所以在崇尚武力的项梁叔侄那里，他一直没有得到重用。

项梁阵亡后，韩信被编入了项羽军团。

到了项羽手下，韩信开始竭尽所能地表现自己擅长谋略的本事，最终被项羽属下的一位伯乐相中，被任命为郎中，可以参与一些军事计划。但让韩信失望的是，他向项羽提出的那些军事建议，项羽一个也没有采用。

进入咸阳后，韩信对项羽的暴行感到失望，他认为这种无谓的破坏，对志于治国平天下的领袖人物只有坏处，绝无帮助。

相对来说，刘邦进入咸阳后的表现却让韩信欣赏，他认为这位表面胆小温顺的军事将领，实质上可能是个可敬又可怕的大野心家。

出身于平民，毫无家庭背景，又毫无人脉的刘邦，却被列为当今天下第二号人物，真是奇人。如果此人没有极高的智慧，又怎么会这样呢？民众流传的鸿门宴，刘邦能有这等忍辱负重的表现，不正像自己当年的胯下之辱吗？

韩信决定离开项羽，跟随刘邦。在刘邦率军进入汉中时，韩信表示了跟随刘邦的意愿，而对项羽来说，他也甩掉了一个喋喋不休的麻烦人。

刘邦的大队人马进入汉中的南郑后，不少将领和士兵纷纷逃回关中。韩信猜测萧何早已把自己的情况汇报给刘邦了，刘邦此时仍没有重用他的意思，韩信便很失落，他赌气地想：此处不用人，自有用人处，于是他也逃跑了。

萧何听说韩信逃跑了，便亲自去追赶。不知详情的人，便向刘邦汇报说："萧丞相跑了。"刘邦很愤怒，也很失落，因为失去萧何就如同失去了左膀右臂一般。

过了两天，萧何在刘邦面前出现了，刘邦又是生气，又是高兴，便骂道："萧丞相你也要逃跑吗？"

萧何知道刘邦是误会了，便说："在下怎敢逃跑，在下是去追赶逃跑的人去了。"

刘邦问："你追的是谁？"

萧何答："是韩信。"

刘邦又忍不住大骂起来："逃跑的将领十几个，你都没去追赶，偏偏追韩信这样一个无足轻重的人。"

萧何说："千军易得，一将难求，韩信天下无双啊！倘使大王您长久在汉中这个小地方待下去，是用不着韩信；如果您要争天下，除了韩信，再没有能给您出好主意的人了。不知大王如何考虑？"

刘邦说："我也是想往东方进攻的，怎能待在这里不求发展呢？"

萧何说："大王既然打算向东发展，那么只要能重用韩信，韩信就会留下；如果不能重用韩信，韩信总是要跑的。"

刘邦说："照你这么说，我就让他当个将领吧。"

萧何说："只是当个将领，韩信还是留不住的。"

刘邦说："那就让他当个大将。"

萧何说："这回行了。"

刘邦把韩信叫来，将其任命为大将。萧何又好气又好笑，心想刘邦就是这样天真，连拜大将这等重要的事也随随便便。所以萧何进一步点拨刘邦说："大王您这样做岂不太怠慢无礼吗？如今授命大将就像喊小孩一样，这正是韩信逃走的原因啊。大王您一定要授命韩信为大将，我建议选一个好日子，举行一个正式的仪式那才行。"

刘邦只好同意了。

各位将领听说刘邦要任命大将了，都非常高兴，都猜测着自己可能被任命，然而当任命的结果公布出来，一听是韩信，全军都很惊讶。

最高兴的人却是刘邦，因为历经好几个月的沉闷和内心挫折，现在总算让他有点热闹事可干了。大家都说韩信了不起、有点子，而刘邦最喜欢跟这种人在一起，或许此人可以提供一些有用的意见，化解他心里的沉闷。

刘邦和韩信第一次面对面地坐下，是在拜将典礼结束后不久。

这一次，韩信不仅有机会看清了刘邦的模样，而且还坐到了刘邦的上首。在几天前，这是不敢想象的事情。刘邦竟然以此大礼对待韩信，强行让韩信坐到了自己的上首，尽管韩信无奈，还是不得已坐了下来。

刘邦说：“丞相（萧何）多次向我提起韩将军的才学，请问将军有什么计策可教给我？”

韩信反问：“大王，您想向东争霸天下，最大的对手是谁？”

刘邦说：“项羽。”

韩信又问：“和项王比较，谁更强，谁更弱？”

刘邦说：“论实力，当然是项羽比我强。”

韩信说：“我也认为大王的确没有项王的实力。不过，有些东西是表面强，有些东西是表面弱。表面强的不一定是真强，而表面弱的也不一定是真弱。你和项王之间，就是这种关系。”

刘邦说：“请将军明示。”

韩信说：“臣对项王，相当了解。项王勇猛无比，发起威来，千人万人也休想抵挡得住他的威势。但他是个太有主见的人，因此往往无法任用有才能的将领。主见很强，看起来是一件好事，其实这恰恰是他的弱点。所以，项王的这种勇猛，不过是匹夫之勇而已，不足为虑。另外，项王在接见宾客时，对宾客往往相当恭敬，又能刻意表现自己的仁爱。每当部属生病时，他常涕泣或特别赐以食物，但当部属有功而应当封爵加贺时，他却显得犹豫，不肯给予。像他这样的性情，不过是妇人之仁，成就不了大事。”

刘邦对韩信的分析表示认同，便问道：“我应该怎么办？”

韩信说：“与项王相比，大王当初入武关，秋毫无犯，还除去秦国的苛政酷法，与秦民约法三章，秦民没有不希望大王为关中之王的。何况，当年诸侯相约，先入关中的人便是王，大王应当有资格为关中之王，这是秦国人民所深知也完全认同的。如今，大王被项王排斥，被压制到了汉中，秦民都很惋惜。只要大王宣称举兵侵入关中，发出檄文，二秦自然败亡，关中顷刻就可收入掌中。”

韩信的一席话，把刘邦说得就像梦中初醒一般。刘邦此时只恨认识韩信太晚，否则他这几个月来就不会如此郁闷和绝望了。

刘邦深信，韩信是一个难得的人才，第二天，刘邦就将东进的计划全权委托给韩信去谋划，军队也完全归韩信去部署指挥。刘邦这样相信韩信，韩信也感动不已。从此，韩信便下定决心为辅佐刘邦干一番大事业。

千里马常有而伯乐不常有，这句耳熟能详的话为我们现代人所常用！所谓“千里马”，顾名思义，就是拥有才能的人。而伯乐，就是能驾驭千里马的人，也就是我们常说的知音。纵览古今，有多少千里马和伯乐失之交臂，又有多少千里马与伯乐相知相惜！韩信这匹千里马能够遇到萧何这个伯乐，可以说是幸运的，同时对于刘邦来说也是幸运的。

巧用有缺陷之人

古语有云，成大事者不拘小节。用人者在用人的时候，也不能够拘泥于人才在小节上的不足，而是要注重人才的才华。正所谓人无完人，人才也必定有自身的缺点，用人者就是要在不影响大局的情况下，忽略这些缺点，将人才的才能发挥出来。

人无完人，圣人是最不好用的。只要能看到一个人的长处，避开他的短处，就能让他发挥出真正的本领。刘邦手下的人，没有几个没有毛病的。嗜酒如命的郦食其，满肚子坏主意的陈平，居功自傲的韩信等，可是刘邦就是靠这些人打下了天下，因为他懂得怎样用人。

陈平是一个地地道道的穷人，家徒四壁，顺着墙边搭个棚子，有门无窗，但是门上却只能挂块破席，不能遮风挡雨，更不能防寒防盗，幸好他没有什么可偷！

可是他是一个谋略家，善于“良禽择木而栖”，为刘邦设下许多妙计……

陈平是刘邦的可靠军师，在刘邦夺取和稳定天下立下的过程中功不可没。虽然刘邦没有将他列入“汉初三杰”，但是他的足智多谋足以与张良相媲美。在沉着、稳重的性格方面，陈平不如张良，但是急中生智，让刘邦化险为夷的能力，是张良难以企及的。在刘邦称霸天下之后，张良在政治上的活动不多，只是平淡生活，而陈平则活跃于政界，最后辅助汉文帝治理乱世，这将战国时代纵横家的精神风貌展现得淋漓尽致。

陈平出生在阳武（河南省原阳东南）户牖乡（河南省兰考东北），年少时家境贫寒，但喜欢读书，与兄嫂相依为命。虽然兄嫂家的经济条件也不好，但陈平的哥哥陈伯宽厚仁慈，自己埋头耕耘，担负起家庭的重任，为陈平读书提供经济资助。

魏王咎率领军队于公元前208年6月与秦少府章邯在临济（河南省封丘东）开战，陈平带领数人去投奔魏王咎，被授以太仆之职。太仆是魏王身边的臣子，主要掌管魏王车马出行之事。陈平曾经多次向魏王建言献策，不仅得不到采纳，反而遭人嫉恨，受人谗毁。在魏王身边行事多年，陈平深知魏王咎是平凡之人，难以成就大事，所以，他毫不留恋地出走，另找出路希望能找到自己的用武之地。

在公元前207年冬，项羽在黄河沿岸的一次战争中大获全胜，击退了秦军。此时，陈平见机行事，投奔项羽，并参加了历史上著名的巨鹿大战。在战争结束后，陈平跟随项羽入关，后被授以卿爵。因为项羽缺乏识人的才智，所以陈平仍没有被重用。

项羽在汉元年也就是公元前206年正月宰割天下，分封诸侯。在四月进入汉中后，几个月刘邦就平定了三秦大地。

在汉二年也就是公元前205年春，项羽派陈平征讨殷王司马印，因为他背楚附汉。在这次出兵作战过程中，陈平崭露头角，不仅展示了自己的能力，还收降了司马印，因此项羽封他为都尉，还“赐金二十镒”。

同年三月，韩信巧妙设计抓获了司马印，占领殷地。项羽为此恼羞成怒，认为这事与陈平有关，史载：“将诛定殷者将吏。陈平惧诛，乃封金与印，使使归项王，而平身间行，杖剑亡。渡河，船人见其美丈夫独行，疑其亡将，腰中当有金玉宝器，目之，欲杀平。平恐，乃解衣裸而佐刺船。船人知其无有，乃止。”

此事真可谓是陈平蒙冤受辱，他只好选择逃离项羽，但恰巧又在黄河边上遭遇水贼，陈平急中生智，化险为夷，这一次他又“良禽择木而栖”。

陈平逃到河南修武，打算投奔老朋友魏无知，而魏无知又向刘邦推荐。因为刘邦在鸿门宴上曾通过张良得到陈平的帮助，所以刘邦置酒款待他。宴请结束后，刘邦准备送客。

陈平对刘邦说：“我有事来投汉王，所言之事不能超过今日！”

于是，刘邦与陈平交谈。两者具体谈的什么内容，在史书上没有记载，不能妄加论断。但是，史书记载：“王与语而说（悦）之”。

刘邦问：“您在楚国官居何职？”

陈平回答：“做都尉。”

当天，刘邦就任命陈平为都尉，“使为参乘，典护军。”所谓“参乘”就是陪乘。古人在乘车出行的时候，一般驾车手都在中间，左边和右边分别是尊者和车乘。按这种座次分布来看，陈平一下子靠刘邦最近。所以，陈平就顺理成章地被提到了这个位，任职“典护军”，责任是监护三军。

陈平得遇明主，刘邦收纳贤才，在一定程度上，是刘邦的选人之功。刘邦启用陈平在一定程度上是招人非议的，毕竟陈平有一些为人议论的事情客观存在，然而刘邦并没有因此而存在选人的误区，他看到更多的是陈

平的才学和能力。陈平的一步登天虽比之韩信不及，但是对于和刘邦一起出生入死的战将，却又有着独特的地方，也难免会受到一些人的诟病。

刘邦选用陈平，是“人才学”的一个例证。刘邦认为陈平“盗嫂”是小事，偷鸡摸狗算不了什么，诚然有他本人好色、风流韵事作为将心比心的“依据”，惺惺相惜，同气相投；他更从理论上认为，能否安邦定国、有无真才实学才是大德，而作风不检点只是“小节”，这种“宽宏”之论（或曰“偏颇”之论）似与当下的用人观有些出入，有些分歧。所以时人讥讽刘邦是“上梁不正下梁歪”，亦不无道理。不过，何为大德，何为小节？不拘小节犯生活作风错误者是否可以一概原宥？或永远弃置不用？把“小节”略去不计或看得过重是否都会影响人才的选拔与重用？这些问题，还是留待当今的人才学家们去讨论吧。只是刘邦重用犯有“生活作风错误”的陈平，反使陈平尽力卖命，立下汗马功劳；作为选人方面的个案，倒不失为一个成功的范例。

用人者就是要有这种用人的气度，能够包容人才的缺点和不足，不计较细节上的缺点，而注重人才真正才能的发挥，只有这样，才能吸纳更多地方的人才为自己所用，也能减少人才的心理负担，使其能更好地发挥自己的才能。

用人是一种学问，管理者选用的人才，千人千面，也不可能会是完美的、毫无缺陷的人才。这就需要用人者能够抓大放小，将人才合理利用起来，充分发挥人才的优势，合理规避缺点和不足，使得人力资源得到充分发挥。

俗话说：“尺有所短，寸有所长”。一个人的能力再全面，也会有其所不能，一个人无论多么平庸，也总会有其特长。

其实，任何人都有优点和缺点，如何看待一个人的优缺点，尽管有客观的评判标准，但与观察者看人的角度也有相当大的关系。如果用灰暗的

心理看人，从人的短处着眼，那么看到的自然是缺点多于优点，短处多于长处，如果换个角度，用积极的眼光看人，从人的长处着眼，那么所能看到的一定是优点多于缺点，长处多于短处。对于一个高明的管理者来说，应善于挖掘部属的优点，激发他们的才智，为我所用。

择人唯贤用外人

很多领导者在选择企业人员之时，首先考虑的便是自己的亲友，认为自己人好办事，然而事实却总是与想象相反。正是由于这些“自己人”，反而让自己的企业不好办事，慢慢地导致企业运行迟钝，企业的效益也慢慢下降。对此，企业领导者可以向刘邦学习一二，看看刘邦是如何选择“外人”来为自己效力的。

汉高祖令叔孙通制定朝仪一事，也与他手下的这些功臣有关。高祖平定天下后，废除秦朝的苛法和烦琐的礼仪规则，力求简便易行。在汉高祖论功封赏期间，群臣饮酒争功，酒醉后有的狂呼乱喊，有的甚至拔剑击柱，高祖拿这些出身低微、战功颇多的武夫也没有办法，很是以此为忧。这一切，有一个人看在眼里，此人便是秦博士叔孙通。

叔孙通以诸生的身份在秦二世面前称陈胜、吴广起义不过是“鼠窃狗盗”，不足为虑，使昏庸的秦二世大为高兴，拜他为博士。事后，叔陈通为避难连夜逃出咸阳，曾投奔项梁、怀帝、项羽；汉王率五路诸侯攻入彭城时，他归降汉王。

汉王厌恶儒生服装，叔孙通改穿楚人式样的短衣，汉王便高兴了。跟随叔孙通投降汉王的，有儒生子弟百余人，然而叔孙通一个也不向汉王推荐，只是推荐那些强盗出身的壮士。弟子们都私下骂道：

“侍奉先生好几年了，幸而得以随从投降汉王，如今却不向汉王推荐我们，专门推荐那些强盗，是何道理？”

叔孙通得知后，对他的弟子们说：

“汉王正冒着矢石争夺天下，因此先推荐那些能斩将夺旗的壮士。诸生暂且等待一下，我不会忘记你们的。”

叔孙通降汉后，被汉王拜为博士，号“稷嗣君”。此刻，他见群臣因论功封赏而饮酒争功，酒醉后失态失礼，而高祖对此又愈发厌恶，便向高祖说：“那些儒生，很难靠他们去夺取天下，但却可以用他们来治理国家，可与守成。臣愿征召鲁地的诸生，与臣的子弟一道制订朝会的礼仪。”

“不会是很繁难吧？”高祖问。

“五帝的乐制不相同，三王的礼制也相互有很大的区别。礼制，本是根据时事和人情的变化而有所删节和增饰。所以，夏、商、周三代礼制的继承和删节、增饰，这是可以得知的，这说明古今的礼制并不相重复。臣愿采纳古礼并同秦朝的礼仪相结合，来制订新的朝仪。”叔孙通回答说。

“那就试着制订吧，一定要令人容易了解，要考虑到我能做得到的去制订。”汉高祖指示说。

于是，叔孙通出使鲁地，征召30余名诸生。鲁地有两名诸生不肯西行，说道：

“您所侍奉的君主先后多达10人，都是靠阿谀奉承来得到宠幸和显贵。如今天下刚刚安定，死去的人还没有来得及安葬，伤残的人尚未能起身行走，又想要制礼作乐。礼乐的产生，要积累上百年的德政，然后才能兴起。我不喜欢做您所要做的事，您所要做的事不合于古道，我们不去。

您去吧，不要玷污我们！”叔孙通听了这两个儒生的议论和表白，笑着说：“你们真是鄙陋的儒生，不懂得时事的变化。”

叔孙通带领从鲁地征召的30名儒生取道西行，到达都城栎阳。然后会同皇帝左右有学术修养的近臣和随从他的子弟，共有一百余人，来到野外拉起绳索代表宫室处所，树立茅草表示君臣尊卑的位次，演习朝会的礼仪。演习了一个多月，叔孙通汇报说：

“皇上可以去观看排练了。”汉高祖前往野外观看儒生表演朝仪，观看完毕后说道：

“我能做到这些。”于是，下令群臣演习朝会礼仪，准备参加十月岁首的盛大朝会。

汉高祖七年（公元前200年），长乐宫落成，诸侯、群臣都参加十月朝会（汉承秦制，以十月为岁首）。按照叔孙通制订的朝仪，天亮之前，由掌管传达的谒者主持典礼，引导参加朝会的诸侯、大臣依次进入殿门。廷中排列着战车、骑兵、步兵和侍卫官员，配备武器，树立旗帜。然后传令：

“趋（快步走）。”与会的诸侯、大臣们按次序快步登上殿堂，殿下有郎中在台阶两旁侍立，台阶上共站有几百名郎中。功臣、列侯、众将军、军官按次序排列在殿上的西面，面向东方；文官丞相以下的官员按次序排列在殿上的东面，面向西方。

诸侯、群臣都已登上殿堂，由掌管交际礼仪的大行令设置九个傧相，从上向下传令，这时皇帝乘坐辇车出房，众官员举旗传呼警戒，由傧相引导诸侯王以下至俸禄六百石级的官吏按次序朝拜皇帝。在官员们依次逐一朝拜皇帝期间，自诸侯王以下的百官，无不因这一等级森严的拜见仪式肃然起敬。朝见皇帝的典礼完毕，盛大的宴会正式开始。为体现皇帝的尊严，凡是陪坐在殿上的官员都俯伏着，低垂着头，不准抬头东西张望，更不准交头接耳、谈笑风生或大声喧哗，按官位高低的次序起立向皇帝敬酒

祝福。斟酒九次，谒者便宣告“罢酒”，宴会至此结束。

在整个朝会和宴会过程中，没有敢于大声喧哗而违反礼仪的。于是，汉高祖高兴地说：

“我今天才知道做皇帝的尊贵了。”于是任命叔孙通为太常，掌管宗庙礼仪，位列朝廷的“九卿”之一，赏赐给他黄金500斤。

叔孙通趁皇帝高兴的时候进言说：

“诸位弟子、儒生跟随臣已是很久了，与臣一同制订朝仪，希望陛下能授予他们官职。”

汉高祖任命他们一律为郎官。叔孙通出富后，把皇帝赏赐给自己的500斤黄金都分赐给儒生。当年曾抱怨过叔孙通的众儒生们，这时都高兴地说：“叔孙先生真是圣人啊，懂得当代的时事和重要事务。”

汉高祖九年，汉高祖调任叔孙通为太子太傅，辅佐皇太子文刘盈。高祖驾崩，刘盈即皇帝位，是为孝惠皇帝。汉惠帝对叔孙通先生说：

“先帝的陵园和寝庙，其他官员都不熟悉。”于是又把叔孙通调任太常职务，令他制订宗庙的礼仪制度。西汉初年所制订的各项礼仪制度，都是由叔孙通任太常一职时所讨论、撰写的。

叔孙通先是在秦二世手下任职，然后又投奔项梁项羽叔侄，对于刘邦而言可谓是不折不扣的“外姓家奴”，然而刘邦在制订礼乐方面却敢于任用叔孙通这个“外人”，而叔孙通也不负刘邦的厚望，将礼乐崩坏的初汉王朝重新整理得井井有条。从中我们不难看出刘邦用人择人的过人之处。

“自己人效应”是指管理者和领导者以血缘关系作用人的依据，往往喜欢把自己的亲人安排在组织的各个重要岗位中，让他们身担要职，管理组织。其实，这种“自己人”的心理，扭曲了用人标准，压抑了人才的成长和能力的发挥，是一种混乱的管理模式，会导致严重的组织内耗，轻则不能达成组织目标，重则使组织崩溃。

所以，作为管理者和领导，如果要想让自己的组织走向成功，让自己的组织发展越来越好，就必须抛弃“自己人效应”的管理理念，懂得用人之道。

不拘一格用人才

刘邦本人出身微贱，事业最高峰时也不过当了一个小小的亭长。但最后却靠着一干雄才大略的属下登上了皇帝宝座，所以刘邦深知不能以貌取人的道理，天下之大藏龙卧虎，随便一个其貌不扬的人就有可能具备治理天下的才能。所以刘邦在长期的领导生涯中锻炼了一种对人才灵敏的识别能力，他可以在不考虑对方出身及穿着的情况下，很快判断出此人的真实才能。总之，无论有德无才、有才无德、德才兼备之士都可以被聚拢在自己帐下，等到关键时刻为我所用。

彭越是汉初有七个异姓诸侯王之一，在灭亡秦朝的战争中立下了不少战功，但是他最主要的功劳是在楚汉战场上和韩信、英布一起，帮助刘邦战胜了项羽，使刘邦最终统一了天下。

彭越是江苏吕邑人，字仲。彭越在秦末的时候是个著名的强盗头子，盘踞在高山大泽之中，常常出去劫掠，日子过得倒还可以。陈胜、吴广开始起义之后，天下大乱，像刘邦、项梁等都起兵反秦。这个时候有人就劝说彭越，认为现在天下的豪杰都在起义，不如我们也一起来起义好了，说不定还能成就一番大事业，彭越冷静地说：“让我们看看好了。”彭越的意思是，现在还看不出究竟谁能够打败谁，作为强盗，目标比较小，顶多

面对地方官员的追剿；一旦作为造反的队伍，恐怕面对的就会是朝廷的大批正规军，这是大事，得好好考虑。

天下的局势开始渐渐变得清晰，虽然秦军的主力仍存，但是事情已经发展到了不可收拾的地步，他料定暴秦必亡，于是决定开始造反，墙倒众人推，给秦王朝背后来上一刀，顺便也洗去自己强盗的身份。

有许多强盗聚集在一起，公推彭越为老大，彭越开始推辞，后来在众人的强烈要求之下才同意，然后和各位原来的山贼同事们约定明天日出的时候集会，谁迟到就杀无赦。大凡强盗出身的人，单兵的战斗力都是很强的，他们缺乏的不是武力，而是纪律，这也是强盗部队通常敌不过正规军的原因。他有心提高人家的纪律性，第二天，强盗们纷纷来集合，结果有十几个人迟到了，彭越就站出来说：既然让我做老大，就应该听我的命令，现在有这么多人迟到，我也不能杀这么多人，现在就杀最后一个来的。结果彭越真的就把那位最后到的人给杀了，这下，各位山贼知道彭越是认真的了，于是才开始注意自己的纪律问题。

彭越经常出兵骚扰秦军，渐渐地收拢了很多各路诸侯被秦军击溃的部队。彭越的部队发挥山贼机动性好的特点，把正规军打得一败涂地，在战斗中成长的山贼们渐渐地掌握了正规军的战术，慢慢地，彭越的队伍有了千多人的规模。刘邦的部队从彭越活动的地区前经过的时候，彭越就带领自己的部队跟随。刘邦总能把一切可以团结的力量团结在自己周围，趁机收拢了彭越。

在攻入咸阳，灭亡秦朝之后，彭越的部队已经有上万人了。不过，由于彭越的山贼出身，各国的诸侯都没有把他放在眼里，最后导致这万把人没有任何人想要“认领”他们，白白放着这么一支劲旅却不加以利用，还是刘邦，他在出陈仓之后，得知彭越的状况，觉得非常惊讶，正好这个时候齐王田荣反叛项荆，刘邦就派人授予彭越将军印，让他去拽楚军的后

腿。彭越得到刘邦的肯定和任命，心里非常高兴，于是，彭越就出兵去骚扰项羽。

自从跟随刘邦开始，彭越始终是忠心耿耿，对刘邦统一天下起到了很重要的作用。对彭越的重用，又是刘邦一个重要的用人举措。在他和韩信、英布的配合下，刘邦迅速地消灭了项羽，结束了楚汉战争，天下一统，总算安定下来。

在刘邦麾下，有许多将佐都是来自社会的下层。拿最大的开国功臣韩信来说，他是个流浪汉，曾乞食于漂母，受过胯下之辱，“贫，无仃，不锡推拔为吏，义不能治生为商贾，尝从人寄食。”母亲死后，家里贫困不堪，连为她下葬的钱都没有；陈平是个游客，“邑中有丧，平贫，侍丧，以先往后罢为助。”也就是陈平平时只是靠帮人家办丧事混口饭吃过日子；萧何原是县吏，曹参、夏侯婴都是县的小吏；樊哙则是个屠夫，“以屠狗为事”；周勃年轻时以编织盏箔为业，常为人吹箫办丧事；灌婴在睢阳以贩布为生；娄敬也是一个微不足道的车夫，更有英布、彭越杀人放火，无所不干，触犯秦律，群聚“盗”；还有狂生郦食其，“家贫落魄，无以为食业，为里监门吏”等等，各色人等，刘邦的智囊团可谓包罗万象。这些人尽管出身寒门，位卑身贱，不过他们也确实有本事，为刘邦统一天下起到了不可磨灭的作用。刘邦不但不歧视他们，反而待之为上宾，与贵族出身的官吏一视同仁。由于这些人的拥戴，刘邦终于登上九五至尊的宝座。而前面这些人虽起自布衣，出身寒门，原来多为无赖之徒，但终为刘邦重用成为西汉的开国功臣，出将入相，建立了不朽的功业，这与刘邦不门第出身、量才任使、唯才是用的做法是分不开的。刘邦的用人理策，与项羽的讲门第、重出身的选才用人政策形成了鲜明的对比，是对“自古封建诸侯各君其国，卿大夫亦世其官”的亲亲尊尊选拔制度的有力否定，甚至选用人才的标准最终成了两人胜负的关键，可见，要想成为一

个成功的领导，就要不拘一格降人才，积聚各方面的力量来做事情。这样才有助于成功，才可以加快成功的步伐。

人可以立一世之功、一时之功、一事之功。虽各有不同，但危急时刻或许可以扭转乾坤亦未可知。关键是做领导的在选拔人才时不能被一些表面的现象（例如人的穿着、出身家世等）所干扰，以致影响自己做出正确的判断。所以领导者必须具备识别人才的能力，当然还要拥有力排众议的威慑力，否则结果只会让一些具备大才能的人从自己眼皮底下错过，来日成为他人帐下幕宾，自己则又多了一个心腹大患。

树立榜样御下属

榜样的力量是无穷的，我们的日常生活中、工作学习中，都喜欢树立榜样，榜样往往起到了一种方向性的指引作用。用人者在用人的时候，就可以树立榜样，以激励自己团队中的每一个成员向着自己希望的方向发展。

西汉有个叫季布的人，他曾经是项羽的部下，为人忠厚老实，特别讲信用。凡是他答应过的事，即使困难重重，他也一定想办法做到，所以在当时他的名字周围的人都知道。在服务项羽时，他善战。几次把刘邦打败，弄得刘邦很狼狈。后来项羽被围，选择了自杀，而刘邦顺势夺取天下，登上皇位。虽然战事已经过去很长时间了，但每当刘邦想起自己曾经败在季布手下，就怒气冲天。为了出这口恶气，刘邦决定缉拿季布。

当时，一个周姓人知道了这个消息，于是，他暗地里把季布安置在鲁

地一户姓朱的人家。朱家在关东很有势力，并且以“任侠”闻名。此人很敬佩季布的侠义，于是尽力将季布保护起来。除此之外，他还专程到洛阳去找汝阴侯夏侯婴，求他解救季布。

夏侯婴与刘邦是老相识，两人的关系很亲近，后来他跟随刘邦起兵，转战各地，为刘邦建立汉王朝立下了汗马功劳。他很同情季布的不幸遭遇，于是在刘邦面前尽力为季布说情，看来老朋友的交情还在，终于使刘邦赦免了季布，还封他为郎中。不久后又任命他为河东太守。季布也深孚重望，为汉家天下出了不少良谋妙策。

楚汉战争时期，项羽前去平定齐国，刘邦听闻此消息后，就趁项羽不在楚国之机，攻入楚国国都彭城。项羽得知此事后，赶快回师，但又害怕如果时间来不及，定会铸成大错，所以，项羽决定从鲁地出发经过胡陵，然后到达萧县，这样就截断了刘邦的退路。双方的部分军队在彭城睢水展开了战争，汉军伤亡人数较多，其尸体已经阻塞睢水。见此，刘邦向西逃命。然而，楚国大将丁公带兵追上了刘邦并想杀了他以向项羽领赏，这时刘邦跪地哀求，希望丁公给他留条活路，并说：“咱们都是有才能的人，何苦如此相逼。”丁公顿时产生了同情心，回想自己曾经与刘邦共同跟随项羽，刘邦的为人处世方面使他非常喜欢；另外，他也想给自己留条后路，所以决定放掉刘邦。丁公怕项羽秋后算账，所以弃官归隐山村。

听说刘邦消灭了项羽，丁公非常高兴，他认为对刘邦曾经有救命之恩，如果去找他一定会讨到封赏。

经过长途跋涉，丁公终于到达京师。此时的丁公对都城的繁华没有任何的吸引力，只是想找处驿站稍作休息。第二天，丁公简单地收拾了一下，在收拾东西之余，他还不忘回想着昨天晚上做的美梦：当丁公见到皇帝的时候，皇帝肯定会喜出望外，大摆酒席宴请他，并且还会与他同坐、对他嘘寒问暖，最后还赐封他为侯。每当想到这些，他都会庆幸当时自己

的所作所为，对于这样一个救命恩人，皇帝肯定会待他不薄，所以飞黄腾达不在话下，一想到这些，丁公不由自主地加快了脚步。

起得也太早了吧，等丁公到的时候，宫门还没开。等了很久，宫门才开了，这时大臣们的马车陆续进入。

“时间过得快点吧！”丁公心里想着，并赶紧上前给侍卫说明情况，请他进去禀报。一会工夫，谒者请丁公觐见。丁公小心翼翼地进去了，偷偷扫了一眼，宫殿可真大，戒备森严，大臣肃立。看到如此宏伟气势，丁公赶紧低下头，加快脚步并跪在地下。刘邦对他的到来并没有像丁公梦想的那样，从刘邦说话的口气中，丁公感觉皇帝对他的到来没有惊喜，只有惊讶，甚至有点不欢迎。

丁公被安排在了一个小房间里，对此，他感到特别纳闷：皇帝到底是什么意思。一天，一阵急促的脚步声传来，丁公以为可能皇帝要封赏了，没想到只见几名侍卫闯进屋，把丁公绑起来带走了，并把他押到所有的将兵面前要杀了他，此时的丁公真是又急又怒，嚷着要见刘邦并破口大骂他忘恩负义。刘邦来了之后，他对在场的所有将士们说：“丁公曾经是项羽的部下，但由于他对主子不忠诚，才致使项王成为瓮中鳖、失去天下。”随后就下命处死丁公，并告诫众人：“这样可以以儆效尤，让后人时刻牢记对主子应一心一意。”

之后，人们为纪念冤死的丁公，便把丁公曾经居住过的地方称为“丁公故里”。时间久了之后，人们为了便于称呼，而称为“丁里”。

刘邦向来以能容人著称于世，怎么就容不下一个丁公了，原来刘邦用丁公一颗人头，昭示他要臣下忠于皇帝的意图。夺取天下和镇守天下面对的形势完全不同，夺取天下的时候，群雄逐鹿，民无定主，只要有一技之长，有一时之用，来者不拒，镇守天下，刘邦已经登基为皇帝，四海之内，尽为臣下，刘邦是不可能容忍有二心的人的，如果对奸臣贼子还进行

奖励，天下是不可能安定的。杀死丁公一人，让天下臣民知晓，怎样才是忠臣，才能受到奖励；怎样是奸臣，要受到惩罚。

对于敌对势力的余党季布与丁公，刘邦采用了义释和怒斩两种截然不同的方法。从表面上看来，刘邦既要用晓以大义，不计前嫌的方法，还要杀一儆百，以儆效尤，宽松与严厉相结合。这是历代统治者都使用的方法，目的是清除异己、巩固政权。其实从根本上来说，刘邦对季布和丁公的不同待遇还有更深的含义——因为彭城之战时，季布紧追刘邦，刘邦差点失掉小命；而丁公在生死关头却被刘邦“动之以情”，放了他一马。

从个人恩怨上来说，刘邦应该斩季布而释丁公（甚至奖赏丁公）。但他恰恰相反，斩丁释季，他做出的解释是当时两国交兵，主人不同，季布当时忠于项羽，在战场上紧追刘邦是对的；但丁公的做法，被刘邦说动放掉他，则是吃里爬外的叛主行为。所以刘邦重用季布而杀丁公，一来说明他并未夹带个人恩怨；二来则是杀鸡给猴看：臣下有谁效丁公而叛主子者，当以此为戒！所以司马光称赞此举是“戮一人而千万人惧”的道理也就在此。

刘邦采取的加强统治、维护政权的措施主要包括斩丁释季、对忠臣封官论赏、扫除残敌，礼贤下士以及在朝中大搞“平衡术”等，这些措施是之前很多统治者用过的，刘邦只是效仿，所以说这位汉代开国皇帝“集历代统治术之大成”，实为不过分。

树立一个榜样，就是要确定一种规范，竖起一种标杆，确立一种价值理念。用人的过程中，就要树立这样一种标杆，让整个团队中的人全部以榜样为标杆，向着用人者所希望的方向前进。

列宁说：“榜样的力量是无穷的。”邓小平同志多次强调：“身教重于言教。”可见榜样的力量是巨大的。刘邦就是要通过树立正面的榜样，来激励手下都做忠臣，而通过杀掉负面的榜样来告诫大家背叛的下场。

在封建社会，不少的军事家、领导者，都懂得用榜样的力量来驾驭手下。这也是平常功必赏过必罚的原则。而这一原则，不仅适用于封建统治，同样适合于当今时代对人才的驾驭。对于那些忠心为主的人才，可以通过各种手段，在自己的团队中形成一种以其为榜样的精神，让自己团队中的人，也以自己的团队利益为核心，只有这样，才能使自己的团队得到最大的发展。

不善用兵善用将

指挥千军万马的人只能做优秀的将军，指挥几十位将军的人只能做一位优秀的元帅，指挥优秀元帅的人则能做一名优秀的统治者。刘邦就是一名善于用将的优秀统治者。

刘邦看起来很粗野，与农村里面那种平常人没有什么区别，可是他有一种长者风度，善于听从别人的建议。与其说他靠运气，倒不如说他善于用人。任何人都不可能是全才，而刘邦就是“不善将兵善将将”的真正帅才。

汉五年（公元前202年）五月，刘邦在定陶称帝，在洛阳南宫置酒大宴群臣武将。

看着满朝的文武大臣，刘邦一时得意非凡，他突然心血来潮，在宴会上遍告群臣说：“列侯众将，你们有什么事情都不要隐瞒，尽管畅所欲言。你们都来说说，我为什么取得天下？项羽为什么失去了天下？”

高起、王陵两人说：“皇上傲慢无礼，并且经常出口伤人，项羽仁慈爱人。但是皇上派人攻城略地，得到的土地都用来封赏功臣，与天下共同

享受好处；而项羽妒贤嫉能，有功不赏，有贤能的人会受到怀疑，战胜了也不给人计功，得到的土地一个人独吞，所以他失去了天下。”

两人是否抛砖引玉，引诱刘邦加封他们，不得而知，但是刘邦用重赏去拉拢部下，这倒是事实。垓下决战之前，刘邦为了调韩信、彭越两人出兵破楚，诱以重赏，两人带兵前来，最终才打败了项羽。

但是刘邦并不满足这样的赞誉，他得意之下，忍不住也想夸耀自己几句，但又要显出些谦虚，于是说：“你们两个人只知其一，不知其二。运筹帷幄之中，决胜千里之外，我不如张良；治理国家，安抚百姓，供给馈饷，粮道不绝，我不如萧何；指挥百万大军，攻无不克，战无不胜，我不如韩信。这三个人，都是人中豪杰，我能够加以重用，这就是我能够夺取天下的根本原因。项羽手下有一个范增也不能使用，所以他被我打得大败。”

这番言语真是棋高一着！当初韩信也说过类似的话，说刘邦不善用兵打仗，却善于选用能带兵打仗的人。

刘邦曾经跟韩信谈论将领们的才能，那时韩信刚被他由楚王贬为淮阴侯。韩信对众将士进行评价的时候，刘邦有意想刁难韩信，看他的笑话，就问：“像我，将军看能带多少兵？”

韩信是个聪明人，知道刘邦在刁难他，就说：“皇上不过能带十万兵。”

刘邦又问：“将军能带多少呢？”

韩信答：“我带兵越多越好！”

刘邦狡猾，又玩起了无赖，说：“你带兵越多越好，怎么到我手下做事？”

韩信自然机灵，轻轻拍了一下刘邦的马屁：“皇上‘不能将兵，而善将将’。”

韩信的话其实也不能说全是拍马之语，在一定程度上的确是说出了刘

邦夺取天下的一大秘密。

刘邦大宴群臣时说的话，很明显是化用了韩信的意思。当然，也是在总结历史经验。他的这种说法，的确是亲身体会。

为刘邦打下江山的人才，除了张良、韩信、萧何、陈平之外，还有很多值得提及的人。这些人在不同的工作岗位上，都为刘邦江山流了汗，洒了血，出了力。乱世重才轻德，刘邦本人虽然没有多么杰出的才能，但他的确很会用人。三教九流，他兼容并包，尽收囊中。我们再来回顾一下他的人脉圈。

樊哙，以杀狗为职业，与刘邦是连襟，起事后，为刘邦重要武将，屡建战功，救驾鸿门，官封舞阳侯。

夏侯婴，沛县尉马车驾驶员，从刘邦起义，能征善战，发现韩信，跟着刘邦南征北战，曾救下太子刘盈和鲁元公主，刘邦称帝后，封侯，重操旧业，官至太仆，管理皇帝车驾。

周勃，以编盏箔为职业，兼作吹箫手，跟着大战多年，被刘邦封太尉，相当于国防部长，后来平定诸吕，安定汉朝。

英布，原是骊山刑徒，逃走后当了山大王，跟着项羽灭秦，作战勇敢，被封九江王，后来叛楚归汉，刘邦三大主将之一，被刘邦封为淮南王。

郦食其，高阳酒徒，“家贫落魄，好读书”（《汉书》语），投靠刘邦以后，凭三寸不烂之舌，屡建奇功，后来被韩信争功所卖，被齐王田广烹杀。

曹参，秦时为狱官，跟着刘邦起事后，战功显赫，评功时为第二位，官封平阳侯。

周昌，秦时为泗水卒吏，跟着刘邦入关破秦，为人口吃，性格直率，不怕事，刘邦当皇帝后为刘邦管大印文书，封为汾阳侯。

叔孙通，在秦时为待诏博士，逃亡后投义帝，附刘邦，制订朝仪，为

刘邦安定天下立下了汗马功劳，被拜为太常、太子太傅等职。

陆贾，儒生，与洛阳王申阳是老乡，一直跟着刘邦当谋士，刘邦称帝后，建议刘邦以儒学治天下，曾撰《新语》一书，为安定汉代天下发挥了很大作用。

随何，说客，曾策反英布归汉……

魏无知，曾推荐陈平……

郦商，郦食其之弟，劝谏吕后不要屠杀大臣……

张苍，通天文、数学，官拜计相……

娄敬，士兵，劝刘邦定都关中，建议刘邦和番……

张耳，先后被项羽、刘邦封为赵王……

如此等等，不一一介绍。

在刘邦手下干事的不乏奸人，但是刘邦就是有那么一种向心力，让他们每一个人都能在他刘邦的旗帜下前进！

刘邦没有多少能力，动不动就顺水推舟，盲目地从谏如流。但刘邦的情商却十分了得——他似乎有一种天生的向心力，能团结很多人，并让他们都在统一的旗帜下发光发热。他手下人才济济，就是因为他兼收并蓄，来者不拒。得人才者得天下！何况刘邦不仅有人才，还善于驾驭人才。

各司其职用三杰

把人才放在合适的位置才会发挥最大的作用，这是亘古不变的哲理。试想让一个瞎子去观赏花的美丽，让一个聋子去感受音乐的美妙，

结果会是怎么样呢？企业也要遵循同样的道理，只有将人才放在一个适当的位置，让其发挥最具优势的特长，这样才能让企业的各个方面都会运转良好。

“为政之要，惟在得人。”综观历史大势，但凡创造出辉煌时代的“执政者”未必有过人之文韬武略，却必定是重才用才，广纳天下英才并使之“各尽其才”。刘邦做到了这一点，他不是一个文韬武略的全才，却是一个很会用人才的领导。他懂得“为天下者譬如作大厦，非一木所成，必聚材而后成”的道理，因此，在他马背打天下的一生中都在网罗人才。当然，懂得网罗人才并不一定能辅助自己把事业打理好，只有懂得了将这些人才放在哪些位置上，如何把他们的特长发挥出来才更好。刘邦手下有屠夫、卖布的、狱吏、逃犯、还有贵族等，每一个人的身份都不一样，特长也不一样，有的善于开拓市场，有的善于营销，有的善于协作，各有特色。刘邦并没有让自己的思想混乱，他明白各司其职的重要性，竭尽全力地把所有人的特长都发挥得淋漓尽致。

关于人才的定位，刘邦也有很好的判定，他是根据各个手下在工作中的表现来做出决定。比如韩信擅长打仗，也就是说他是一个很好的市场开拓者，于是就任命他为上将军，领军打仗，开拓自己的市场。张良善于出谋划策，可以运筹帷幄，决策千里，是一个很好的军师，但他不擅长打仗，那么他就是现代企业中领导的秘书。再说萧何，萧何善于做后勤工作，每到一个地方都可以把后勤工作做得井井有条。

刘邦下面的员工大都是楚人，都受过秦朝的暴政，因此也要求子婴血债血还。而刘邦则想了又想，并没有立刻把子婴杀死，反而很镇静地对群臣说道：“当初怀王派我西入秦关，看中的就是我待人宽容。再说子婴已经投降，现在杀了他就多了血光之灾，不吉利。”最终刘邦把子婴交给了随行的吏官照看，以待过后怀王或罚或赏。对于子婴的降军，刘邦统一整

编，并没有杀死任何一个人，对待他们也如对待自己的军队一样。大家看到刘邦如此仁爱，都想让刘邦早日成为汉中的大王。

秦朝的灭亡并不是因为子婴的投降而灭亡的，子婴只不过是恰恰赶到了这个时期。是嬴政的残暴和无情，是赵高这些小人的专横造成了天下反秦的趋势，没有子婴的投降，秦朝也会在时代的呼吁下退出人们的视线。刘邦顺应了时代的要求，做起了反秦的事业，他要建立一个和秦朝不一样的企业，这个企业要有忠诚的人才，要有互敬互爱的员工。

他做到了，无论是大将韩信还是萧何，抑或是张良都成为他忠实的助手，而手下的员工都是他的子弟，无论是自己家乡的人还是从别处接纳来的对手中的员工他都一视同仁，没有谁轻谁重也没有鄙视和厌恶。刘邦以一个仁爱的胸怀让自己的企业逐渐强大起来，现代的企业难道不应该从他身上学习一点如何管理员工的技巧吗？刘邦明白这些人的特长，因此没有像项羽那样不知道如何用人。项羽当初明知道陈平并不善于打仗却自以为是地让他带兵打仗，结果陈平碰巧打胜了仗，后期却又不小心被小人夺了去，项羽就把责任归咎于陈平身上。其实，错并不在陈平，怪就怪项羽这个领导不懂得把人才放在最合适的位置，一个文人怎么会打仗呢，最多是帮你出谋划策罢了。刘邦则不同，谁会干什么，那么你就去做你擅长的事情吧，但是有一点就是，一定要做出名堂。他天生是一个当领导的料，人都安排得非常合理，于是没有人抱怨这个领导安排得不妥当，也就很努力地为刘邦卖命了。

人才是治国安邦的重要因素，对于企业来说，是与同行竞争的法宝之一，可以这样说，企业的竞争就是人才的竞争。那么，我们如何对待人才呢？在这里，我们不得不佩服刘邦的坦诚，他没有嫉妒人才反而把赞扬之词溢于言表，可见他是厚爱人才的。但是我们更应该看到的是刘邦在用人方面的策略，他让张良坐镇指挥，运筹帷幄；让韩信攻城略

地，征战沙场；让萧何安抚百姓，犒劳全军，让人才价值得到了最大的发挥。刘邦真正做到了人尽其才。人尽其才，也是现代企业领导者所追求的目标。

英国管理学家德尼摩提出：凡事都应有一个可安置的所在，一切都应在它该在的地方，这被称为“德尼摩定律”。这个定律告诉我们每一个人每一样东西都有一个它最适合的位置。在这个位置上，它能发挥它最大的功效。对于企业来说，德尼摩定律要求领导者要按员工的特点和喜好来合理分配工作。

如让成就欲较强的优秀职工单独完成具有一定风险和难度的工作，并在其完成时给予及时的肯定和赞扬；让依附欲较强的职工更多地参加到某个团体中共同工作；让权力欲较强的员工担任一个与之能力相适应的主管。同时要加强员工对企业目标的认同感，让员工感觉到自己所做的工作是值得的，这样才能激发员工的热情。刘邦给现代企业领导树立了一个正面的榜样，项羽则成为一个反面教材。

礼贤下士求人才

“一代之治，必有一代人才任之”，“何世无才，急人不识之耳”。任何时代贤才都如过江之鲫，怕就怕没有识才的眼光。有的领导没有爱才之心、求才之渴，认为“地球缺了谁都照样转”。殊不知，再怎么高明的领导也不是万能的神仙，特别是在激烈的竞争环境下，个人的精力有限，身边没有几个能人干将，身单力薄是成不了大事的。

当然，贤才大多都有“良禽择木而栖，良臣择主而侍”的心理，如果领导者想揽为己用，就必须具备礼贤下士的气度，如果一味采取“顺我者用，逆我者除”的方针，则只能得到奴才或庸才，而失掉真正的人才。

刘邦分封完下面的功臣，喜也有，忧也有，毕竟一件事很难做到大家都满意。利益是一个永远说不清的东西，而欲望谁也不会满足，这就难怪要产生分歧了。尽管分封功臣是本着对功臣负责的态度，由专门机构、专职人员来负责，但还是存在很多不平等。到汉六年时，已先后分封萧何、曹参、张良、陈平等20多个大功臣为列侯。但由于跟随着刘邦作战的功臣实在太多，而且在功劳的评定标准方面难以统一，加上其掺杂的感情因素，往往存在着严重的分歧，以至于封赏工作难以为继。一些没有得到封赏的功臣们急于得到实惠而久不能得，很自然地便心存不满，私下里总是凑在一起讨论这件事情，内心忐忑不安，生怕自己被刘邦所忽略。

有一天，在洛阳南宫的复道上，刘邦一眼望见诸将聚在那里窃窃私语，感到很奇怪，便向张良问道：“他们在那里议论什么事情啊？”张良对此早有准备，尖刻地指出：“陛下难道不知道吗？他们在打算谋反呢！”刘邦闻言大吃一惊，说：“天下刚刚安定下来，好日子已开始，他们为什么还要谋反呢？”张良说：“陛下出身贫寒，布衣起家，并最终取得了天下。自从论功行赏以来，陛下所封的均是自己的老朋友和亲人，所追杀的全都是自己所怨恨的人。现在以军功论赏，天下的土地是远远不够分的，他们害怕陛下对他们的过失心存怨恨，又怕陛下不能依照功劳的大小来分封，所以聚在一起讨论如何对抗陛下的事情，这还不好理解吗？”

刘邦听了觉得有道理。张良虽是开玩笑，但封赏之事若不早点解决，的确是会出事的。

刘邦便请教张良：“那现在怎么办才好呢？”

张良：“陛下平生最讨厌的，而且大家也都知道的，是哪一位呢？”

刘邦回答说："雍齿是我的老相识，是我的冤家对头，他常常冒犯我，侮辱我，我一直想找个机会杀他，但因为他立下许多功劳，所以没有忍心下手。"

张良建议刘邦："现在立即先封雍齿，让群臣都知道。群臣看到连雍齿这样的人都被封了侯，就会安下心来，不担心自己会得不到封赏了。"

刘邦是个善于听取别人不同意见的人，接受别人意见几乎形成一种模式，即先是直言暴露自己的初步意见，然后听取别人的不同意见，细细想开去，而且理解很快，然后一旦想通，立即更改己见。听了张良这么一说，他觉得这个计策很好，虽然自己内心并不情愿，但是为了缓解大臣们的猜疑，还是当即决定照张良的计策去做。于是在接下来的宴会上，刘邦当场宣布："封雍齿为什方汉中县侯（今陕西省）。"酒宴之后，大臣们都很高兴，暗处揣摩："雍齿为刘邦所厌恶，还能被封为侯。我们还有什么可担心的呢？"

从此，这些还未受封的下臣们把心放回了肚里，私下议论的现象不见了。但刘邦知道，群臣们议论少了，并不说明矛盾已经化解了，利益驱动下争夺功劳的纷争还不会停止，所以要杜绝这样的事情发生，还得从根本上找到原因。于是刘邦命令丞相、御史加紧进度，抓紧进行论功行赏的工作。这一问题最终得到了解决。

刘邦当上皇帝后，以王、侯两等分封他的功臣。王国的封地较大，有的王国拥有五六个郡、几十座城市。他们在自己的王国内，可以设立政府，拥有军队，征发徭役，征收赋税，有很大的自治权。只是在政治上要表示对皇帝的臣服与忠诚。汉初全国约有54个郡，直属中央王朝的仅有15个郡，而列侯以及公主等人的封邑也包括在这15个郡中。

刘邦实行分封制，看起来是对秦王朝实施的中央集权郡县制的一种倒退。但是，刘邦当时为了稳定大局也不得不这么做，正如张良所说，刘邦

当时如不分封列侯，就会引发造反，更不用说不分封王了。这是因为秦统一全国后，实施暴政，引起全国人民的不满与反抗，因此，在推翻了秦王朝后，连同它所推行的中央集权的郡县制也一起被推翻了。恢复秦以前的分封制，成为当时的一股社会思潮。刘邦本人不可能抗拒这股社会思潮，也不能不接受项羽在推翻秦王朝后分封的政治格局，更不可能消灭在击败项羽后实际存在的各股军事势力与政治势力。他只能利用这股社会思潮和各股军事势力与政治势力为建立自己的汉王朝服务。因此，刘邦在击败项羽后，实施分封制，是适应当时的历史发展所需要的明智之举，而不能认为是逆历史潮流而动的错误措施。

为了以示公平，稳定人心，刘邦不念旧恶，把雍齿也封为什方侯，这的确是稳妥的一招。既见张良智谋，又见刘邦大度，更主要的是固权的作用。刘邦这种不计前嫌的大度做法是很值得现在人学习的。

现代社会，人才成了各行各业发展的能动因素。可以说，一个企业要想有所发展，必须造就和吸引一大批人才，而这对管理者来说，无疑是一个极大的考验。因为“有了梧桐树才能引来金凤凰”，作为一个领导者，要想得到优秀人才，必须首先提高自身的素质，做好本职工作，创造一个能发挥人才作用的良好环境，才能吸引有所作为的人才与之共同奋斗。那么领导者自身魅力的具体内容有哪些呢？

第一，道德高尚。由于领导者大都掌握一定权力，所以要要一要权威大概是没有什么困难的。但是一般来说，单凭权力只能吸引那些趋炎附势之徒，而真正的贤能之士并不会买账。贤才对那些只凭权力的领导虽然也能够服从，但对领导者个人却总是敬而远之的。他们对于领导，固然不能无视他手中的权力，但是更看重他的思想和人格。因此，只有那些本身道德高尚，有较高声望的领导者，才能成为众望所归的干部，大家才愿意跟着他做工作。

第二，大度容人。胸中天地宽，常有度人船。作为领导者大度容人，首先要容人小过，容人小短。水至清则无鱼，人至察则无徒。对于他人的小过，需要有点糊涂。宽小过，总大纲，以纲行律己，不以纲行取人，这些都是值得记取的经验之谈。相反吹毛求疵，就会失去含弘气象，这样是最容易失掉人心的。另外，领导者大度容人还要善于容纳异己。容人的要害之点在于容异，就是能容纳不同意见的人。领导者只有做到对人宽宏大度，容人以德，才能感人肺腑，令人尊重，也才能吸引大批贤才。

第三，学识渊博。领导者的魅力不是领导权力带来的，而是凭其本身学识才干赢得的。没有学识才干，有了权力也不会产生多大威力。一个领导者只有具备所管业务的具体知识和懂得领导工作的规则等，才能赢得人们的信任和拥戴，贤才才有可能向你靠拢。

第四，重视、尊重人才。即降低身份，敬重上级，提拔群士。我国历史上有许多尊贤思才、礼贤下士的轶事典故，至今仍被人们传为美谈佳话，周公姬旦“一出三捉发，一饭三吐哺，起以待士，犹恐失天下之贤人”。魏文帝“思贤甚于饥渴”，他对陈群“待以交友之礼”。这些有作为的帝王将相之所以获得了大批治国安邦的贤才能士，使之在政治舞台上大展宏图，正是由于礼贤下士的结果。实践证明，只有领导者放下架子，求才若渴，尊重知识，尊重人才，在实践中树立礼贤下士的形象，他的身边才会吸引大批人才。

第四章

谋略是成功的关键——刘邦这样对我说谋略

如果没有智慧的力量，一分力量只能有一分效果，如果加上智慧的作用，却能收到四两拨千斤的奇效。所以谋略家刘伯温说：“力之用一，而智之用百。”因此，用兵打仗，从政经商，仅靠力气是无谋的匹夫，最后肯定会被有智慧的人击败。如果给力量插上智慧的翅膀，智勇合一，有胆有识，必能笑傲群雄。综观历史上的成功者，都和刘邦有着同样的信条：靠头脑打天下，不靠拳脚打天下。

欺敌计，出其不意

孙子曰：“兵以诈立，以利动，以分合为变者也。”这句话的意思是用兵作战要善于欺诈，根据有利条件而采取行动，以分散或集中兵力来变换战法。战场上作战的谋略是多种多样的，所以兵法书上说：“兵不厌诈。”简言之，也就是欺敌计。欺敌计是一种用诈诳骗敌方，使其信以为真而中我圈套的谋略。

欺敌计是我国古代军事学术最突出的特点之一，也是古战场上最令人眼花缭乱的智力角逐。有时军事家的一个诈术，可以使自己的军队由被动转为主动，由危险转为平安，甚至能够转败为胜。《三国演义》中描写古人示形用诈的谋略艺术，达到了炉火纯青的程度。它所反映的思想内容，无论纵的方面，还是横的方面，都超出了一般的兵书。虚则实之，实则虚之，虚而虚之，实而实之，用而示之不用，能而示之不能，以及变正为奇。转奇为正，声东击西，指南打北等这些理性的原则，在兵书中都得到了充分体现。

有人对兵法上描述欺敌计的“兵者，诡道也”作这样的比喻：“军事谋略的斗争就是诡道的比赛。”这种说法，很形象贴切。

以上，对欺敌计进行了这么多的讲述，现在让我们来看一看刘邦是怎样利用欺敌计迷惑项羽的。

正当刘邦率领的军队向咸阳开进的时候，赵国将军司马印也领着一支

军队，准备渡过黄河进入关中灭秦。刘邦害怕司马印夺了首功，一方面派郦商领一支军队攻占平阴，切断黄河渡口，拦阻赵军前进；一方面亲率主力进攻洛阳。他准备占据洛阳后，经函谷关抄近路入秦。

洛阳城里驻着秦朝重兵，刘邦屡攻不克。而且，荥阳、函谷关的秦军正向这边迂回，图谋包剿楚军，形势万分危急。

张良建议：放弃攻打洛阳的计划，掉头南下，翻过轩辕山，从武关西进咸阳。韩王成不愿意离开韩国，刘邦让韩王成留守阳翟，然后以张良熟悉韩地路径为理由，请求韩王成暂时把张良借给他，等攻克咸阳后，再让张良回来。韩王成不好拒绝，点头答应。

轩辕山道路崎岖曲折。从山下到山顶，要经过好几道大弯，盘旋而上，故名叫“轩辕”。正因为山势异常险峻，秦军想不到刘邦会走这里，所以没有设防。刘邦乘其不备，神不知鬼不觉地翻过了轩辕山，突然出现在阳城，阳城秦军落荒而逃。刘邦夺得战马千匹，组建了一支骑兵部队，由夏侯婴统领，充作前锋，向南阳郡进逼。

南阳郡郡守吕龄慌忙调集郡兵，亲自领着在旗县拦阻，被刘邦打败，只好退守宛城。

刘邦率部抵达宛城城下，只见城防坚固，壁垒森严。他担心攻打宛城会延误进入关中的时间，所以准备绕过宛城，径直向西。张良劝阻说：“有句古话，叫做‘欲速则不达’。这里到咸阳，路上险关林立，秦朝处处派驻重兵，倚险拦截我军。如果不拿下宛城，留下这个祸根，我们在前边攻关，他们从后边追赶，那时候，我军势必面临腹背受敌，进退失据的危险……”刘邦不等张良说完，急着问：“那该怎么办？”

张良便建议：“宛城城防虽然坚固，但吕龄在旗县刚打了败仗，对我军心怀惧怯；守城军士也如惊弓之鸟，没有斗志。只要运用妙计，就一定能拿下宛城。”

随即，两人思虑一番，制定了一个出奇制胜的办法。

刘邦传下号令，尽解宛城之围，向西开进。随之，楚军离开宛城，大摇大摆地向西走去。走了几个时辰，看着天色将晚，刘邦命令全军偃旗息鼓，由另一条路上折转回来，将宛城里三层外三里地包围起来。为了给秦军施加心理压力，他又让部下多立营帐，广插旗帜，造成重兵压境的宏伟气势。

南阳郡守吕龄见刘邦率兵离去，悬在喉咙的那颗心好容易才落到了肚子里，随即传下口令：士卒卸盔去甲，好好休息一夜，准备第二天黎明追杀刘邦。谁知第二天天还未亮，城外已是号炮迭起，杀声震天。吕龄慌忙带着十几个随从，登上城楼观察军情。只见城外楚军大营连绵数十里，看样子，围城的军队少说也有十几万人，让他一下子呆若木鸡。刘邦的这一招的确灵，还未交战吕龄就已经吓破了胆，直叹："大势已去矣！"

正当吕龄发愣的时候，突然一阵鼓响，刘邦的士兵像潮水一样，从四面八方向宛城发起冲锋。攻城的将士士气高昂，奋勇冲杀；守城的秦兵，一个个胆战心惊，随时准备抱头逃命。吕龄觉得守城无望，把心一横，拔出腰间佩剑就要自杀。在秦朝的地方官吏中，吕龄算是比较廉洁的一位。他平常能注意关心将士疾苦，深得部属拥护。这时，跟在他身后边的谋士陈恢一步抢上前去，拉住吕龄拿剑的手说："事情还没有到山穷水尽的时候，郡守何必如此轻生？"

面对吕龄的悲切，陈恢劝他："应当知道识时务者方为俊杰。如今秦朝暴虐无道，天下志士纷纷起兵，郡守实在没有必要再继续为朝廷卖命。听说沛公为人宽厚，进行的是正义的事业，我们不如献出城池，归顺沛公。这样，既可使城中百姓免遭战乱之苦，又能保住郡守的身家性命。万一求降不成，也只有拼命坚守，以求万死一生，怎么能自寻绝路呢？"吕龄觉得有理，当下派陈恢出城向刘邦乞降。

刘邦见了陈恢，冷笑一声说："足下大概是奉了命令来请降的吧？"陈恢把脖子一梗说："不是来请降，而是来约请沛公招降！"接着，他侃侃而谈："听说怀王与诸将约定，谁先进入关中，就封谁为王。宛城是南阳的郡治所在，下辖几十座县城，人口密集，粮饷充足。宛城守兵和民众对义军心怀疑虑，都以为投降了也难免一死，无不决心与城池共存亡。将军滞留在这里作战，不仅耽误了入关时间，而且将士攻城，还会遭受重大伤亡。为将军着想，倒不如列出优惠条件，邀请宛城军民投降。那些没有归降的城邑，看到将军如此宽大仁义，就会争先恐后地打开城门，迎候将军，这不比你死打硬拼强出万倍？"

刘邦是个聪明人，当然明白这个道理，这是他求之不得的事。于是，他向陈恢许诺了种种要求，并封南阳郡为殷侯，陈恢献计有功，封为千户。

陈恢回到宛城，向吕龄汇报了谈判情况。吕龄下令大开城门，迎接刘邦大军。刘邦对吕龄好言相慰，吕龄更是十分感激。

进城之后，刘邦对南阳守军进行改编，不少将士被补充到起义军中。起义军经过几天休整，补足了给养，又意气风发地踏上西进的征途。

刘邦未费一兵一卒，拔掉了前进道路上一颗坚固的钉子，同时补充了军队，这一计，真可谓绝妙之极。

激励是通往成功的捷径

古人说道："一激之怒炎于火，三寸之舌芒于剑。"这是规劝人们要制怒、慎言。然而，在战争中，如果能够恰当地给予宣传鼓动，就能振奋

军心，同仇敌忾。

语言是人类交流思想感情的工具。无论是挥锄耕田的人，还是举剑厮杀的人，其行为在一定程度上都是由思想支配的，如果说思想是人类最美丽的花朵，那么语言就是滋润花朵的雨露。古今中外，凡是有作为的军事家，无不重视“励士”之道。恺撒说过“在战斗的气氛之下，每个人都会自动地发出一种热情。指挥官应该尽量设法鼓励这种感情的发展，而不应该抑制它。”精神和物质是胜利之剑的双刃，作为一名优秀的指挥员，其思维的重心不仅在于如何从物质上战胜对方，更重要的是首先使自己的军队具有战胜敌人的勇气和信心。这里关键在于如何“激众”，随时点燃将士的心头之火，保持血战到底的决心和勇气，这样的军队将是不可战胜的。

公元前205年，也即项羽封王后的第二年年初，他封的诸侯王中，已经死了8位。这时，还有一个很大的问题，就是义帝的去留问题。当初，项梁立义帝完全是出于政治上的需要，同时，多少也带有一些感激楚王室对项家的知遇之恩的感情色彩。这时，项羽认为自己的羽翼丰满，已不需要义帝这一政治招牌；况且，项羽并未直接感受到楚王室的什么恩泽，他对楚王后代的感情，与其叔项梁有很大程度的不同。尤其在实践“先入关中者王之”的约言问题上，义帝丝毫没有偏心于项羽的意思，他更加反感，这时就急不可待地想把义帝赶走。项羽一再派人催促义帝君臣迁往江南郴县，义帝和他身边的一些臣子却留恋彭城，迟迟不肯迁走。项羽对此十分烦躁，就又派人强令义帝君臣就郴。在这种情况下，义帝和他的臣子们只好收拾东西上路了。他们在出发时，虽然有些不愿走，但还是按楚王室应有的出行规格，很隆重，很气派。他们万万没有想到，项羽已分别给九江王英布、衡山王吴芮、临江王共敖送去密信，命他们在途中杀死义帝君臣。英布命人乔装改扮后，乘快船顺江而上，追击义帝君臣，把他们杀

死在江中。

项羽杀死义帝，却不知留下了祸端。刘邦早就想集结诸侯，笼络人心。但他也想到，做事情总是要名正言顺，要有个说法给个交代，要找个托词做个解释，仿佛有了理一切便有了着落一样。有时人们迷恋理由甚至到了掩耳盗铃的程度。所谓借口，其实是“无理找理”，所以找借口时便要绷起脸来，一副“理直才气壮”的样子，方能得逞。而时机未到便慌慌张张地辩解，只会引起人们的怀疑和警惕。

我们都知道，人类是理性的动物，事无巨细，都要起个名字，有个叫法，给个说法。即使是无赖之徒，也不愿让人说自己无理取闹，他们总会有自己的“歪理”；皇帝杀大臣、除异己，也得给文武大臣一个解释，尽管是“欲加之罪，何患无辞”；日常生活中，我们总有很多时候为自己找个遁词，只是编造技术有优劣之分而已。

以上所说的是借口的奥妙，我们还是来看一下刘邦是如何运用的。刘邦自出关中以来，攻城略地，奇谋迭出，很快便与项羽呈现出鼎立之势。

项羽一边要忙着对付各诸侯间的叛乱，一边还要忙着对付刘邦。忙中添乱的是，楚国内部政局又发生了动荡，在项羽看来，原楚怀王义帝便是这些动荡的最根本原因。若想攘外，必先安内，因此扫除义帝的残余势力，便迫在眉睫了。

首先，项羽将心腹安插到义帝身边，不断离间义帝和群臣的关系，让那些追随义帝的人，开始惶惶不安，不敢再和项羽争权夺利。见不甘心受自己控制的义帝在一些反面势力的支持下，仍在蠢蠢欲动，项羽索性令临江王共敖、衡山王吴芮、九江王英布联合袭击义帝，将义帝暗杀于长江之中。

义帝被杀，对刘邦来说是一个难得的机会。他可以利用这个机会，做出一篇绝好的文章。

于是，刘邦便精心策划出了一场吊义帝的精彩表演。经过事先安排，

刘邦让洛阳新城区的三老董公拦住他正在行进的军队，向他提出：“自古以来，顺德者昌，逆德者亡，若师出无名，则难以成功。所以，若要成功，一定要指出敌人的祸害，才能有力地征服敌人。项羽弑义帝，此天下人之大贼也，应公开指责其罪行。所谓仁者不靠勇力，义者不必暴力，大王应该立刻率领三军之众为义帝挂孝，并向诸侯宣告讨伐项羽。这样，四海之内都会仰慕大王之德行，这便是商汤、周文、武王的义举啊！”

刘邦在三老董公的建议下，立刻宣布为义帝发丧。他脱掉官服，露出白色内衣表示哀悼，并且举行祭奠，号啕大哭了三日，竟哭得昏厥过去几次。这招果然激起楚地各部族的同仇敌忾之心，也使他们对项羽的排斥心更强了。

对此，刘邦还并不满足，接下来他又向全国各地发出檄文：当年各诸侯共立义帝，北向而臣服之，如今项羽在江南杀害义帝，真是大逆不道。于是寡人发动关中军民，更得到河南、河内、河东诸侯支持，将渡过长江、汉水，南下征伐项羽。希望各诸侯能共同出兵，讨灭这个残杀义帝的不义贼人。

这篇檄文并无冗长的理论和高调，十分简明有力。文中，刘邦将自己定位在和大家共同征伐逆贼的平等地位上，而非领导者，这样反而容易得到大家的支持。因为只要响应热烈，刘邦自然成为领导者了。

以为义帝复仇作主题，也充分显示自己不是楚国的敌人，反而是认同楚国的一分子。因此天下的敌人不是楚国，而是残杀义帝的楚国叛贼项羽。因此，这一场正义之战，将是忠于义帝的楚国庶系的刘邦，和天下诸侯共同对抗残杀义帝的楚国嫡系的项羽之间的战争了。

刘邦在政治上较成熟、老练，也非常世故。他在檄文中再次罗列项羽的十大罪状，以示自己做的是正义事业，这十大罪状是：

1. 项羽违背楚怀王先入关中者为关中王的约定，改封刘邦为汉中

王；2．项羽假借楚怀王的密诏，擅自杀死卿子冠军宋义，自己当上北上救赵的主帅；3．项羽在完成了北上救赵的任务后，应该请示楚怀王下一步的行动，不该擅自率领诸侯军队进入关中；4．楚怀王曾明令进入关中的军队不得施行暴虐，但项羽入关后，烧毁了秦王朝的宫室，挖了秦始皇的坟墓，并私自抢夺了秦王朝府库中的财物；5．项羽残暴地杀害了已经投降的秦王子婴；6．项羽坑杀秦军投降的士兵20万于新安，却将其3个将领封王；7．项羽分封诸侯时，将好的地盘分封给亲信的将领，改封、驱逐原来的诸侯王到别处去，使得原来的臣下，争相叛逆过去的主人；8．项羽驱逐义帝，自己以彭城为都城，夺取韩王成的封地，合并了梁、楚的地盘，将其据为己有；9．项羽派人暗杀义帝于江南；10．项羽身为人臣而弑杀自己的主人，杀害已投降的人，为政不公平，主持誓约不守信用，为天下所不容，大逆不道。

刘邦本来就是个很善于辞令的人，从他早年会说出“嗟夫，大丈夫当如此也！”的话到鸿门宴上的巧舌之辩，加上这篇檄文又撰写得很好，所以刘邦的这一场表演，达到了这样的效果：除了项羽本人及协助项羽杀害义帝的九江王英布、衡山王吴芮和临江王共敖外，楚国的部落都有可能响应刘邦号召而共同对抗项羽，甚至连那三个项羽死党也都因为怕触犯众怒，而不敢再过分表现出对项羽的拥护。

后来，在进攻项羽大本营——彭城的战争中，刘邦军队几乎如入无人之境，轻而易举地便攻陷了彭城，与这个师出有名的策略的运用，是有着极大关系的。

演说，固然是激民众的一种方法，而作为一名高级领导人，特别是能在伤病时亲征巡营，同样更能使民众激奋，士气倍增，战斗力大大加强。

刘邦带伤巡营就是个很好的例证。

汉王被项羽的弓弩手袭击的消息，立即传遍了整个汉城，汉军议论纷

纷，莫衷一是。

最高统帅在全体将士面前受到袭击，对士气必会有严重打击，甚至可以导致士气全线崩溃。但刘邦的确痛得站不起身，军医自然很快就赶来医治包裹，刘邦也火速召见张良共商对策。张良劝告刘邦强行起来，用木棒支撑着坐在马上，到各营巡视一番，以事实证明自己“根本没事”。同时，也对士卒进行一下关心慰问。但是他遭到医生及一些部下的反对，因为刘邦的伤势其实挺重的，如果他去的话，怎么证明他“根本没事”，身体可是“革命”的本钱。但如果不去的话，不利于军心的稳定，这种事情是很重要的。于是，刘邦不顾医生反对而接受张良的建议，穿着沉重的盔甲坐在马上，满脸笑容，到汉城各营寨去走了一趟。

刘邦强忍着疼痛，面带微笑地接受全体军士的欢呼，然而他内心却觉得自己这次可能真的难以挺下去了，因此只有尽力而为吧！楚军密探果然很快将刘邦“根本没事”的消息报告给了项羽，项羽也只好放弃乘胜攻打汉城的计划。

但刘邦的伤势实在太严重了，张良等人害怕走漏真实消息，特意安排刘邦出外视察各战线情况。然后，就将刘邦急速送往成皋，以接受较好的照顾和医疗。同时，去成皋也避免让别人看见刘邦的伤势。

这段期间，韩信正在攻打齐国，齐王向楚军求救，项羽急着到处调遣兵马，让龙且率领大军以救齐国，对刘邦在汉营的情形也就无暇顾及了。

在成皋恢复了身体后，为鼓舞士气，并消除关中盛传刘邦伤重的传言，刘邦决定返回关中一趟。为避免禁军起疑，刘邦在进入原塞王的首都栎阳时，故意高举着司马欣的首级，这或许是萧何为安抚关中军民之心所作的特别安排吧！

其实刘邦此时还是不得休息，广武前线战场仍处于紧张对峙中，随时会有情况发生。因此他在关中只待了四天，便又赶回汉城指挥部，以准备

应付下一轮的对抗。

刘邦的这次汉城之行，果然使军心大振，而且还做到把“自己根本没事儿”的消息传给了项羽，而项羽信以为真，放弃了攻汉城的计划。激起民愤，集结诸侯，有利于“团结一切可团结的力量”，扩大队伍的势力，赢得更多人的支持。特别是如果能让队伍变成哀兵，就能使士卒在战略上轻视敌人，仇视敌人就能使弱势赢强。所以说，士气是相当重要的。

富有实战经验的拿破仑说过：一支军队的实力，四分之三是由士气构成的。这个比例虽然不一定科学，但有一点可以肯定，士气是构成部队战斗力的精神因素，一支军队的士气高低，直接影响着战争的胜负。我国古代军事家也说过，三军可夺帅，匹夫不可夺其志。

金蝉脱壳，东山再起

对“金蝉脱壳”，兵法这样解释：“存其形，定其势；友不疑，敌不动。巽而止蛊。”也就是说，保持原来的形态，完整原来的阵势，友军不怀疑，敌人不敢轻举妄动，隐蔽转移主力，必须先要迷惑敌人。

同友军联合对敌作战的时候，要冷静地观察阵地的形势。如果存在另一股敌人，需要分兵迎击时，必须在表面保持原来阵容的空架子。金蝉脱壳的意思并不是一走了事，它是分身的法术。因此，当我方的大军主力转移后，依然要使原来的阵地旌旗招展，锣鼓喧天，要十分逼真地保持原来的阵容。只有这样才可使敌人不敢轻举妄动，友军也对我方不生疑心。金蝉脱壳之计就是在对敌人作战时，抽调精锐的主力去袭击别处一股敌人。

金蝉脱壳实为“三十六计，走为上计”中的一种“走”的方式。在形势万分危急，拼又拼不得，退又退不得的情况下，只好使用此计，突出重围，以图东山再起。

金蝉脱壳关键在于难辨真伪，有时连神仙也躲不过去。唐僧西天取经，路过一高山，猛然跳出一斑斓猛虎。悟空擎棒追打，八戒抖擞精神猛追，那妖将虎皮盖在岩石上，脱了真身，化作狂风将唐僧捉走。悟空一棒下去，只是一张虎皮，高呼，妖怪的金蝉脱壳计真是厉害！

刘邦固守荥阳期间不惜重金，全权委派陈平离间项羽和他手下几位重要将领的关系，大获成功。尤其是陈平运用离间计，将项羽的首席智囊亚父范增从项羽的身边离间出走，以致病死在旅途上，给项羽带来的损失更是无可估量。

范增去世后，项羽才真正后悔过去一直没听其言，依其计。他虽后悔，但还是禀性难移，容易发怒，反而把一肚子恼怒宣泄到了刘邦身上，不但立即拒绝了刘邦的“和谈”要求，还每天亲自率领前锋部队突击敖仓到荥阳的甬道。灌婴虽全力反扑，但损伤十分惨重，运粮的工作于是逐渐陷入瘫痪状态。

荥阳若继续缺粮，唯一的结局将是不战自溃。于是，张良建议刘邦：放弃荥阳，退入关中，以图东山再起。

张良的建议，虽然残酷，但这已经是此时唯一的出路了。刘邦虽然很不情愿这样做，但面对现实也只好无奈地采纳了张良的建议。但如此众多的军团一起撤退，是件非常危险的工作，若项羽乘机追击，汉军可能会重演彭城大战时的溃散情形。

于是陈平建议刘邦先撤退，并且让项羽知道此事，便可减轻荥阳的压力，亦能借此机会重整部署大军，以调整兵力过分集中于荥阳而造成的粮食严重匮乏之状况。

但如何让项羽知道刘邦已经撤军，又不致有被追击的危险？在刘邦的将领中，有一个长得很像刘邦的人，他叫纪信。陈平便找到纪信，动员纪信牺牲自己做刘邦的替身，以拯救刘邦及荥阳守军。不知这个擅长“阴谋”的陈平是如何做动员工作的，总之，纪信很快心甘情愿地答应了陈平。

他亲自来到刘邦帐营，对刘邦说：“事急矣！请让我假扮您欺诳楚军吧！大王可伺机脱离这里！”

当夜陈平故意组成2000名妇孺队，企图从东门逃出。项羽判断刘邦会藏于其中，立刻下令由四面八方包围攻击之。果然见到刘邦坐在汉王的座车上迎面而出，并且大声表示：

“荥阳粮食已尽，汉王向楚军投降。”

楚军闻听此言，顿时为之雀跃，全集结到东门外，争相观赏刘邦的出降仪式。由于纪信的长相极像刘邦，加上他又穿着汉王的衣服，因此楚国将领没有识破，便一下子将他团团围住，等待项羽前来接受投降。这样耽搁了很长一段时间，汉军有足够的时间由西门火速撤走。

为了安全，首先由真正的刘邦领数十骑火速撤向成皋，准备进入关中休养生息。

接着大部分荥阳守军分批向成皋撤退，并准备和英布的守军会合。

而荥阳城中仅留下韩王信、魏王豹和刘邦同乡的大将周苛及枞公等人，由他们率领部分军团准备坚守。

项羽闻报也火速赶往前线，并在荥阳城外的临时阵地准备纳降刘邦。看到纪信着汉王服饰出现在眼前时，项羽知道受骗了，不禁大怒，立即下令在荥阳城外火烧了这个假刘邦——纪信。

由于不知刘邦行踪，楚军仍将大军包围着荥阳。在城墙上的周苛判断楚军不会放弃荥阳，他担心楚军攻击时荥阳内部若有人反叛，将造成重大

祸害，因此向枞公提议："我等奉命守城，不论胜败如何都应尽全力而为之，但魏王豹却让我感到非常不安。他一向倾心项王，如今因战败不得不向我军投降。现在楚军紧紧将我们围住，万一他利用这种局势煽动城内一些人叛变，将会酿成大祸，因此应抢先下手，除掉这个祸患。"枞公觉得有理，便和韩王信商量，派人暗杀了魏王豹。

很快，项羽发现刘邦已逃出了城，大怒，立即下令全力攻打荥阳。周苛等虽拼死防守，但终因寡不敌众，荥阳沦陷，枞公战死，周苛及韩王信被俘。

项羽亲自对周苛说："周将军，如果你能弃暗投明，加入楚军阵营，我会拜你为上将军，享受三万户的食邑。"

面对项羽的劝降，周苛骂道："项王难道还看不出，你的力量已日渐薄弱了吗？总有一天，楚军会向汉军投降的。"

项羽大怒，立即杀掉了周苛。韩王信身为诸侯，项羽不敢轻易杀害，将他软禁起来。

从刘邦金蝉脱壳，弃守荥阳这一件事足可以看出，金蝉脱壳这一计，确实是逃的绝招。金蝉脱壳是一种摆脱敌人、转移兵力或撤退的分身之法。这里的"脱"，不是惊慌失措，消极逃跑，而是保存其原有形式，抽去内容，走而示之未走，以此稳住敌方，脱离险境。另外，"金蝉脱壳"也指在对敌作战时，以小股部队牵制当面之敌，暗中却抽走精锐部队去袭击别处敌人，出敌不意，以达奇胜。

在兵法上，常讲到"三十六计，走为上"，在这儿，可以说金蝉脱壳是一种逃的上策。这一计策其实还在春秋战国时已有人用过了。大家都知道，齐晋六战，齐军大败。要不是车夫田父陪明，把自己的衣服脱给齐景公，自己冒充齐王，被晋军抓了去，齐景公非让晋兵剁为肉酱不可。

金蝉脱壳之计，在中国革命史上，也曾被用过。例如：中央革命根据

地第三次反“围剿”，我军针对敌人以重兵向我根据地中心区大举进犯的态势，以一部兵力作诱饵牵制来犯之敌，主力则千里绕道、回师兴国，来了个“金蝉脱壳”，连胜三战，使敌精疲力竭、顾此失彼。最后此次“围剿”以敌人的退却告终。

由此，我们完全可以看出金蝉脱壳的高明之处。就连神话故事《西游记》里的孙悟空之所以三次才打死“白骨精”，也是因为妖精会使这等本领。

当年高祖刘邦如不金蝉脱壳，逃而走之，那么中国历史就要改写了。当初刘邦被项羽围在荥阳城，内无粮草，外无救兵，马上就要被破城。谋士陈平赶紧叫武将纪信假扮刘邦，出城投降。等项羽发觉上当，真刘邦已带领文武官员，逃之夭夭了。

刘邦之所以能够顺利地从荥阳城逃出去，主要是因为他综合运用了两个计谋的缘故：一是纪信的金蝉脱壳之计，二是陈平的缓兵之计。

金蝉脱壳，进一步理解，实际上也是一种缓兵之计。缓兵之计是一种拖延战术，目的在于争取时间。战争中，时间因素对于交战双方来说本来是公平的，但由于各自所处的地位不同、情况不同，其对时间的要求也各不相同。他们有的可能需要急，需要快，贵在神速；有的则可能需要慢，需要缓，贵在拖延。项羽利在急战，而刘邦则利在拖延。拖延的时间越久，刘邦就可以逃得越远，相对也就越安全。事情的结果也证实了这一点：正是由于汉军巧妙地拖住了楚军，自半夜一直拖到天明，才终于使刘邦成功地逃出了虎口。甚至可以这样说，如果没有陈平的缓兵之计，即使纪信甘心替死，恐怕也难保刘邦能安全地从荥阳脱身。由此可见，一项计划的成功实施，有时需要综合运用多个计谋，否则将很难产生预期效果。

攻城先攻心

“攻心为主，攻城为辅”，即“攻心计”，它是一种从心理上威慑、瓦解、征服敌人的计谋。通过攻心战，能使敌人产生恐惧、厌战、不知所措等心理状态，以致最后消极怠战，或不战自溃，或弃战而降。

攻心计为历代军事家所推崇。“兵学鼻祖”孙子曾经说过：“百战百胜非善之善者也；不战而屈人之兵，善之善者也。故上兵伐谋，其次伐交，其次伐兵，其下攻城。”中国三国时期的著名军事谋略家诸葛亮曾采取“攻心为上，攻城为下，心战为上，兵战为下”的策略，最终取得了进军南中的胜利。

在战争条件下，人们经常处于一种特殊的心理环境之中。来自各个方面的多种信息，给人们以不同程度的刺激和影响。情感能推动人的行动，理智能决定人的行为。当人的情感和理智被某种信息强烈刺激后，会产生怀疑、恐惧、动摇等多种心理现象。利用人的这种心理特点，以多种手段和方法给敌人传送必要的信息，这就是“攻心战法”，往往能起到“不战而屈人之兵”的作用。攻心计的表现形式和运用方法多种多样，没有固定的模式，应根据敌我双方当时诸方面的实际情况而灵活运用。

战争就意味着流血、破坏、资源耗费，所以若能攻其心，磨其锐气，然后不战而屈人之兵，拿来为我所用，岂不更妙？

秦二世二年，刘邦率军西征，路经陈留县。此时地方有个名叫郦食其的

人献计说，可以不硬攻而智取，刘邦依计而行，随即派郦食其到陈留县城。

郦食其进入了陈留县，见到了县令。他们两个人本来就是一对酒肉朋友，每次见面，总是少不了痛痛快快地喝一场，这次也不例外。几句问候之后，县令就命人摆上了酒席。郦食其显得格外愉快，让换上大盅，要一醉方休。

三杯过后，郦食其就把话引到了主题，他说："秦朝无道，英雄四起，当前正是各人建功立业的大好时机。沛公是人中豪杰，他带着义军到了这里，你何不弃暗投明，跟着沛公干一番事业呢？"

陈留县令是个瞻前顾后的人，对投降的事一时拿不定主意。郦食其也不勉强，只是一个劲儿劝酒。县令想不到老朋友会别有目的，也不加防备，两个人一直喝到半夜时分。

郦食其素有"高阳酒徒"之称，千杯不醉，陈留县令却被灌醉了，昏昏沉沉地瘫在地上。郦食其趁机从县令身上抽出令牌，打开了城门。早就埋伏在城外的刘邦，挥军一拥而入，攻克了陈留县。

刘邦攻城不仅未消耗多大兵力，而且补充了自己的兵力，轻取陈留。

刘邦也是个善于运用攻心计的人。在他进军咸阳路过蓝田关时，只见关门紧闭，吊桥歹悬，寨墙四旁，旌旗漫卷；秦朝导兵，荷枪持戟，壁垒森严。刘邦以为过了武关，就可以顺顺利利地进入关中，攻下咸阳。不想却在这里被阻，随即怒火中烧，传令强攻。

这时，正在营外视察的张良急忙赶来劝道："峣关地势险峻，新近又增添了兵力，强攻必然会耽误很长时间。我已打探明白，驻守此关的将军，以前是个靠宰猪为业的商人，在市场上做生意多年，最爱占点小便宜。如今我们不妨与他再做一笔交易。"

张良抓住了这个将军的特点，献计说："我们先虚张声势，使其恐惧；再派一个能言善辩之人，晓以利害，劝其投降，顺便还能够摸摸关上

的底细。”

刘邦依计而行，命令军队依山傍水，多设营寨，山上山下，遍竖旗帜，用来迷惑敌人；又派谋士郦食其带领几个随从，带着大量金银财宝，去关上会见守将。

蛲关守将被刘邦的疑兵之计吓得胆战心惊，正在那里不知所措，忽听郦食其一行求见，如同遇见救星，赶忙迎进关内。

郦食其一落座，就说明来意：“沛公率领几十万精兵，一路上攻无不克，战无不胜，要攻破这小小的蛲关，本来费不了多大力气。可是沛公最爱惜英雄，知道将军是个人才，特此派我带上礼物，想与将军交个朋友。”

郦食其说完打开行囊，拿出礼品。蛲关守将看着那许多黄澄澄的金子，白花花的银子，各式各样的珍宝，两只眼睛欢喜得眯成一条缝，手不由自主地摸摸这个，掂掂那个，嘴里一个劲地重复：“何劳沛公如此破费！何劳沛公如此破费！”

郦食其见蛲关守将已经动心，接着说：“沛公素来为人慷慨，送这么点儿东西，对他来说，实在算不了什么。秦朝如今已经无可救药，将军若能弃暗投明，与沛公齐心协力，为破秦贡献力量，以后的赏赐，只会比这更多。”

郦食其知道商人贪财，说到此，便停而不说，装出转身要走的样子。蛲关守将见郦食其要走，生怕他把金银财宝也带走，一把拉住，急不可耐地说：“沛公如此厚爱，真是令人感动。末将愿意献出关城，充当沛公前部先锋，带领义军入咸阳！”接着他下令摆设酒宴，盛情招待郦食其。郦食其也不客气，放开肚皮饱餐一顿。酒足饭饱之后，又在守将的陪同下，游览了关城风景，把关上的地形和秦军的布防情况，看得仔仔细细。

郦食其告别蛲关守将回营向刘邦复命。刘邦听后欣喜异常，就要带兵

进关，又被张良拦住。张良说："蛲关守将见钱眼开，答应投降，可关上的守兵，不一定全会服从。不如乘他们没有准备的时候，突然发动袭击，一举拿下蛲关。"于是刘邦命令大将周勃率一支精悍部队，乘着月色朦胧，一举冲破敌军大营，占领南田关。

刘邦正是听从张良的计谋，知道"擒贼先擒王"的战术，了解到敌军的领头是商人，便晓之以利，动之以钱，从而顺利实现了自己的愿望。可见，攻心胜于攻城，实乃上上策。刘邦在与项羽的争雄中，把攻心计运用得奥妙无穷。

楚、汉签订协议后，刘邦出尔反尔，单方面撕毁签约，进攻项羽。项羽面对铺天盖地的汉军，不愿恋战，且打且退。楚军在前面退，汉军从后面追。双方边走边打，十多天后，都到了垓下。汉军步步紧逼，项羽十分气愤。他扎下大营，准备在这里挫一挫汉军的锐气。刘邦也遥遥相对，立下营垒。

韩信对汉王说："人常讲'困兽犹斗'。项羽还有十万大军，要是和他硬拼，胜负很难估料。不如施用计谋，先消耗掉他的实力，然后再聚而歼之。"

张良和陈平都认为韩信说得对。

于是，汉王刘邦任命韩信为前敌总指挥，具体安排怎样和楚军打仗。韩信把孔熙、陈贺等十位将军找来，让他们各领一支人马，埋伏在预定的十个地点，只等项羽军队到后，截住厮杀，任务是分散切割楚军的主力。布置妥当后，韩信让人擎着大将的红旗，亲自出营讨战。汉王刘邦在周勃、柴武的护卫下，给韩信压阵。韩信又组织了一批军卒，对着楚营呐喊：

人心都背楚，天下已属刘；

韩信屯垓下，要斩霸王头！

项羽的弱点就在于，他看不惯对方如此表现，觉得对方猖狂，便大怒，随即出战，殊不知，他已中计。

战场上，金鼓齐鸣，杀声震天。双方战斗了一个多时辰，汉军支持不住了，纷纷向后逃跑。韩信和刘邦装出害怕的样子，骑马跑在最前面。

项羽正杀得性起，哪肯放过这个机会？他指挥楚军紧追不舍，心里想：今天捉住了刘邦和韩信，一定要千刀万剐，扒皮抽筋，吐一吐几年来郁积在胸中的这口闷气！追了好几里地，忽然一声炮响，从山谷后边杀出一支汉军，为首的，正是汉将孔熙。项羽留下一部分军队与孔熙作战，自己带着大队人马，继续追赶刘邦和韩信。他认准了一个理：只要抓住这两个祸根，那就取得了最后胜利。可追着追着，又遇到汉将陈贺的伏军，他不得不再分出一部分兵力拦击。

项羽就这样连续追赶，途中不断分出兵力以对付埋伏的汉军，眼看着天色将晚，汉王刘邦和韩信已跑得无影无踪，而自己手下的部众，却所剩无几。这时他才如梦初醒：竟然中了韩信十面埋伏的奸计，撤却来不及了。他哪知道，刘邦早就布下伏兵，等候项羽这条大鱼上钩。尽管项羽力能举鼎，但毕竟是血肉之体，禁不住汉军车轮似的连番攻打，早已累得筋疲力尽。他手下的将士，在汉军的追击下，死的死，伤的伤，逃的逃，降的降。等项羽回到垓下大营，清点人数，十万大军剩下还不到万人。项羽悔恨不已，令部下深筑高垒，坚守阵地。

汉军里三层外三层地围了上来，切断了楚军的供应，形势对项羽更加不利。

项羽的不足之处还在于，他这次吃了亏后，并没有认真总结教训。这次刘邦又用攻心计，不过主要针对的是士兵。他用楚国的方言演唱，使楚兵纷纷因思念家乡而大哭。在此时，汉军士兵又送来了棉衣和干粮，楚军

将士纷纷脱掉盔甲，扔掉甲杖，逃到汉营。愿意留下的，汉军热烈欢迎；想要回家的，汉军发给路费，并为他们送行。

楚歌唱了几天，楚军跑掉了一大批。当项羽再次清点人数时，留在他身边的只剩下一两千人了。连多年跟随他征战的季布和钟离昧，也不知逃到什么地方去了。项羽见此情景，不知是计，还以为自己快要失败，他喝了几碗酒，百感交集。

从这次战斗来看，刘邦狠狠地抓住了楚兵的心思，以“攻心为上”，在两军交战过程中，先瓦解敌军斗志，使军心动摇，然后伐之。人一旦丧失了进攻的勇气，军队一旦没有士气，也就没有了进取心，没有了战斗力。所以，两军阵前对待敌人要先攻其心。项羽在杀掉汉军数百人后，自刎而死。这个叱咤风云、不可一世的项羽，由于刚愎自用，终于败在了势小力弱，为他所不齿的汉王刘邦手里，成为一个悲剧英雄。而刘邦也利用了项羽的弱点，攻其心，夺其志，终于战胜项羽，成就了帝业。

智者贵有自知之明

人贵有自知之明，能够了解自己，对自己的优点和缺点都能够正确认识，并坦然面对，这是一种宝贵的个人气度。自我认知、自我接纳是一种宝贵的人生态度，能够帮助我们树立自信，促进我们不断地成长。

刘邦本人并没有读过太多书，也没有像张良那样拜过名师，但最后却领着一干远胜于自己的谋臣猛将叱咤风云，最终问鼎天下。应该说他身上具备了一个成功者所必备的重要素质，那就是有自知之明。他很清楚自己

的缺点和不足，所以他无论在行军、治国等任何方面遇到问题时，都会经常对属下说一句“为之奈何？”，意思是“我到底该怎么办呢？”因为他知道自己能力不够，所以就选择经常倾听属下的建议。

首先要说的就是刘邦很清楚自己个人能力的高低，这一点从下面两个事例中就可以窥见一斑。

有一天，正当刘邦洗脚时，士兵传报说营门外有儒生求见，刘邦便令军士告诉他，“现在兵荒马乱的，我不接见读书人。”谁知，这位儒生却不经刘邦准许，就直闯营门，还当着刘邦的面说：“你为什么这样轻视读书人？”刘邦毫不客气地说：“天下是从马背上取得的，读书人能干什么？”而这位读书人当即反问他：“天下的确是从马背上得到的，难道也可以在马背上治理吗？”听罢，刘邦深受触动，所以立即恭恭敬敬地起身，和颜悦色地向这位读书人赔礼道歉，并请他上座。

天下初定不久，名将淮阴侯韩信造反，刘邦征求大家的意见，诸将都建议直接派兵去活捉了韩信！可是刘邦沉默不语，问谋士陈平怎么看，陈平问他：“陛下的士兵和韩信比怎么样？”刘邦想了想说：“不如他的精。”陈平又问：“陛下的将军有比韩信厉害的吗？”刘邦又说也没有。于是听从陈平的意见，设计擒拿了韩信。

其次就是刘邦能够能准许别人建言献策，并择优而实施，等实力壮大后，刘邦就率领军队所向披靡，听凭忠臣张良等人的谋策，避重就轻，剿抚并用，一路过五关斩六将，最后直抵关中。而萧何作为丞督，他坐镇地方，负责军队的后勤供应。从前文可知，刘邦于公元前206年10月率大军兵临咸阳。这时，秦王子婴设计杀了奸相赵高，向刘邦献出玉玺，表示投降。因此，起义大军浩浩荡荡地开进咸阳城。当将士们看到秦都巍峨的宫殿、繁华的街市，顷刻间迷失了方向，纷纷趁机抢夺金银财物，连沛公也按捺不住，一有时间，就跑到秦宫去观望。当他看见宏伟的宫室，数不尽

的金银珠宝、猎狗骏马、珍奇玩物和妃子宫女，顿时眼花缭乱，在忘乎所以的时候，刘邦对这些荣华富贵十分贪恋，以致都不想离开了。他最想去看的就是寝宫，在有美女陪伴的情况下，他往龙床上一躺，就进入了温柔乡。突然，大将樊哙破门而入，大声说道："沛公您是想要天下还是想当富翁？这些奢华之物，就是导致秦灭亡的根本原因。您可千万别步后尘啊！"此时，张良等人也前来劝阻刘邦，顿时刘邦幡然自悟，当即下令兵士查封皇宫府库、分文不取，然后带领众将士返回灞上。这样做不仅赢得了民心，更避免了重蹈前人覆辙。自此，刘邦专心朝着统一天下的目标进发。

"一人计短二人计长"是最简单不过的道理，可是古往今来有无数英雄豪杰莫不栽在这句话上面，这些号称"人中龙凤"的领袖们就是不愿意放下身份，厚下脸皮向下属请教，他们认为这样一来就意味着向所有人承认自己的能力不如下属。大多数情况下，英雄都是从此开始走向末路的。一直到最后无力回天的绝望时刻，有的人还会可笑地仰天长叹一声："此天亡我也，非战之罪！"

古人常说的一句话就是：人贵有自知之明。这句话告诫我们，一个人想要获得成功，首先就要对自己有一个全面的认识，包括自己的个人素质、特长和缺点等。只有对于自己有了正确的认识和了解，才能对自己进行一种正确的定位。

知人者智，自知者明，一个人在生活、工作和学习中，在追求成功的过程中，无论想要自己达到什么样的境界，都要首先做到有自知之明。诚实地向自己展示自己，这是人生一道优美的风景线。在人生的道路上，人才成长和事业成功的关键是要有自知之明，做到心中有数，这对于打造成功的人生具有十分重要的积极意义，因此我们要做到有自知之明。

人无完人，一个人不可能胜任所有的工作，也不可能把每一项工作

都做到成功，因此就要认识自己，了解自己，准确地给自己定位。简单地说，就是一个人既不能过高判断自己的能力，也不能妄自菲薄，把自己看得一无是处。这两种情况中，对自己判断过高就容易浮躁、冒进，不能够很好地和他人合作，并且事业一旦遭到挫折，心理落差就会很大，以至于难以以一种平静的心态面对；而对自己能力估计过低的人，在工作则会畏首畏尾、踟蹰不前，没有担起重担的勇气和责任感，也不能产生积极性。这两种情况中，都不能充分发挥个人的潜力，也就谈不上取得个人事业上的成功。这都是对自己不够了解所造成的。

领导者与管理者更是不可以没有自知之明，领导者和管理者在一个团体中处于中心位置，最应该保持清醒的头脑和明智的决断能力。管理者必须有自省意识，能够自我反省，认识到自己的不足和缺点，而不是自满自足，不思进取。而一个管理者自以为完人，接受不了建议，就会造成自我认识不清，定位不准，影响团队发展。

在我们的日常生活中，一定要准确认识自己，给自己进行清晰的定位，这是我们走向成功的必要条件。

在“蚕食”中求发展

要想成功就必须一步一步地走，一个环节一个环节地经营，不断壮大自己。刘邦进军关中时，实力远不如项羽、田荣，但是，在项羽攻灭田荣、陷入齐国军民反抗的泥潭时，刘邦一刻也没有闲着，他抓住项羽无暇西顾的大好时机，对周围的诸侯势力展开了蚕食行动，虽然，战果看起来

并不显眼，但一点一点地积累，终于也汇成了庞大的力量。毕竟对于博弈者来说，做小并不是无所作为，做小的目的就是为了进一步做大，只要一天天地“蚕食”，积少成多，以时间换空间，其最终效果并不亚于“鲸吞”者。这一点，对今天的创业者来说，是非常适用的。下面就让我们看看刘邦是如何在“蚕食”中求发展的。

在刘邦占领关中的同时，齐国实力派人物田荣的势力也急剧扩大，迅速席卷了齐、赵、魏三地，自立为齐王。这让项羽感到非常不安，因为早在他北上救赵攻击秦军时，田荣就不听他的号令，拒不发兵救赵。如今，田荣势力急剧膨胀，在北方兴风作浪，中原地区显然要战乱再起。田荣成了项羽的心头之痛。

攘外必先安内。从前文介绍可知为了集中精力对付田荣，项羽决定先解决掉与自己格格不入的义帝怀王。他派亲信跟随义帝到郴，不断借机离间其君臣关系，使楚国部落长老支持义帝的心态开始出现了松动现象。

此后，项羽又下令临江王共敖、衡山王吴芮、九江王英布联合袭击义帝，并暗杀之于长江中。此后，项羽又经过一番努力，彻底整合了长江以南的诸侯势力。

此时，陈余得到了齐王田荣的支持，举兵袭击常山王张耳。张耳兵力不足，不敢坚守，于是引军投奔一向与自己有交情的汉王刘邦。刘邦在废丘接待张耳，并以诸侯之礼厚待，常山王的军队也正式合并于汉军阵营中。

张良在确认项羽已全力北征后，便暗中进入关中，重新投奔了刘邦。刘邦封张良为成信侯，跟随刘邦左右。

这段时间，天下大势已有很大的变化。东方的田荣势力席卷原齐、赵、梁（魏）等地；刘邦拥有原秦国的势力范围，韩地也在其掌握中；项羽则重新整合楚国版图，并拥有原梁国的精华地区。人阵营形成了三足鼎立之势。

刘邦此时回到关中，建立新京城于栎阳。

正月，项羽亲自率军北上，准备和宿敌田荣决一死战。田荣也集结大军在城阳，预备硬碰硬地与项羽进行会战。项羽再度发挥其巨鹿战役的指挥天才，一天之内便将田荣大军击溃。田荣兵败，为乱民所杀。

项羽再立田假为齐王，并率军北征到北海。

为了报复自项梁时代以来齐人不肯积极协助楚国的旧账，项羽的军队在齐国焚烧城郭、宫室，坑杀田荣阵营中的降卒，虏虐老弱、妇女，军队所到之处，无不残破不堪。如此不得人心的做法，激起了齐国军民的普遍反抗。面对齐国人的反抗，项羽决定以恐怖手段将其彻底压服。

但这次项羽又估算错了，齐国各部落及城市的反抗韧性极强，各地区的齐国人民相聚组成游击队袭击楚军，反而使项羽的主力部队陷于齐国的僵局之中。

当然，在项羽实施“攘外必先安内”的方针时，刘邦也在实施这一方针。雍王章邯败亡后，其弟章平仍率残部据守北地。刘邦于是派遣偏将全力攻打北地，结果章平自乱阵脚，兵败被虏，刘邦也取得了关中的绝对控制权。

三月间，刘邦亲率大军由临晋渡过黄河，进入中原地带。魏王豹首先率军前来投降。除了陈余支持的赵国因位居北方而还未直接承受楚、汉的压力外，中原地区的诸侯就只剩下殷王司马卬了。

夹在楚、汉势力间，司马卬实在不知该怎么办才好。如果他背叛项羽，可能会招致残酷的报复；但要和刘邦对抗，又非输不可。无奈的司马卬只好虚晃一招，表面上和刘邦硬拼，其实刚一接触便主动认输投降，这样总算给项羽一个交代，对刘邦也不至于太失礼。

此次战斗不但使刘邦的势力得到了极大的扩充，而且为日后成就霸业奠定了坚实的基础。

在成功的道路上，我们总会遇到很多困难，正因为有了困难的存在，我们的知识和才能才有了用武之地。正因为有了无所不在的困难和挫折，我们内在的潜能才能得到更深层次的挖掘和利用。所以我们要像刘邦一样学会在“蚕食”中求发展，努力地克服困难，实现成功。

成为统筹兼顾的人

每个人都希望和别人和睦相处，每个人都希望自己所做的事情对人对己都有利。如果你想做好一件让别人赞同、让别人称赞的事，那首先就要想一想自己的条件是否能达到要求。怎么样才能使条件达到要求呢？最重要之处就是你要成为一个统筹兼顾的人。我们都知道历史上有名的背水之战，也知道指挥这次大战的是名将韩信，但是却不知道大战背后统筹全局的是刘邦。

项羽虽拥有楚、梁的发达地区，但实际上梁国的大部分领土已经处在彭越的控制之下，楚国还有不少地区是由九江王英布、衡山王吴芮、临江王共敖统辖的。而英布、吴芮、共敖对项羽已经颇有怨言。忠诚度和向心力大大减小。因此，项羽真正控制的区域仅彭城和江东地区而已，和刘邦控制的荥阳、关中、汉中、巴蜀相比，项羽并未占任何优势。

当时，项羽曾努力想控制齐国，把齐国变成与刘邦博弈的坚强后盾，但是，他返回彭城后，留在齐国的数十万大军很快被田横打败，不得不退回楚国境内。由于项羽缺乏独当一面的大将，只得亲自对付荥阳的刘邦。

在刘邦和项羽对峙时，中原的魏、代、燕、赵倒向哪边，哪边就会占

优势。而此时，韩信已经率军征服了魏国和代国。刘邦率军据守荥阳，实际上已经占了韩国的绝大部分领土。此时，关系到双方实力消长的是偏向项羽的赵国。如果韩信再取得赵国，那么项羽的处境就不妙了。

赵国原是中原的军事强国，在秦始皇统一战争中遭受的打击也最大。但在后来的起义战争中，赵国一直没有突出的表现，只不过是决定秦国败亡的关键战争发生在赵国的巨鹿。在巨鹿大战时，领导赵国参与巨鹿大战的是张耳与陈余。但在这场争战中，张耳与陈余矛盾不断。

张耳虽被项羽分封为赵王，但赵国的疆域因被一分为二，变成了赵国和代国，因而力量已经被严重分散，以至于当陈余联合代国和齐国田荣进攻赵国时，赵国根本就无力抵挡。张耳恨项羽没有给他提供足够的支持，转而投奔了刘邦。取得优势的陈余，于是迎接赵歇回赵国出任赵王，自己出任赵国宰相，掌握实际统治权。

陈余和项羽素有怨隙，不愿投靠项羽，便和齐国的田荣组成第三势力，企图和项羽、刘邦三分天下。田荣被项羽击败后，刘邦曾想拉拢陈余，但陈余要求先杀张耳再谈。由于南征在即，刘邦只好杀了长相类似张耳的死囚以取得陈余的加盟，解除征楚战争的后顾之忧。彭城大战后，刘邦退守到荥阳，陈余发现张耳没有死，便又背叛刘邦转向与齐国的田横结盟。

韩信在攻灭魏国和代国后，接下来的目标便是赵国。在进攻赵国的战争中，刘邦派遣张耳去协助韩信，张耳对此表现的特别积极，希望迅速与陈余一决雌雄。

那年10月，韩信和张耳率领2万余兵力进击赵国。韩信的军队由魏国的平阳北上到代国的阏与，在进入河北平原之前，要先经过太行山脉。太行山脉北边有一个地方叫“井陉口”。韩信和张耳的大军便选择了由井陉口穿越太行山脉，进入赵国的北部。

由于荥阳情势紧张，大量的汉军被迫部署在荥阳前线，再加上必须留兵守新征服的魏国和代国，韩信能够带到井陉的军力非常有限。赵国则集结了20万军队前来对抗韩信。除镇守各地的兵力外，到达井陉口的赵军就有10万，是韩信军队的5倍。

陈余认为，自己百分之百胜利，便拒绝了部将李左车袭击韩信军队粮草的建议。他对李左车说："韩信不但兵力少，而且远师必定疲惫。如果依据将军的建议避而不击，岂不让诸侯耻笑我们胆小怯战吗？日后，这就会成为诸侯欺负我们的借口。"

韩信得知陈余拒绝李左车的建议后大为高兴，下令急速向井陉口进军。到了在离井陉口30里的地方，韩信卜令停军驻营，准备迎接即将来临的战斗。

韩信对将领们说："赵军坚守在井陉口的壁垒上，如果看不到我军的大将旗鼓，是不会轻易出关作战的，因为他们害怕我们遇险而退。为了让敌人相信我军绝不后退，我想派出1万人的部队进入到敌人能看见的地方，背水列阵，这样，赵军就会倾城出战。"

将领们不清楚韩信葫芦里卖的是什么药，便没有反对。于是，韩信亲率1万人的兵马在河边布阵。

赵国守军立刻向陈余报告。陈余火速赶往关口，并从关上远眺汉军在河边的阵式。陈余不禁哈哈大笑，嘲弄韩信不懂兵法，并夸口天亮时一定能击败韩信。

韩信和张耳亲自率领先锋部队出战。破晓时分，韩信升起元帅旗，然后大声擂鼓，以方阵向关口发动进攻。陈余下令开关迎击。

韩信、张耳在前冲杀，汉军士气高昂，赵军不能胜。关上的陈余见状，立刻亲率大军，倾巢而出。

然而，敌众我寡，韩信虽力战不懈，但仍无法抵挡赵军，便逐渐后

退。韩信下令尽弃鼓旗，火速退回到河边的主力军阵地。

赵军随后追赶，并直接攻击水边的汉军阵地。韩信和张耳退入阵地中，指挥士兵们反击。战况激烈，双方死伤惨重，赵军无法有效突破汉军阵地。

于是，陈余下令关上守军全部出动，加入战局。汉军已无退路，只好全力死战。

此时，埋伏在山上的汉军乘机攻入赵军关口，拔除所有赵军旗帜，换上赤红色的汉军旗帜。

激战数个时辰后，赵军一直没有有效地突破韩信的背水阵。将领们在力战疲惫之时，准备退回堡垒内。此时，赵军发现关口堡垒已经被汉军占领，不禁大惊失色。

由于不知堡垒中的汉军有多少，前线的赵军无法回军营，出现了一片混乱的局面。赵军士气因而崩溃，纷纷逃散。陈余虽下令追斩逃兵，但仍无法遏阻混乱的局势。

汉军士气大振，不禁齐声欢呼，个个如同猛虎出笼般地奋力追杀。结果，陈余死于乱军之中。不久，赵王歇被擒，并同残军全部投降。

为了安抚赵国军民，韩信派使者向刘邦建议，任命张耳为赵王，以便重建赵国的政治秩序。在衡量利害和实际需要后，刘邦批准了。

中原的大势因此安定。项羽大为紧张，虽数度派军突击赵境，但很快被韩信和张耳击退。韩信也重新在赵国南边建立堡垒，巩固对楚军的防务。不久，局势便稳定下来，楚军无力涉足中原，韩信因而能经常派兵前往荥阳，协助刘邦。这样，在刘邦与项羽的博弈中，刘邦在军事上逐渐扭转了自己的劣势。

背水之战的主将虽是韩信，但也是刘邦善于御将的结果，这场战争的胜利既是韩信高超的军事指挥艺术的体现，也是刘邦在战略布局上善于统御全局的表现，此战在刘邦与项羽博弈天下的过程中，是可圈可点的一战，此战既成就了韩信，也从一个侧面反映了刘邦统筹兼顾的智慧。这主要体现在他巧妙地利用了张耳与陈余之间的矛盾，达到了韩信与张耳积极配合的目的。

从最软弱处攻击对方

刘邦的胜利不是因为自己能干，而是善于采纳谋臣的好主意，而项羽自己有万人之敌，往往不相信别人，所以是孤军奋战。莽夫斗不过军师。就是因为军师使用的是谋略，而莽夫全凭力气。刘邦也正利用了项羽的这一弱点，才使得他最终走向成功。

汉三年（公元前204年）四月，楚、汉相争到了最激烈、最残酷的时期。刘邦、项羽在荥阳相持一年之久，最后项羽采纳部下建议，派钟离眜切断了汉军敖仓的粮道和外援，把刘邦死死困在荥阳。刘邦被困城中，内乏粮草，外缺救兵，情况十分危急。刘邦听从陈平、张良之谋，派使告知项羽，愿割荥阳以东之地与项羽讲和，寻求缓兵之计。项羽深恨刘邦反复无常，偷袭彭城，再加上范增等人力劝乘机消灭刘邦，项羽也意欲置刘邦于死地而后快，当然不肯前功尽弃，与刘邦签订如此孤城之盟。

眼望缓兵之计前途渺茫，刘邦更是忧虑重重，有惶惶不可终日之感。

刘邦召来陈平说："天下动荡纷纷，什么时候才能得到安宁？"

陈平献谋说："项羽为人恭敬仁爱，守节之士，好礼之人都喜欢追随；但是，一到赏赐功臣，他又十分吝啬爵位和封地，因此真正有才能的

人都不愿意依附他。大王虽然不讲礼数，品行清廉的人大都不肯曲节相从，但是大王能够慷慨厚封功臣，因而有才能的亡命之徒、嗜利之人都纷纷归依。大王如果能够去其两短，用其两长，天下弹指之间可定。但是大王秉性轻慢，动不动就出口伤人，怎么能够吸取项王之长，招纳廉节之士呢？我反复考虑，可以搅乱楚国之人，就是项王的那些忠心赤胆的重臣，如亚父范增、钟离昧、龙且、季布、周殷等这几人。大王如果舍得几万斤金子，施行离间之计，必能离间楚国君臣，让他们互相怀疑，上下离心。项羽本喜猜忌信谗，必然内讧日起，互相残杀。到了那时，大王乘机举兵反攻，楚王必灭。”

陈平的这篇策论，起伏跌宕，摇曳多姿，想来是经过长时间认真构建，反复揣摩而成的。陈平不怕刘邦生气，赞扬项羽讲仁谈义，是项羽的长处；而刘邦不讲礼数，出口伤人，是刘邦的短处。项羽手下之人品行高洁，而刘邦手下无赖很多。

刘邦听了这些话，想来难免面红耳赤，但是刘邦夺取天下向来是不择手段的，所以他不会真正生气，大概他熟知“道吾弱者是吾师”的古训。

陈平告诉刘邦：楚军将士重身份，讲名节，因此难免迂腐，缺乏足够的争利进取精神；而汉军将士出身低微，虽然是一些争名夺利的亡命之徒，但是他们敢于赴汤蹈火，为吃一口饭就敢去杀人越货，极有进取之心。

陈平还告诉刘邦：项羽舍不得本来毫无实际价格的爵位。晁错曾说：爵位出之于君王之口而无穷。项羽企图把天下装进自己一个人的口袋里，因此无法笼罗人心；刘邦拿天下土地封赐下人，用本无实际价格的爵位换取将士的拼死图报，获得慷慨的名声，这正是夺取天下的正道。

像这样明白而刺耳的话，只有陈平这样有胆识的人才能说得出来，也只有刘邦这样大度的人才能够听得进去。刘邦“乃出黄金四万斤与陈平”，任凭他支用，“不问出入”。刘邦可谓“用人不疑”。

陈平用重金收买楚军将士，一时间流言纷纷，竞相传言钟离昧等人为项羽部下大将，屡建奇功，但是一直不得裂地封王，企图与刘邦联合，消灭项氏而分地为王。项羽果然怀疑钟离昧等人，恐怕夜长梦多，拼死攻打荥阳。

刘邦组织将士拼死抵抗。

张良、陈平等人见形势危急，为了继续施行反间之计，假意派使去告诉项羽，刘邦情愿回军关中，把关东之地交还项羽。项羽久攻不下，又怕内部生变，不听范增劝告，只得派虞子期为使者到荥阳城中与刘邦谈判，以便探听一些消息。

虞子期到了荥阳城中，刘邦大睡未起，先被召到了馆舍里面。他进入馆舍，陈平等人即来相见，送上太牢大宴。太牢大宴是招待重要人物的宴席，一般不可轻用。虞子期进见，觉得刘邦确有求和之意。

尚未进食，陈平问虞子期说："亚父派你进城，不知有何赐教？"

虞子期一惊，如实说："我是楚王使者，不是亚父使者，不知亚父有何交代？"

陈平立即起身，出门低声对侍者说："我还以为是亚父使者，原来是项王使者……"

虞子期在屋内听得清清楚楚，心中怀疑不定。侍者进到房内，将太牢大宴尽数撤去，只拿一些粗茶淡饭招待虞子期。虞子期心中十分愤怒，但是尚未见到刘邦，只得等候接见。

过了好一阵，才有人来请虞子期觐见刘邦。刘邦不在公堂接见楚使，而在内室外面接见。虞子期去的时候，刘邦尚未穿戴完毕，又被引到另一密室，等待刘邦收拾。

虞子期独自一人待在房间里，只见到处都是文书档案，忍不住随手翻看，不想竟发现一封不具姓名的书信，其书曰：

项王彭城失守，兴兵远来，人心不服，天下离心，兵力不过二十万，势孤力弱。大王不可退回关中，急唤韩信回军，老臣与钟离昧等作为内应，楚军指日可破。黄金不敢拜受，破楚之日，愿裂地封于故国，子孙享受百世……

虞子期大惊，这一定是范增密书，急忙藏于身上。哪知壁间早有人监视，见此情况，急忙报告张良、陈平。

过了不一会儿，侍者来叫虞子期去见刘邦。

刘邦依旧睡意浓浓，糊里糊涂地说："吾跟项王都是楚怀王臣下，先入关中者为王，我先入关中，应当为王。如今已得关中，我要当王……"

虞子期听了半天不得要领，刘邦睡意上来，命两个侍女扶入里屋睡觉去了。虞子期只得出城将出使详情报告项王。项羽因此十分怀疑范增等人。

范增听说项羽派人与刘邦讲知，急忙进谏，项羽哪里听得进去，反把范增骂了一顿。

范增看到项羽最终难成大事，自己忠心耿耿反被怀疑，也生气了，请求项羽放他回归故里。范增可能也是赌气，哪知项羽如此薄情，竟同意范增的请求。范增解甲归田，又气又悔，回归途中死于彭城。

范增是项羽手下唯一的著名谋臣，竟被陈平用计除去。后来大将周殷在英布引诱下叛楚归汉，钟离昧也遭到疑忌。

刘邦在总结经验的时候说，他是全靠手下人才取得最后胜利的，而项羽有一个范增也不会用，所以最后失败了。可叹陈平小小的一条计策，就骗住了项羽。敌人的秘密是那样容易让你拿到的？漏洞百出之伎俩，居然让项羽上当，真是叫人不可思议。

从心理上打败对手

能从心理上打败对手的人才是真正的高手，要从心理上让敌人屈服，就要靠超常的智慧，而不能仅仅靠拳头，刘邦和项羽相比，刘邦更相信智慧的力量，而项羽的致命弱点就在于过于迷信拳头。垓下之战就能说明这一点。

汉王五年（202年）十月（汉以十月为岁首），汉王率大军追赶项王，到达阳夏（今河南太康县）南面时，汉军驻扎下来。为对楚军形成围攻的形势，汉王令齐王韩信、建成侯彭越各自率大军前来，约定日期在楚地会合，组成联军，对楚军发起围攻。

自楚汉战争以来，汉军除刘邦所直接统率的部队外，刘邦不止一次地抽调或剥夺韩信部下的精兵到荥阳前线与楚军作战，在楚汉战争中确实发挥了独当一面的重要作用。彭越自归属刘邦之后，在魏地（今河南）独立作战，游击楚军，经常截断楚军向荥阳运送粮食的粮道，在楚汉战争中也发挥了独当一面的特殊作用。韩信和彭越所直接统率的两支部队，兵员众多，训练有素，战斗力很强，在楚汉战争中曾多次大败楚军，为汉王做出了重大的贡献。

汉王与韩信、彭越约定的会合地点是固陵（今河南太康县南）。当汉王统率大军到达固陵时，韩信和彭越却按兵不动，没有派大军如期前往固陵。在这种情况下，项羽回师发起攻击，大败汉军，汉王退入壁垒，深

挖沟，高筑垒，对楚军采取守势。固陵战败的事实再次表明：没有韩、彭部队的参战，刘邦只是凭自己所直接统率的部队与项羽直接统率的部队作战，刘邦是敌不过项羽的。

在不利的形势下，汉王一筹莫展地对张良说：“诸侯的军队不听从我的调遣，这该怎么办才好？”

张良回答说：“楚军兵疲粮尽，眼看就要败亡，而韩信、彭越却没有得到分封的土地。韩信虽被立为齐王，但没有明确为他划归所辖封地的疆界，他们的军队不按期到来是很自然的。君王如果能与他们共同分享天下，现在可以立即把他们招来；如果不能，事情的成败就难以预料了。君王如果能把陈县以东直到海滨的地区全部划归齐王韩信；把睢阳以北至谷城的地区全部划归建成侯彭越，使韩、彭两人为着自身的利益‘各自为战’，这样楚军是很容易被打败的。”

刘邦对张良的这个计谋连声叫好，当即派出使者告知韩信、彭越说：“合力攻击楚军，楚军破灭后，自陈县以东直抵海滨的土地封给齐王，睢阳以北直到谷城的土地封给彭相国。”

使者到达后，分别向韩信、彭越转告汉王的旨意，韩、彭两人都说：“请今日进兵击楚。”

韩信率大军从齐地向楚地进发，这时被刘邦封为淮南王的黥布已进入九江国。十一月，刘贾率兵南渡淮水，围攻寿春（今安徽寿县），派人向楚国大司马周殷诱降。周殷叛楚，用舒县（今安徽庐江县西南）的兵力屠灭了六邑（今安徽六安县东北），率领九江国的部队迎接黥布，与黥布合兵同行，屠灭城父（今安徽亳县东南城父村）。于是，韩信、彭越、黥布的部队与刘邦所统率的大军全部会合于垓下（今安徽灵璧县东南）。

项羽率楚军到达垓下，由于兵少且军粮已经用尽，与汉军交战而不能取胜，不得不退入壁垒之中。此时，刘邦已与各路诸侯会师，汉兵与诸侯

兵把垓下楚军重重包围起来。

为瓦解楚军军心，汉军战士于夜间在四面唱起了楚地的歌曲。寂静的夜晚，阵阵楚歌时时传来，由远及近，由近及远，忽高忽低，此起彼伏。歌声把被困在重围之中的楚军将士从困倦和睡梦中唤醒。楚兵们听着那熟悉的家乡歌曲，心想偌大的楚国，众多的楚人，如今怎么竟都变成了汉王的军队？这四面的楚歌声，不明明是从四面的汉军阵地上传出来的吗？

被围的楚军将士，大部是跟随项羽转战多年，在所向无敌的统帅之下，人人如同猛虎，所向披靡。而如今，又都身陷重围，粮食已尽，自知难以逃生。危难之中，昔日那倍感亲切的楚歌，今夜却是那样的凄凉，令人顿生绝望之念。确切地说，在四周的汉军发起总攻之前，汉军在四面所唱起的楚歌，把楚军将士以往的勇气和信心即他们的灵魂全给摄走了，似乎变成了六神无主的躯壳。总之，四面的楚歌声从思想上解除了楚军的武装。试想，在这种形势和气氛之下，楚军将士还能够像当年在巨鹿城下那样“无不以一当十”“呼声动天”吗？

作为楚军将士最高统帅的项羽，此刻正在军帐中沉默无语。忽然间，他听到壁垒四周传来的楚歌声，大吃一惊，说道：“难道楚地已全被汉军占有了吗？为什么汉军中有这么多的楚人！”在四面楚歌声中，项羽觉得大势已去。此刻，他感到身边同他感情最深的，一是多年伴随他经历风雨的美人虞姬，一是多年来供他骑坐的、以“骓”命名的骏马。酒酣之后，项羽起身慷慨悲歌，自己作诗吟唱道：

力拔山兮气盖世，时不利兮骓不逝。
骓不逝兮可奈何，虞兮虞兮奈若何！

这首歌词的大意，是说自己是力大无比、气吞山河的盖世英雄，然而

由于天时不利，连战马也不肯向前奔腾了。既然战马已经不肯向前奔腾，这可怎么办呢？虞姬啊，虞姬啊，我把你可怎么安置啊？

项羽把这首自作的歌词反复吟唱数遍，虞美人也含痛附和着伴唱。项羽这位盖世英雄，也不禁“泣下数行”。军帐中的左右侍臣，历来只见过项羽指挥千军万马，叱咤风云，哪里见到过统帅慷慨悲歌，泣下数行。面对着这种场面，那些视死如归的壮年汉子，也不禁泣不成声，不能抬起头来再看统帅一眼。

在后人流传和编写的这段故事中，当项羽在慷慨悲歌之时，虞美人在军帐中为项羽舞剑抒情，向项羽做最后的诀别，并自刎于项羽的面前。项羽心中明白虞美人自刎身亡的一片深情厚谊，是为了不给自己的突围增加包袱，是提示自己应当立即冲出重围，不可再于帐中延误片刻。虞美人的行为，似乎给项羽以无穷的力量，使他重新振作起来，就在虞美人自刎的当天深夜，项羽告别了亲人的遗容，带领部下的壮士和骑兵800余人冲出汉军的重重包围，向南方飞驰逃去。直到第二天天亮，汉军才发现项羽已逃出重围。刘邦得知项羽竟能从重重包围中逃走，大为惊讶，立即令骑兵将领灌婴率5000名骑兵紧追不舍。

项羽带领随从骑兵飞速急驰，天明后已渡过淮河，汉军的骑兵哪里能追赶得上？不过，能跟随项羽的战马飞速奔逃的，此时只剩下100余名骑兵，其余的都掉队了。项羽逃至阴陵（今安徽定远县西北），这里远离垓下已有300里的路程。慌忙之中，项羽迷失了道路，便向路旁田野中的一个老翁问路。这位“田父”可能是因为项羽杀害义帝对他怀恨在心，便欺骗项羽说：“往左走。”项羽向左奔走，结果战马陷入了一片沼泽之中。待项羽的百余名骑兵从沼泽中挣扎出来的时候，灌婴所率领的5000名汉军骑兵已经赶到。项羽又带领随从骑兵向东逃走，他坐下的“骓”马四蹄飞奔，尘土四起，到达东城（今安徽定远县东南）时，只剩下28名骑兵了，

而后面追赶上来的汉军骑兵却有数千人。

能随同项羽一同奔驰的28名骑兵，他们的战马虽说是比不上“骓”，但也堪称是高头大马，骑士们勒住缰绳后仍在长声嘶鸣，前蹄刨土，还想向前方奔去；而马上的28名骑士，个个稳坐于马上，手持长戟，上身笔直，面色铁青，一个个犹如铜铁铸成的塑像。总之，这28名骑士和28匹战马，是从项羽的千军万马中所熔炼出来的精华。虽说是在危亡关头，却个个精神抖擞，是项羽大军的军魂所在。此时此刻，这28名骑兵，在精神上依然保持着无敌的神威。

项羽回首望去，见汉军骑兵遮天盖地般追来，尘埃四起。他考虑到一味奔逃已不是出路，便下令跟随的骑兵停了下来，对28位骑兵说道：“诸位兄弟，我起兵至今已有8年了。8年之中，我身经70余次战斗，凡是敢于抵挡的，无不被我击破；凡是被我攻击的，无不被我降服，从未曾有过败阵，这才称霸于天下。然而今天归终却被围困在这里，这是上天要亡我，并非是作战上有什么过错。今日要决一生死，为诸君痛快地战上一场，定要接连三胜敌人，为诸君表演溃围（突破包围）、斩将（斩杀敌将）、刈旗（砍断敌军旗帜），令诸君知道是上天要灭亡我，并非是作战上有什么过错。”

于是，项羽把28名骑兵分为四队，向四个方向冲杀。当时，汉军骑兵已将项羽等人重重包围，项羽对他的骑兵们说：“看我为你们斩杀他们的一将！”说完，令四队骑兵四向冲击，并约定到山的东边分三处集合。于是，项羽大吼一声，呼喊着乘战马急驰而下。项羽的兵马所到之处，汉军无不溃散，斩杀了一员汉军将领。当时，汉军的赤泉侯杨喜担任骑兵将领，奉命追赶项羽。临近项羽时，项羽怒目而视，大声呵叱，把杨喜的人马吓得退避到数里之外。项羽与骑士们在山东面的三处会合，汉军弄不清项羽在哪一处，就兵分三路把骑士们重新重重包围起来。项羽再次奔驰而

下，又斩杀汉军一名都尉，杀死百十名敌兵。当项羽把骑士再度聚拢在一处时，仅损失两名而已。项羽向骑士们问道："怎么样？"

"正像大王所说的那样。"骑士们都佩服地回答。

当年的历史画面向人们展现出：在数千名汉军骑兵的重重包围之中，项羽同他的28名骑兵，依然是无敌的！

项羽的溃围、斩将、刈旗，使他和28名随从骑兵，除损失两人外，已经冲出了汉军的重重包围。于是，项羽一行人马飞速地来到了乌江（今安徽和县东北的一段长江，又称"乌江"。江西岸有个渡口名"乌江浦"）边上。项羽想渡长江，回到他起兵的江东（即长江南岸）。而乌江亭长此时正把一只小船停靠在岸边，等待着项羽的到来。亭长对项羽说："江东虽说狭小，但也地方千里，民众数十万人，足以称王于天下，愿大王急速渡江。大江之上，现在只有我这只小船，汉军赶到后，也无法渡江。"

面对着长江的滚滚流水，项羽眼前再次浮现出8年前率领8000名江东子弟兵渡江反秦的雄伟场面，那是何等壮烈！而如今，这8000名子弟兵都已捐躯沙场，无一生还，这如何向江东父老交代？想到这里，英雄一世的项羽毅然地打断了想要"东渡乌江"的念头，笑着对乌江亭长说："上天要灭我，我还渡江做什么？况且我项籍当年率领8000名江东子弟渡江北上，如今无一人生还。纵使江东的父老们怜爱我，拥戴我为王，我还有什么脸面去见他们？纵使他们不说我什么，我项籍难道不独自有愧于心吗？"

项羽略微停顿了一下，抑制住自己激动的情绪，改换了另一种语调和表情，对亭长说道："我知道您是位长者，我骑这匹战马已有五年，所向无敌，曾经一日行走千里，不忍心杀掉它，就送给您吧！"

项羽把战马送给乌江亭长后，令骑士全部下马步行，持短兵器同敌兵交战。项羽把"骓"送给亭长，与汉骑兵步战，表明他已不再想冲出重

围。在千军万马的重重包围中，项羽的神威有一半是借助他这匹骏马；否则，他怎能冲出重围？当然，项羽在步战中也是无敌的。下马步战，“独籍所杀汉军数百人，项王亦身被十余创。”看来，他无论如何也逃不出重围了。这时，项羽回头看见了他的旧日相识、现任汉军骑司马的司马童，说道：“你莫非就是我的熟人吗？”司马童面对项羽，指示给王翳说道：“这就是项王。”

项羽对司马童说：“我听说汉军悬赏千金买我的人头，封邑万户，今日我就给你们一些恩德吧。”

说完，项羽自刎而死。

项羽自刎而死，王翳割取项羽人头，其余的骑兵互相践踏争夺项羽的肢体，相互残杀而死的骑兵有数十人。结果，郎中骑杨喜、骑司马吕马童、郎中吕胜及杨武四人，各得项羽一肢体。五人把所得头颅、四肢合在一起，正是项王的尸体。因此，汉王把封地分为五分，封吕马童为中水（今河南献县西北）侯，封王翳为杜衍（今河南南阳市西南）侯，封杨喜为赤泉（今河南淅川县西南）侯，封杨武为吴防（今河南省遂平县）侯，封吕胜为涅阳（今河南省南阳市镇平县）侯。

项羽死后，楚地全部向汉军投降，唯鲁地（今山东曲阜市）不降。汉王率大军想要屠城，兵至曲阜城下，还可听到城中的弦歌诵读之声，认为鲁人坚守礼义，为君主死节，便拿出项羽的人头令鲁人观看。鲁地父老见项羽已死，这才投降汉军。当初，楚怀王曾始封项羽为鲁公。项羽死后，鲁地最后投降，因而按照鲁公封号应享有的礼义，将项羽安葬在谷城（今山东曲阜市西北的小谷城）。

汉王为项羽发丧，洒泪而去。项羽这位历史人物和他的形象，给后人的启迪和影响是多方面的：既有沉痛的教训，也有激动人心的启示。

在沉默中发展自己

一个弱小者，当遇到强大的敌人时，是逞一时之勇、冒死拼搏还是暂时吃亏，以待将来强大了再一决雌雄呢？当然，有匹夫之勇而没有将领智谋的人会选择第一个，而那些斗智不斗勇的人则会选择来日再一决高下。

从前文介绍可知，刘邦起事后，力量较为弱小，并且由于雍齿背叛了他，使他刚起事时，就遭遇了挫折。不过，他并没有因此消沉，为了积蓄自己的力量，他选择了加盟策略，先投奔景驹，后投奔项梁，尤其是加盟项梁集团，无疑为自己找到了一棵大树。而后来的发展历程证明：刘邦加盟项梁集团，是他博弈天下至关重要的一步。

但是刘邦刚刚加入项梁集团的时候，仅仅是一个寄人篱下的小将领，凭借着一点小事迹，仗着释放劳役、芒砀山起义等表现出的小英勇博得了大集团的一丝好感，才成功留在集团里工作。刘邦自知比不上别人，出身不好，又没有多少正式的工作经验，因此收敛了他在自家兄弟面前的那副无赖形象，开始学着做一名兢兢业业的员工。刘邦的收敛并没有让项羽这个大集团里的经理看在眼里，他对刘邦是什么态度呢？他心中有这么一个想法："不就是一个小兵吗？出身那么低，也配来到我们公司上班吗？真是不自量力啊！"项羽自始至终对刘邦都没有太好的印象，总觉得他是一个难成大事之人，从心理上鄙视。

刘邦深知自己在没有任何资金、任何技术的时候不能和别人硬碰硬，

因此总是默不作声，对于发生的任何事情都一言不发。但是他的心里却有着一股不服输的精神，他暗暗发誓有一天一定要得到天下。可见，人若是有了志向，有了奋斗目标，就不能小看他。一个人如果想走在别人的前面，成为别人的榜样，就应该有谦虚意识。无论自己曾经被多少人羡慕和称赞，一旦进入一个陌生的环境中，对很多事情都不了解，作为一个“新人”，一定要谦虚谨慎、请教他人，如果在这种情况下还要以一副“老人”的姿态出现，必定会吃大亏。更主要的是，如果因为自己的幼稚而犯了错误，必然会招致同事和领导的不满，也会影响自己的心情。更糟糕的是，即使不是你的错，也可能让你承担责任。这时候要学会忍让，因为争执只会使事情更糟糕，不利于自己的工作。所以，在任何时候都应该有放低姿态的心理准备，必要时更得行动。

当然，我们还要懂得低头不能低志，学会低头并不是说你要平庸于他人，而是要你在强者面前学会积蓄力量，在强者面前找到自己的人生坐标。刘邦戎马一生，不仅仅在项羽面前低了头，在儒生面前低了头，还在敌人面前低了头，可是他每一次的低头都是更好地壮大了自己，每一次的低头都为自己的企业找到了力量的支点。作为企业的领导人，就该向这位表面看起来庸俗，内心却大智大勇的人学习一番。那么，刘邦在职场中是如何做到大智若愚的呢?

刘邦投奔项梁后，遇到的第一件大事就是各路反秦豪杰关于立谁为王的事情。项梁召集大家一起来商议，他先讲了天下目前的形势，反秦的趋势越来越明显，但是要想光复大楚还要走很多艰难的道路。分析完天下大事之后，项梁又接着说道：“张楚王已经去世很久了，大楚复国的希望就落在了各位将领身上。我想，早日拥立一位适当的楚王，对号召各方，凝聚力量是十分重要的。大家就对这件事发表一下自己的看法吧！”

拥立楚王是一件事关重大的事情，弄不好会使已经团结的力量变得涣

散起来，因此大家都很谨慎，谁也不肯发言。过了好久，项梁又催促大家发言，他说道："大家不必拘泥于此，只要有利于反秦复国，什么话都可以直说。"

也许是项梁催急了，有人直接说道："大将军出身将门世家，几世为上柱国，现在又身兼重任，起兵诛秦，功高日月，比起陈胜吴广有过之而无不及，大将军何不自立为王？"有人起了头，下面的附和声就多了起来，不断有人要求立项梁为王。项梁并没有立即表态，他向大家挥挥手。等到大家都安静下来，他转向刘邦，说道："沛公怎么认为呢？大家倒想听听你的意见呢。"

刘邦回头看看张良，张良两手做了一个推的动作。刘邦立刻领会到了其中的内涵，于是站起来说道："项大将军一家德披天下，对此早有定论。我刘邦没有什么话好说的了，唯大将军之命是听。"

这几句话说得很是巧妙，既尊敬了项梁，又把他抡过来的大棒抛了回去。

刘邦在项梁集团的时候可谓做事谨慎，凡事能不出头就不出头。他深知自己处在一个到处都是人才的公司，如果自己的一句话说不好，小则让同事排挤自己，大则很有可能丢掉在这个集团学习经验的机会。刘邦可不是一个表面上糊涂，内心也糊涂的人。

在现实生活中，有这么一些人，他们不知道自己的分量，总是觉得自己处处优于别人。殊不知天下的人才比比皆是，天外有天，山外有山，就像一幢大楼，一层比一层高。如果你只是一个出身低微又没有受过多少教育的人，就不能只凭自己的一身野气在别人面前显摆你的霸气。这样，你永远不会服人，永远不会让别人对你产生好感，你也就做不出大事来。

刘邦不同于陈胜这些起义军，不像他们一样目光短浅，没有远大的志向。项梁集团是一股可以与秦军对抗的力量。秦灭楚时，楚国只有一个保护神——项燕，他一个人抵挡不了外部大众的力量，最终战败，楚国也

走到了末路，被秦国吞并。项氏家族也遭到破坏，本是贵族的项梁不得不带领侄儿项羽奔走他乡。项梁虽然是一个出身高贵的人，但是他丝毫没有一点贵族的高傲与清高，相反他志向远大，虽然流落他乡但是暗暗纠结力量，壮大自己来完成父亲未完成的志向。刘邦和项梁有同一个特点，那就是不急于出头，不急于把自己推入风口浪尖中，而是不动声色地在私下里准备一切，等到时机成熟再出来一鼓作气完成自己的夙愿。

一个人强不强，不是看这个人多么出名，多么有权势，而是看这个人有没有让自己强大起来的基础和本事。真正有本事的人，总是厚积薄发，低调做人，修于内而成于外，这才是让人真正佩服的成功。

古人以自己的经验告诉我们："满招损，谦受益。"一个人风头太大，就会遭到打击。一个人过分追求完美，反而会遭到挑剔和批评。大多数人会同情弱者，却敌视比自己强的人；能够忍痛踏实做事的人，却难以忍受那些张扬跋扈的人。所以强势的人人际关系紧张，也自然容易招致他人的反感情绪。生活中这样的情况很多，因此为人处世一定要谦虚谨慎，千万不要狂妄自大，过度张扬。

真正的强者总是莫测高深，不显山露水，默默耕耘，苦心孤诣，直至成功。甚至成功之后这些人都不愿意张扬，而是继续探求，寻求突破，这才是真正的强者，低调而强硬的强者。

低调的人总是喜欢藏锋守拙，待机而发，在别人面前表现出来的更多的是大智若愚、大巧似拙。因此，低调是一种修养，是成就大事的一种方式。

第五章

做人要谦虚——刘邦这样对我说做人

谦虚使人进步，骄傲使人落后。所谓“愚者千虑，必有一得；智者千虑，必有一失”。为人不可骄傲自满，应该有空杯心态，随时随地地学习、接纳。只有目光短浅、胸无大志的人才会像鹦鹉一样叫嚣，真正有功绩的人是会保持谦逊的美德的，因而也会受到人们的尊敬。

宽容是做人之本

宽容是做人之本，其实宽容也是做领导之本。一位聪明的领导应该审时度势，首先判断矛盾的大小和性质，如果是一些无关大局的小事，就需要以一颗宽容的心来对待这些矛盾。“小不忍则乱大谋”，人人都不愿意无缘无故受他人的气，偶尔发泄一下也是可以理解的，但是有很大可能你这样一闹就断送了自己的锦绣前程。如果忍耐一下，你可能会因此而得个有气量的美名。刘邦和项羽的成败很好地说明了作为一个领导者，宽容的重要性。

秦朝灭亡以后，刘邦与项羽成了争夺天下的敌人，当时，刘邦是弱者，而优势在楚霸王项羽一方。可是，经过几场大的战争以后，强者项羽仅做了三年又三个月(不含义帝时期的十个月)的楚霸王就走向了败亡，弱者刘邦却赢得了最后的胜利，赢得了天下，建立了后来统治中国400多年的汉政权。历史的存在总是必然的，即使有偶然因素也总是包含在必然性之中的。在刘邦胜利的过程中，他的个性品质和智慧还是在起决定性作用。

从前文可知，刘邦少有大志，“仁而爱人，喜施，意豁如也，常有大度”，当刘邦看到秦皇帝出巡时的壮观场面时，曾说：“大丈夫当如此也。”一语失天机，刘邦的大志昭然可见了。正因为刘邦仁而爱人，豁达大度，所以才在后来的斗争过程中连续不断地吸纳了那么多的人才，尤其

能够容纳精英人才。更可贵的是他善于听取精英人才的意见，也就是说他精通用人才之智慧。自从刘邦起义开始，萧何、曹参就追随着他，尽管萧何曾经多次说出刘邦的缺点，刘邦不仅很高兴地接纳了他，对张良也是言听计从。后来又吸纳了韩信，招引了英布，收留了陈平，收编了彭越，刘邦给予了这些人充分展示才华的空间。可以说，刘邦是利用他的这个智囊团的智慧在与项羽争天下。刘邦自己也很有智慧，张良曾经对刘邦讲授《太公兵法》，“沛公善之，常用其策。”张良也曾经对其他人讲授《太公兵法》，他们都不能省悟，唯独刘邦一点就明，所以张良曾经说：“沛公殆天授。”于是张良就追随了刘邦。这也说明了刘邦的智慧增强了他的人格魅力，良好的个性品质和智慧使刘邦成了吸引人才的核心。项羽年轻的时候也是很有志向的，当他看到秦始皇巡视浙江时，项羽曾说：“彼可取而代也。”从中可以看出他的远大志向。他少年时也曾经有志于“学万人敌”。尽管他“力能扛鼎，才气过人”。但他个人主义的性格却使他不能吸纳并重用人才，他必然会成为孤家寡人，韩信曾经是这样评价项羽的：“项王暗恶叱咤，千人皆废，然不能任属贤将，此特匹夫之勇耳。”又说：“致使人有功当封爵者，印刓敝，忍不能与。此所谓妇人之仁也。”也就是说，项羽的个性好发怒，漠视他人，不能任用英才，不能与人分享成果，心眼小，贪得无厌。正如陈平所说：“至于行功爵邑，重之，士亦以此不附。”也就是说项羽是很吝啬给功臣封赏爵邑的。

有些人是这样评价项羽：“项羽为人剽悍祸贼。”正因为这样，所以他手下可以为他出谋划策的人才越来越少。韩信、陈平、英布等原来都在项羽麾下，在后来却都投奔了刘邦。韩信为什么要跑到刘邦那里去呢？因为韩信“数以策干项羽，羽不能用”。所以当汉王入蜀时，“信亡楚归汉。”陈平又为什么要离开项羽呢？当时，项羽派陈平攻打殷王，迫使殷王降楚，于是项羽拜陈平为都尉，可是不久汉王刘邦又攻下了殷。胜负本

来是兵家之常事，可是，项羽因此事大发脾气，“项王怒，将诛定殷者将吏。”陈平怕被怪罪，于是投奔了刘邦；英布与蒲将军本来都属项羽，可是后来却被刘邦派萧何劝降了。英布后来为什么归顺了刘邦呢？实际上就是因为项羽不愿意与人分享成果，有功劳也不愿意分给下属；彭越本来就是处在观望状态，开始他不属于哪一边，他曾说过：“两龙方斗，且待之。”可见他是游移派。直到项羽入关，“彭越众万余人毋所属。”对项羽来说，放弃了这个实在不该放弃的争取彭越的好机会，彭越被刘邦收编了。由于项羽没有主见，最后连范增也被离间。项羽以一人之力与刘邦的整个智囊团相比，他能不败吗？他手下本来就少智慧之士，而且项羽又不会听取别人的正确意见，这种情况下，项羽又怎么可能问鼎天下。正如太史公所说：“自矜功伐，奋其私智，而不师古，谓霸王之业。欲以力征经营天下。”

身为领导，要有一颗宽容的心。工作中，领导常常容易发现别人的缺点，问题的关键在于如何对待别人的缺点。如果你想改变与下属的关系，那么你应该训练自己，在任何时候都要做到超脱宽容。

宽容的第一个原则就是不要要求别人都和我们自己一样。就像天上的星星，虽然在一个共同的天空里，却呈现出千万种不同的状态。社会上的人也是各不相同的。每个人都有他不同的性格、爱好和要求，因此，我们不能做太多的要求。美德和智慧是有多种表现形式的，我们不能只用一种标准来要求别人，不要企图改变别人。这是不可能实现的，甚至还可能损害与对方之间的关系。

宽容的另一个原则就是不要怀恨，尤其对别人的过错不要怀恨在心。怨恨情绪是一种以自我为中心的破坏友好的情绪表现。怨恨不仅会影响我们与他人的友情，还会严重地挫败自己，怨恨使你被苦恼所束缚，会引起你的疾病，扰乱你的思维，使你头脑混乱，导致效率低下。其实怨恨别人

是一种对别人很不公平的事，因为我们或许就爱犯这种错误：我们常常错误地以为自己的过错要比别人的过错轻微得多。所以当别人错待了你的时候，你试着去站在他的角度想想问题，也许就会谅解对方了吧！

宽容是一种资源。领导者在宽容下属的同时，也是为自己营造着良好的生存空间和有利的发展氛围。宽容能使敌对的、消极的、紧张的不利因素转化为友善的、积极的、和谐的、有利的因素，让我们的天地更加广阔，道路更加平坦，前景更加美好。

古时候，某宰相请一个理发师理发，理发师给宰相修到一半时，也许是过分紧张，不小心把宰相的眉毛给刮掉了。这可不得了了，他暗暗叫苦，顿时惊恐万分，深知宰相必然会怪罪下来，那可是吃不了兜着走呀！

理发师是个常在江湖上行走的人，深知人之一般心理：盛赞之下怒气消。他情急智生，猛然醒悟，连忙停下剃刀，故意两眼直愣愣地看着宰相的肚皮，仿佛要把宰相的五脏六腑看个透似的。

宰相见他这模样，感到莫名其妙，迷惑不解地问道："你不修面却看我的肚皮，这是为什么呢？"

理发师装出一副傻乎乎的样子解释说："人们常说，'宰相肚里能撑船'，我看大人的肚皮并不大，怎么能撑船呢？"宰相一听理发师这么讲，哈哈大笑说："那是形容宰相的气量大，对一些小事情能容忍，从不计较的。"

理发师听到这话，"扑通"一声跪在地上，声泪俱下地说："小的该死，方才修面时不小心将相爷的眉毛刮掉了。相爷气量大，请千万恕罪。"

眉毛给刮掉了，叫我今后怎么见人呢？宰相不禁勃然大怒，正要发作，但又冷静一想：自己刚讲过宰相气量大，怎能为这小事给他治罪呢？

于是，宰相便豁达温和地说："无妨，且去把笔拿来，把眉毛画上就是了。"

俗话说：金无足赤，人无完人。人总是难免犯错的，但如何对待犯错的人，不同的人态度是不尽相同的。上述例中的宰相成就了宽容待人的典范。堂堂宰相何等威严，竟然被粗心的理发师刮掉了眉毛，这种事情就是发生在普通人身上也定会火冒三丈，更何况是注重官威讲求形象的宰相。盛怒之下打理发师几十大板算是轻的，就是砍了他们的头，恐怕在当时的年代里也不会有太多的人敢对宰相说三道四，但宰相宽容了理发师。在这里我们可以做“小人”之猜想：一是惩罚已于事无补，让别人觉得宰相与常人无异，弄不好还可能会给政敌留下可乘之机；二是宽容会让理发师对宰相感恩戴德，定会逢人就说，见人便夸，成就宰相肚里能撑船的美名，让天下更多的有识之士投到宰相门下，追随其左右。正所谓“退一步海阔天空”，忍一时之气，修百年之福，成万世之名。因此，宽容不仅是种领导艺术，能化干戈为玉帛，变坏事为好事，更是领导者的一种美德，让下属有一种宽松的心境和环境，更愿意竭尽所能，为你所用。

朱元璋曾写过一副对联，内容是：“大肚能容，容天下难容之事；慈颜常笑，笑世上可笑之人。”朱元璋这种重视人才的胸怀，对建立大明近300年的基业是有很大作用的。“容天下难容之事”，是领导者的一种最高境界。领导在用人时，必须有豁达的气度、宽宏的雅量才能成就大业。

管理者和下级相处，最重要的是胸怀宽广，具有容人之量。要充分发挥下属的作用，就要合理安排人才，做到人尽其才，才尽其用，注意与下级保持感情联络，这样才能把属下吸引、凝聚到自己周围。

宽以待人对上级领导管理的有效性有着重要的意义。宽以待人的核心是宽容，即“宽恕”和“容人”。宽容的度量就是领导的成熟度，它标志着管理者的自信心和迎接挑战的能力，宽容的结果是创造出一个管理者与被管理者之间的和谐关系，创造出一个被管理者能最大限度地发挥其积极性和创造性的良好环境。

在协调上下级关系的问题上，上级若缺宽容的雅量，必将变成孤家寡人。这正如中国古语所说：“水至清则无鱼，人至察则无徒。”

“海纳百川，有容乃大。”能宽容地对待部下，不仅使上下级关系更加亲密，而且确保了领导的全局利益。对在某一方面比自己强的有才干的下级怀有嫉妒心理的管理者，一般是那些心胸狭窄、能力浅薄的人，甚至会对比自己强的下属备加压制，不让其露头角，磨掉他们的锋芒，通过贬抑他人达到排他目的。表面上，虽是管理者的权位保住了，威信维持了，但实际上这种嫉妒打击行为严重破坏了上下级关系，结果是人才外流，众叛亲离，本单位或部门的衰败只是时间问题了。

因此，领导者要以一颗宽容之心对待下属的错误和缺点，才能成为一名受人尊敬、乐于让人追随的领导者。

巧用他人之力

用人有时并不仅仅指御用手下之人，巧用他人之力，也是用人的经典谋略。古之“好风凭借力”、“借名钓利”，无一不是讲求一个“借”字，讲究借助外部的力量谋得自身的发展。一个人要想实现自己的理想，除了靠自己的努力奋斗之外，有时还需要借助他人的力量来取得事业的成功。刘邦在初创事业之时，由于自身的实力太弱小，便是选择项梁势力作为自己的靠山，才让自己有了足够的时间慢慢壮大起来。

以陈胜为首的反秦联盟被秦军击败后，秦嘉等立景驹为楚王。陈胜死后，楚王景驹声名日高。

刘邦在沛县起兵后，随着队伍的壮大，军粮吃紧，便率萧何等四处寻找粮食，以维持队伍的生存。临行前，他将丰邑交给了自己的同乡雍齿同守，雍齿从小和刘邦熟识，他的身份地位比刘邦要高，因此对于自己在刘邦手下过日子心有不甘。正好魏将周市率军南下经略沛县及丰邑等地方，雍齿便举兵降魏。刘邦闻讯大惊，立刻带兵反攻，但雍齿闭城坚守，刘邦攻城不克，于是刘邦的队伍成了没有根据地的流浪部队。

此时的刘邦听说楚王景驹正在招兵买马，便率部前往，途中偶遇韩国贵族后裔张良率数百少年欲投奔景驹。张良和刘邦一见如故，谈得非常投机，便将自己的全部人马交给刘邦统领，自己则以客卿的身份留在刘邦营内。

刘邦和张良往见楚王景驹时，楚北的战况已相当紧急。章邯的部队攻陷了相城，并威胁砀地。景驹以东阳甯君和刘邦引军西进，在萧县阻挡秦军。双方战于萧城西，楚军战况不利退守留城。

景驹虽在秦嘉的辅佐下号称楚王，但由于他们的根据地在楚北，章邯大军压境时，他们根本得不到江南地区反秦力量的普遍支持。

此时，广陵人召平冒充陈胜的特使率部进入江东，拜会项梁。

在会稽郡起义的项梁、项羽叔侄，由于远离秦朝中央政府，秦朝守军相对较弱，所以，他们的势力发展非常迅速。不久，他们便拥有了整个会稽郡。项梁是位善于审时度势的人，他并不急于称王，对陈胜称王的态度也保持冷静，并未做出任何反应，仍按秦制来执行统治权。

项梁派侄儿项羽南下收编江南地区的义军，自己则坐镇会稽郡的吴中，以监视江北形势的发展变化。项羽经过一番努力，成功地收编了江南各路起义队伍，组织了8000精兵，声势日渐浩大。

景驹自封为楚王，引起了项梁的很大反感。他认为，景驹没有资格称楚王，最有资格称楚王的是自己，因为自己是楚国名将项燕之后。不过，他觉得时机尚未成熟，不宜做任何表态。

召平见了项梁后，也认为项梁不宜自封为楚王，因为项燕毕竟是楚国名将，以忠勇闻名，作为项燕之后，项梁应该出面立楚王的后裔为王，这样才有号召力。现在最明智的做法就是假借陈胜之命令，自封为上柱国。项梁高兴地接受了他的建议，便以楚国上柱国的名义率军渡江北上，收编江北义军以对抗秦军。

此举可谓名正言顺，出师有名。所以项梁一路上获得了楚地反秦义军的普遍拥护。东阳县的义军领袖陈婴率部2万余人前来投奔项梁。项梁的实力大增。

鄱阳县的英布也结同伙伴蒲将军，率部投奔项梁。

一时间，各路大大小小的义军纷纷归顺项梁。不久，项梁的军队达到了六七万人之众，他将大本营设置在了江北的下邳。

项梁的北上及其实力的大增，让楚王景驹和秦嘉大为不安，他们纷纷召集部队。陈兵彭城以东，试图阻挡项梁的势力向北发展。

由于项梁以上柱国自居且未称王，合乎楚国正统王室的礼仪，而他又是楚国名将项燕之后，因此项梁得到了大多数楚国长老的支持，声望及实力都远在景驹之上。项梁乃乘势对楚军将领们宣称景驹为楚王“乃大逆不道之行为，应共击之。”楚地各部落长老又发起了强大的政治攻势，景驹众叛亲离。项梁乘机全力进攻，击败秦嘉，杀死景驹。接着，项梁收编了秦嘉及景驹的残余部队，自此，楚军全归项梁，他成为反秦联盟中最庞大的一股力量。而此前投奔景驹的刘邦自然也成了项梁的属下。

俗话说，大树底下好乘凉。在现代社会，一个人要想在商海中博弈成功，选准时机、选准对象，加入到一些实力强大的集团中，与有实力的企业合作，是非常必要的，这也是一条成功博弈的捷径。刘邦在自己实力较弱之时，没有盲目地去单独反秦，而是趁机靠上了实力较为强大的项氏集

团，从而为自己的崛起谋得了时间。刘邦这种善借他人之势的做法很值得当今商场中人借鉴学习。

湖北省安陆市农民李久鸿利用一个嫁接过来的国外商标，自己开店，一年能够净赚600余万元。他说他成功的秘诀在于选准了加盟时机和加盟对象。

1999年，父亲去世后，30岁的李久鸿来到江苏海门接手了父亲和舅舅合办多年的一个家纺企业，其经营活动主要是为法国一家企业做家纺贴牌，把加工好的产品，贴上那家法国企业的商标，由外方自己销售到西欧等地，李久鸿每年能拿到的订单在1000万元左右。

与此同时，国内还有几个厂家同时给这家外商做贴牌，因此，外商给李久鸿的订单忽大忽小，他的生意十分被动，利润也非常薄，而外商贴牌销售赚取的利润却非常丰厚。

2001年4月的一天，李久鸿发现法国“阿芙萝”这个商标在中国没有注册。而且，他发现这个商标有着较为独特的魅力和丰富的内涵。于是，李久鸿迅速向国家工商局提出申请。2003年9月，李久鸿的阿芙萝商标在国家工商局成功注册。

这样，法国要想在中国销售该品牌，根据知识产权的相关规定，就必须要与李久鸿合作。经过谈判，法方同意和李久鸿合作，共同开发中国市场，中方只需支付最新的研发信息等部分费用。李久鸿开始借船出海，主宰自己的命运。

因为给外商做了多年的贴牌生产，产品质量自然没有什么问题，但这个国外品牌，在国内却没有什么知名度。因此，如何尽快提高知名度、凝聚人气，成了李久鸿的当务之急。为了取得最有效和最直接的效果，在通过当地工商部门批准、办理了相关手续后，他随报投递了自己的促销宣传册。

李久鸿估计，上万份的夹报广告发出后，可能会有1%～5%的顾客光

临他的专卖店，他的撒手锏是把部分产品分为特价、折扣价、平价，让顾客在心动的同时刺激顾客的购买欲望。当然，用少数产品打折吸引人气，完全是醉翁之意不在酒，不过，通过这些小小的营销技巧，李久鸿让更多的顾客走进了他的店里。

李久鸿还和当地的公交公司合作，在一些主要线路投资，打出车身广告，把促销的信息通过流动的车体传递出去。

由于利用了随报投递宣传册和车体广告拓展市场，再加上他的产品比市场上的同类产品价格要低，李久鸿率先为自己在上海的四个直营店打开了市场，有的店月营业额突破了20万元。

为了赢得更为广阔的市场，带动品牌的人气提升，2003年10月，李久鸿在竞争异常激烈的南京最繁华地段——新街口，一鼓作气在新百、金鹰、大洋、东方等著名商城开出四家专柜。商场不收租金，但要从销售额中扣去20%～30%作为商场的提成。

虽然商场的门槛很高，经营压力大，李久鸿并没有放弃。他深知这些知名商场的人气旺，销量大，而且产品加盟这些大商场，有助于提升品牌的知名度。

商场和专卖店在销售与品牌上形成了一种互补，李久鸿家纺产品年销售突破了8000万元。据悉，一些外商正在和他商谈合作另外一些品牌出口欧洲的事宜，他的生意路子越来越宽。

由此可见，一个人在创业初期，由于品牌不出名，自身实力较弱，人脉资源不丰富，抗御风险的能力比较脆弱，此时，创业者在商海博弈中面临的风险非常大。要想减小风险，在商海博弈中取得成功，就有必要找一家有名气的企业、公司或集团加盟，通过他们的荫庇，借助他们的力量，使自己发展壮大起来。

刘邦起事后，力量较为弱小，并且由于雍齿背叛了他，使他在刚起事

时，就遭遇了挫折。不过，他并没有因此消沉，为了积蓄自己的力量，他选择了加盟策略，先投奔景驹，随后投奔项梁，尤其是加盟项梁集团，无疑为自己找到了一棵大树。而后来的发展历程证明，刘邦加盟项梁集团，是他博弈天下迈出的至关重要的一步。

借助他人之势是聪明人的成事之道。利用他人的优势来弥补自身的弊端，才能让自己慢慢地进步成长。

借助他人之势，很常用的便是借助那些有权力或者知名度较高的人物的力量，比如一些著名的学者、专家等。因为这些人往往有一定的权威效应，他们的判断力、鉴别力是被社会公认的。他们同意的事情社会公众都相信是正确的，不会去怀疑。你可以借助他们的力量，来为自己解决困难或者事业发展提供一些帮助。

善于利用人际关系，抓住机遇、借助他人的力量，寻求新的发展契机已经成为现代社会的必然趋势。善于借助他人的力量，才能成长得更快，更容易取得成功。

魄力是成功的关键

魄力是指人在处理问题的时候，能够忽略细节，发挥自己的主观能动性，对事情做出一种整体的把握，并做出正确的决定。魄力能够体现一个人自身的才干和能力，魄力十足的人做事从不拖泥带水，能够从容干练地进行决定。

沛县县令有个好朋友吕公，是单父（今山东省单县）人，因在家乡结了仇，为逃避仇人的报复，带着全家来到沛县投靠县令。沛县府内的官吏和社会名流，听说县令来了贵客，当然不会放过讨好、巴结县令的良机，纷纷赶来祝贺。其实祝贺只是个形式，送礼、送钱贿赂县令才是实质。萧何是县令的主要助手，县令让他主持操办收受钱财、举办宴会、接待来宾事宜。萧何对前来祝贺的人说："凡是进献贺钱超过千钱的人，才有资格坐在堂内，否则，只能安排在堂外。"刘邦自然不肯放弃这个良机，但他又不肯出钱，因为他和县府的这帮官吏十分熟悉，知道他们不会因他不交钱而被拒之门外。于是他声称自己送贺钱一万，其实他连一个子儿也没有出。一万钱在当时可是个相当可观的大数目，吕公听后大吃一惊，亲自离开座位，到门口迎接刘邦，并将他引到堂内。刘邦也不客气，径直坐在上座。刘邦的这番举动，萧何很是看不惯，当时就对周围的人说："刘季就是爱吹牛、说大话，很少办实事。"但大家对他也无可奈何。谁知这位吕公会看相，他见到刘邦后，对刘邦竟十分敬重。酒宴快要结束时，吕公对刘邦使了个眼色，示意他酒宴后留下来，刘邦当然心领神会。

酒宴结束后，吕公和刘邦单独交谈起来。吕公对刘邦说："我从小钻研相术，观察过很多人，但从没有遇到像你这样尊贵相貌的人，希望你好好努力，前途不可限量。我有一女儿，如你不弃，愿意嫁给你为妻。"刘邦听后，喜出望外，哪有不愿意的道理？当然是满口应承。吕公将自己的决定告诉了夫人，夫人反认为他太荒唐了，生气地对他说："你一直认为女儿与众不同，一心要让她嫁个贵人。沛县的县令与你交情很深，主动求婚，你都没有答应。今天怎么稀里糊涂地把女儿嫁给刘季了呢？"吕公也不向夫人做任何解释，只是蛮横地对她说："你们妇道人家，哪里懂得其中的道理！"吕公不顾夫人的反对，毅然把女儿嫁给刘邦为妻。

婚姻是人生道路上的重要里程碑，古代婚姻不仅是关系到一对男女前途的抉择，更是关系到两个家庭，甚至两个家族的命运与前途相联系的重

大事件。吕公与刘邦仅有一面之交，在对刘邦的家庭及刘邦个人的背景均不了解的情况下，就毅然、主动地做出了将自己期望值很高的女儿嫁给刘邦的决定。凭他当时的身份与社会地位，他是将女儿下嫁给刘邦的，他既不是酒后的糊涂，也不是一时的心血来湖、突发奇想。唯一的合理解释，就是吕公凭其相术，看出了刘邦与众不同的气质。一个人的内在气质、精神状态、健康状况，自然会通过他的神情、言语、动作表现出来。一个社会阅历比较丰富的人，特别是吕公这样对相术学有专攻的人，自然会对刘邦的外貌、神情、言语、动作特别注意，经过比较与综合，得出他认为正确的判断来。史书记载刘邦仪表堂堂，这不会假，再加上当时刘邦已任亭长，他敢于说大话，不出一文而安居上座，这就不是一般人的举动；他根本不把在座的人放在眼中，说明他正自觉春风得意且自诩很高，自然会给吕公一个鹤立鸡群的印象。刘邦的本意也不过如此，但没想到吕公竟会将女儿许配给自己。这意外的收获，大大提高了刘邦在沛县的声望与知名度。不难想象，吕公嫁女于刘邦这一爆炸性新闻传开后，沛县上上下下人们的心理必然会产生巨大的震撼。人们在惊愕、怀疑之后，一定会对刘邦刮目相看。更不用说这桩婚姻本身，对提高刘邦在沛县的社会地位将会产生多么巨大的作用。

刘邦的妻子名叫吕雉，字娥姁，是个相当能干的女人。婚后她生下一对儿女，儿子刘盈，后来被册立为太子，刘邦死后，他继位成为汉惠帝；女儿鲁元公主，后来嫁给张耳的儿子赵王张敖。刘邦在外当亭长，而吕雉自己带着一对儿女在家种田。当刘邦在外逃亡时，她舍命给刘邦通风报信，送饭送衣。在楚汉战争中，她曾经被项羽俘虏，直到楚汉达成以鸿沟平分天下的和约后，才被项羽释放，与刘邦团聚。刘邦做皇帝后，她顺理成章地成为皇后。作为皇后，她为刘邦建言献策，并帮他处理国家政事。而韩信、彭越都是在她主持策划下而被诛杀的。刘邦死后，她成为西汉王

朝实际上的统治者，这种情况持续达15年之久。司马迁在《史记》中这样写道：她性格刚毅，在刘邦平定天下、铲除异己方面扮演了重要角色。司马迁还称赞在她的统治下，西汉王朝赏罚分明，政治稳定，经济繁荣。所以，刘邦得此贤内助，真是三生有幸。吕雉还有两个哥哥，大哥吕泽，二哥吕释之，后来都跟随刘邦，发动反秦起义，在战争中，二者都建立军功，为此刘邦按功封侯，吕泽为周吕侯，吕释之为建成侯。吕泽为巩固西汉王朝，在汉高祖八年也就是公元前199年，战死于沙场。吕雉的妹妹吕媭，嫁给了樊哙，而樊哙是刘邦的好朋友，一直对刘邦忠心耿耿，但这与此联姻肯定也大有关系。

吕公嫁女于刘邦，是刘邦一生命运的重大转折，无论是在当时，还是在以后的岁月中，对刘邦事业的成功，均起了十分重大的作用。

一个身无分文的浪荡子弟，张口就敢称万钱，这是一种气度，是一种十足的魄力。这一方面是因为刘邦自幼不务实业，对于千金万钱并没有太过介意，可以想象，如果刘邦有这么多钱的话，他也会直接就拿出手的。另一方面刘邦有这种魄力，就有胆量在相熟的或初次见面的人面前夸下海口，这在一般人是做不到的。就算是对初次见面的人可以糊弄一时，却绝不敢当着那么多相熟的面孔胡乱开口。

生意场上有“买空卖空”之说，这是一种“空手道”，谙熟此道并“玩”得熟练的人，往往一本万利，甚至无本万利，刘邦正是利用这一原理而娶得吕雉。刘邦凭借着自己的魄力赢得了自己发展最初的资本。

刘邦的“空言万钱得娇妻”，尤其是他当众撒谎时“脸不变色心不跳”，依然谈笑风生、镇定自若的神态，诚然带着泼皮无赖的“厚黑”性质，却也不乏流氓政治家的老练成熟。兼有这两个方面的“刘邦本色”，是他日后成就帝业的重要心理基础。

独具特色的领导魅力

《三国演义》描写刘备与曹操两种不同的性格，刘备好哭，曹操好笑，刘备的哭与曹操的笑，在演义中形成了两种完全不同的个性。演义描写刘备在危难之时，常常要挤出几点眼泪来，做出一番精彩的“表演”。例如赵云在长坂坡出生入死，从乱军中救出阿斗，找到刘备时，刘备不是惊喜交集，相反故意把阿斗摔在地上，哭着说什么：“为汝这孺子，几乎损我一员大将！”对于刘备的哭，读者一眼就看出了其真实的用意——“刘备摔阿斗——收买人心”。

演义描写曹操的笑更加精彩。曹操在危难之际，特别是在军事行动受到挫折的时候，总是放声大笑，借此来蔑视对手。例如，曹操在濮阳误中吕布之计，被打得大败，“手臂须发，尽被烧伤”，险些丢了性命。突围后众将前来问安，曹操不但没有颓丧，反而仰面大笑道：“误中匹夫之计，吾必当报之！”接着，使出了“装死计”，将吕布打了个落花流水。

哭与笑表现了截然相反的两种性格，但目的都是在困难的情况下企图唤起部下的同情，振奋将士的精神，使大众齐心协力地战胜困难。

此处的哭与笑，正如刘邦与项羽的善与恶，只不过前者是故意表现出来以收买人心的，而后者却是自然而然流露出来的。

想做大事的人，必须笼络人心，使人们心甘情愿地为你服务。刘邦更是精通此道，他很早就明白取得众人的支持是至关重要的，是创大业

的前提。再加上他本身性格中的随和，因此一旦有意收买人心，更是技高一筹。

刘邦生性豁达随和，极容易使人接近，因此早在沛县时，沛县的低级官吏就很喜欢和他打交道。慢慢地，刘邦的交际范围又扩大到了中上层官吏中。就在这段时间，刘邦不仅结识了屠夫樊哙、乐师周勃、马夫夏侯婴，甚至还结识了在县衙里任要职的萧何和曹参。

樊哙是个非常重友情的人，也许刘邦从他身上联想到了战国时代的朱亥，爱屋及乌，便对他格外热情，因此樊哙也非常敬重刘邦，称他为“大哥”。只要刘邦有事，樊哙定会赴汤蹈火，万死不辞。

经樊哙引荐，刘邦又结识了乐师周勃。周勃也是一位大侠式的传奇人物，不过他的性格有点古怪，让人难以捉摸。但自从和刘邦认识后，周勃立即便将刘邦视为知己了。从这一点看，刘邦的确是个善于交际的人，这种人大多都具有领袖才干。

后来，经周勃和樊哙介绍，刘邦又结识了在县衙当马夫的夏侯婴。夏侯婴和刘邦的性格极为相似，对朋友既热情又喜欢开点玩笑。认识夏侯婴不久，刘邦便和他成了莫逆之交。夏侯婴头脑特别灵活，又擅长交际，因此便成了“刘邦党”的首席“军师”。

夏侯婴虽然地位比萧何低，但同萧何的关系却非同一般。见夏侯婴对刘邦如此“言听计从”，萧何便也开始关注起了刘邦，想看看这个黑白两道通吃的家伙究竟为何受到这么多人的拥戴，时间长了，萧何便也被刘邦那种让人说不明白的“领袖魅力”迷住了，不知不觉间便和刘邦交情日深。

萧何非常喜欢刘邦身上的那股豪气，但喜欢归喜欢，他看刘邦整天这样心不焦气不躁地在黑白两道瞎转悠，觉得应该好好规劝一下刘邦，要刘邦为自己的前途多想想。刘邦也很尊重萧何，对他的意见总是全盘接受。此间，和萧何结识的同时，刘邦又结识了曹参。

刘邦也许没有意识到，这些人将是自己日后争霸天下最重要的得力助手。

秦二世二年九月，楚怀王派上将军宋义、次将项羽、末将范增率大军北上救赵的同时，又令沛公另率一路兵马向西攻城略地，并同各路将领们约定：谁先攻入关中谁就是关中王。

关中是渭水、泾河、洛河等冲积而成的黄土盆地，生产力发达。由于以农立国的周王室曾以此为根据地，因而水利建设完整，生产力庞大，秦王朝也在此建立他们征服全国、统一天下的大本营。因此，关中是所有想逐鹿天下的野心家们所觊觎的对象了。

不过这块肥肉并不容易吃进嘴里，因为这个盆地四面八方均为险恶的崇山峻岭包围着，只有西方的函谷关、西南的武关及南方的散关可以进得来。

所谓的“关”，是狭隘的岭缺口，只要少数兵力防守，再多的大军都由于攻击面太小，根本发挥不了攻击力量。真可谓“一夫当关，万夫莫开”。

如果以行军的速度而言，西面的函谷关外，地势平坦，较易掌握。只是函谷关外的洛阳盆地及荥阳等粮仓，一向是章邯军团的大本营，除非能击溃章邯军，否则想由此攻向函谷关比登天还难。

这时候，章邯的声望如日中天，就算宋义亲自出马也得小心谨慎，因此这条攻入关中的路线，并不被诸将所看好。

但项羽由于痛恨章邯杀害项梁，一直急于报仇。所以他听从范增建议，退居次将位置，以便取得实际率军攻打章邯的机会，因而他独持异议地主动建议争取这条路线。

宋义既取得军权，心中对“项家军”也难免有所愧疚，所以也同意由项羽担任此次主力出击的任务。

百官明白，这条战略是硬性的对垒，与章邯军团对决，以章邯军团中此刻的军情和战士们的斗志，以硬碰硬，绝对会斗得头破血流。因此，只能另派分支部队，做一些牺牲，去分散秦军防卫，以此来减轻将士们与敌

决战时的压力。

正在伤脑筋的时候，突然有人灵机一动提到了刘邦。在楚怀王周围长老的心目中，刘邦属亲“项家军”派。他投奔项梁后，接受编组成副军，后因表现良好，常奉命随同项羽打先锋。但他到底不是“项家军”嫡系，而且个性温和，能够协调，本身立功又多，在楚军中声望还不错，因此拉拢他来对抗项羽，未尝不是好办法。加上刘邦出身卑微，就算“养”大了，对楚国贵族也不会有太大的威胁。

因此他们联名向怀王建议道：

“项羽为人剽悍，个性残忍，曾受命攻打襄城，破城之日活埋襄城投降秦军，无一幸免。以往他攻打的地区，也都实行屠城政策，因而在秦国军民心目中，是个凶残恶棍。况且西征所经途中，过去均是楚秦会战的重要战场，陈胜和项梁在这地方也遭严重反抗而失败，如再派项羽前往，势必会遭到更顽强的反抗，造成不必要的伤亡。为今之计，不如派遣一位有长者风度的将领，以‘义理’的形象主导这场战争，并以此向秦国父老兄弟宣示楚国治世的态度。秦国父兄长久以来，对他们君王过分严苛的执政方式早已深为不满，此时若是有位心怀仁义的长者前往，不以侵暴的行为对待他们，反而松懈他们的反抗心，也比较容易攻得下来。以这种标准，项羽绝不可派遣在这条西征战线上。综观诸军团将领，只有刘邦一向宽大温和，正合乎此形象，宜任命他为西征军统领！”

楚怀王一听，觉得很有道理，便正式下令，项羽随同宋义北上去对抗章邯，解除巨鹿之围，刘邦则出任西征军统帅，向西收编陈胜和项梁失败后残留在各地的余部，并汇集力量，准备进攻关中。

这件人事安排，有些值得我们去关心的焦点。以现有资料来看，项羽对部属极重礼节，加上本身条件好，深得部属崇拜，唯一的弱点是年纪较轻，经验不足，但是有范增从旁协助，应不致有太大毛病。

由于项羽本身彪悍勇猛，在作战时，带兵冲刺，身先士卒，英勇无比。因此上战场的效率几乎无人能比。只要上了战场与敌人一交锋，几乎是每战必赢的，也因此，凡是他领队的军团必是士气高昂，勇敢非凡。然而，他杀气太重，经常当对方的将领已被砍倒，军情已败，无辜的兵士们纷纷投降时，项羽却兽性大发，毫无顾忌地残杀对方，那一刻他从不会怜悯弱者。他的屠刀霍霍落下，士兵们的鲜血染红了项羽的战袍，那时的他完完全全是个以杀人取乐的恶魔。项羽的嗜杀严重损害了楚军形象，却坚定了秦军抵抗之心，这便是楚国长老们所谓“剽悍滑贼，不可遣”的主要原因。

刘邦正好相反，他农家出身，使他几乎无法操作“繁文缛节”，诚如下属日后对刘邦的评语“陛下慢而侮人，项羽仁而爱人”。所以由“内部管理”上来讲，刘邦是个不容易令人“服气”的领袖，除了少数深知其“个性”而喜欢他的人外，以“理性”来看刘邦的领导风范，并不算特别突出。

不过看似“无效”的管理，却也使刘邦给人较少压力。夏侯婴便认为刘邦那种“无为”的领导方式，更让别人觉得他需要帮助，而产生一股让人喜欢接受的领导魅力。

对敌人而言，他们总觉得刘邦是个温和而又较容易协调的对手。他没有强力的主见，总摆出一副“可以谈”的姿态，也颇合乎兵法上所言的“无智名，无勇功”，这便是楚国长老们口中的“独沛公素宽大长者，可遣”。

所以，楚怀王终于没有答应项羽西进入关的请求，而是派刘邦向西攻城略地，收纳了原陈胜、项梁部下被击溃的失散兵卒。次年二月，刘邦带兵西进，在昌邑遇到彭越。彭越帮助刘邦攻打昌邑，未能攻下。刘邦带队继续西进，彭越没有跟从，留在当地，后来彭越在楚汉战争中归属刘邦，战功显著。

刘邦在昌邑与秦军交战不利，后退至粟县，遇到魏将刚吾侯，于是，

把他的军队夺了过来，约有4000余人，两军合一处，与魏国将领皇欣及魏国的申徒武蒲的军队联合攻打昌邑，仍然未能攻下。沛公率军西进，路过高阳。高阳看守城门的小吏郦食其求见沛公。

郦食其是陈留高阳人，好读书，穷困失意，家贫如洗，为穿衣糊口度日，做了里正手下看门的小吏。然而县中的豪杰都不敢役使他，县里的人都称他为“放荡不羁的狂生”。

郦食其看不惯其他起义首领的狭窄胸怀，却喜刘邦的深谋大略、果敢豪放，故而愿意同刘邦结交。他为刘邦出谋划策，建议刘邦先取陈留，以陈留为根据地再图西进。刘邦依郦食其之言，果然使事态有了明显改观。

刘邦以德服人，召集了他的一帮亲信。他能轻而易举地召集各路人士，收买人心，主要在于他本质中的“无私”。何况他还是个无可救药的“乐观派”，虽然尚不至于鲁莽，但的确也从不怕事。或许是天生高贵异相，使他对自己信心十足，对意外的挫折和打击并不太放在心上，不太会计较，不太注意自己可能会有的伤害，大大方方往前迈进。刘邦最可爱之处，便在于他不在乎自己的立场，也没有什么私欲，只要大家肯接受他的领导，他是可以把“生命”交给众人的。

自己没有太多主见，才能接受各方面意见，糅合成共识，以发挥群策群力的作用。我们常以器量不足评估某人的能力，那些急于表现自己、以自己利益为中心的人，常不是很好的领袖人才。真正的领袖是懂得吸取别人意见的，他的器量表现于其心胸之宽厚，所谓“有容乃大”“宰相肚内可撑船”，都是在表现空虚的力量。没有立场，以大家的立场为立场的，包容得愈多的，发挥的力量便也愈大。

刘邦看似没有什么才能，其实他是“文武通吃”的。讲义气，论豪爽，他对低阶层的市井人物吸引力颇大。他那副毫不在乎的形象，却又不让人觉得太粗野，像吕公、萧何等文治派人物也颇欣赏他的魅力，没有立

场，没有包袱，以及豁达开朗的个性，使刘邦的可塑性极高，加上难得一见的个人魅力，更使他命中注定成了乱世英雄。

连萧何都感觉到刘邦的领导魅力愈来愈成熟了，他对朋友表示：“刘季看来没有特别才能，但如同一个空虚的器物一样，反而更能兼容并蓄各色各样的人才，能吸引更多人支持他，这正是他更容易成功的有利条件。”

做人要豁达大度

成大事者，无不有一种豁达的心胸，大度的胸怀。豁达大度是历经沧桑后的达观，是阅尽人情后的自信，是一种包容的心态，是一种成熟的作风，是一个人走向成功的重要气质，我们一起来领略一下刘邦的大度胸襟。

秦汉之际，天下大乱。豪杰并起，群雄逐鹿。西汉开国皇帝刘邦，原为沛县农家子弟，起于微细，乘时势之风云，得贤士之佐助，终于南面称帝。对于秦汉之际的各路诸侯、英雄豪杰来说，他们同处一个动荡的时代，在客观上都具有同一个可以凭借的时势风云。当时，想称王、称帝的，又何止一人？然而，最终扫平群雄、称帝于天下的则是刘邦。

刘邦能够扫平群雄的原因，可以列举很多。其中，他个人所具有的独特素质，不能不说是一个重要的原因。后人评论刘邦，称道他豁达大度，从谏如流。这八个字，确实是概括了当时其他英雄豪杰所不具有而刘邦所独具的素质，是刘邦区别于其他历史人物的主要个性特征。

豁达大度与从谏如流，两者具有不同的内涵，但又有着一定的联系，现依据刘邦的一生事迹，分别叙述如下。

称刘邦豁达大度，是说他气度开阔，胸怀大志，心有全局。司马迁作《史记·高祖本纪》，称刘邦“仁而爱人，喜施，意豁如也。常有大度，不事家人生产作业。”晋潘岳作《西征赋》，则进一步说：“观夫汉高之兴也，非徒聪明神武，豁达大度而已也”，载于萧统《文选》。自潘岳《西征赋》始，人们便往往用“豁达大度”来称颂刘邦。下面，略举如下事例。

不事产业。司马迁称刘邦“常有大度，不事家人生产作业。”作为一个农家子弟，从事农业生产应是其本业。而刘邦既不愿务农，又不肯经商，也不想当一名工匠，在“士农工商”四业中，他只有走做官的这一条路。然而就刘邦家庭出身和本人的条件而言，他只能谋一个泗水亭长的职位。而亭长又不是领朝廷俸禄的官员，只不过是秦帝国地方政权基层组织中的一名小吏而已。从刘邦担任亭长期间对县府中的小吏“无所不狎侮”的玩世不恭来看，他并不把亭长的职位当回事，不过是借此聊以寄世而已。此时的刘邦，究竟想怎样度过自己的一生，恐怕他自己也不大清楚。总之，一位出身于农家的子弟，不肯从事家人生产作业，对现实又多有不满，实际上，他是不甘心做一名平民百姓。司马迁把刘邦的“不事家人生产作业”作为他“常有大度”的根据，这无疑是一个深刻的见解。刘邦的玩世不恭，正是他身为平民百姓期间胸怀大志的一种扭曲的表现。

不念旧恶。在秦汉群雄争霸的年代，所有的豪杰壮士都选择开明的主子，这样做既是为了能更好地施展自己的才能，同时也是希望在成功之后能享受荣华富贵。所以，当时的贤能之士游移于各诸侯之间，变换主子的事情时有发生，不足为奇。同样，刘邦为了成就他的帝王之业，也是尽力礼贤下士以招揽更多人才，有很多人曾经服侍过敌对势力或其他诸侯，并且也有不少人在“各保其主”的情况下，对他做过羞辱之事。但是只要这些人愿意为刘邦服务，刘邦都能冰释前嫌，一律接纳，并且加官封爵。这

类的事例，多得不胜枚举。其中，最能说明问题的是他对雍齿的宽容。早在起兵之初，刘邦令雍齿守卫丰邑，刘邦带兵外出作战。然而，雍齿却以丰邑降魏，使刘邦处于困窘的境地。刘邦攻打丰邑，未能攻下。举兵之初的艰难之际，雍齿的叛变使刘邦最为寒心，忌恨丛生。

从前文不难看出，即使如此，刘邦还是宽容了雍齿，后来，他为刘邦立下了不少功劳。刘邦有时想杀死雍齿以解宿怨，但总是念他功多，更主要的是刘邦从大局出发，有豁达大度的胸怀，不念旧恶，这才使得雍齿并未遭到杀害。帝国建立后，功臣们为着未能及时得到封赏而议论纷纷，大有反叛之势。

此时，刘邦采纳张良的谋略，先封雍齿为什方侯，诸将始安。这位最令刘邦忌恨的雍齿竟在特殊情况下派上了特殊的用场。可见，刘邦的不念旧恶、豁达大度竟给他带来了很大的好处。

不吝爵位。在刘项争夺天下的楚汉战争中，刘邦只是依靠曹参、樊哙等人所统率的部队，且别说是打败项羽，连楚汉相峙于荥阳的局面也难以形成。试问：如果没有韩信东渡黄河后的一路虏魏王、大破赵军于井陉口、占有齐地并于潍水击溃龙且率领的20万大军，没有彭越的游击楚军屡屡切断楚军的粮道，没有黥布的归属汉王，能够出现项羽与刘邦签订平分天下和约的那种局面吗？决定楚汉命运的垓下决战，在韩信、彭越没有按期前来时，项羽可以把刘邦的军队打得大败；当韩信、彭越、黥布各自率领大军前来垓下参加会战时，项羽顿时陷入了四面楚歌之中，最后不得不乌江自刎。可见，没有韩、彭、黥的参加会战，刘邦是不可能战胜项羽的。刘邦究竟有什么法宝能把这些人招来为自己效力？这个法宝便是不吝惜对各路诸侯授予爵位，封赏王侯。刘邦的最终目标是称帝天下，为此他怎能舍得把土地和人民分封给诸侯？项羽舍不得这样做，结果成了孤家寡人，最终灭亡。而刘邦尽管有谋士们经常在耳边就这个问题提醒他，从内

心他还是舍不得把土地和人民分封给别人，不甘愿封韩、彭、黥等异姓诸侯王。然而，刘邦最终还是封这些人为诸侯王，把大片土地和众多人民赏赐他们，实际上做到了不吝爵位。如不是豁达大度，刘邦能够做到这一点吗？能够打败项羽吗？

刘邦的豁达大度在个人生死以及对待家庭骨肉之间的问题上，再一次被充分地体现出来。为争夺天下，刘邦在反秦战争和楚汉战争中，大部分时间都是在军营中度过的。楚汉战争中，他多次死里逃生，胸部被暗箭射伤，可见他早已将个人的生死置之度外。当了皇帝后，他仍然屡屡御驾亲征，平叛御侮，甚至在有病的情况下，还带病东征黥布，致使又被流矢射伤。刘邦的戎马一生，表明他为着成就帝业不顾个人生死。

这同坐在咸阳城中指挥兼并六国战争的秦始皇，是何等不同。再看刘邦在东征凯旋的途中，他在沛县与家乡父老们饮酒作赋，起舞高歌，似乎身上并不带有箭伤；然而，当他离开家乡西归长安时，加重的伤势竟使他一病不起；即使在这种情况下，他却有病不医，声称“命乃在天，虽扁鹊何益”！身为皇帝，他这种视死如归的精神，同秦始皇晚年的寻仙求药、幻想长生不老，形成了鲜明的对比！

脱下战衣，刘邦也是一个平凡人。他有父母、兄弟、妻妾和儿女，在亲人骨肉之间，他也具有常人的那些情感。但是，为着成就帝王之业，他已将个人生死置之度外，亲人骨肉在他心里已经位于帝王之业之下。作为一个平民百姓时，刘邦“不事家人生产作业”，所以未能在物质上孝敬父母；为了实现皇帝梦，他“常徭咸阳”，长年在外作战，所以只能由他的妻子扛起农作和抚养儿女的重任。

楚汉战争期间，逃亡途中他为着能跑得快些，几次把儿女从车上推下去；项羽以煮死太公要挟刘邦，刘邦却说“幸分我一杯羹”，全然不理。这又不足以说明刘邦对父亲和儿女的绝情，只是为了帝业，他割舍得下父

亲和儿女。

试看他称帝后“五日一朝太公，如家人父子礼”，并且尊太公曰“太上皇”，他对父亲不是很孝顺吗？再如刘邦不顾群臣的反对，多次一心想改立如意为太子。他明白太子刘盈“仁弱”，撑不起汉王朝的江山，但在群臣的一片反对声中，再加之“商山四皓”的出现，他觉得即使立如意为太子，也不会得到群臣的支持与辅佐，因而置戚姬、爱子的私情于不顾，把对刘盈的担心也搁在一边，不再提改立太子之事。此时此刻，他的心情该是何等的复杂，而他所做出的最后抉择，又是何等的豁达大度！

刘邦的豁达大度很是值得我们现代人效仿。追求成功的当代人，也要做到豁达大度，只有这样，才能被人所接受，才能吸纳到人才为自己所用，才能不计一时的成败，才能在竞争中走到最后，获得成功。

不拘小节成大事

古人把不拘小节看作一个人能否成大事的关键。他们提倡的是胸怀大局，不纠缠于细枝末节，看重的是人的才干，而不是他的缺陷。办大事的人，不计较小事；成就大功业的人，不追究琐事。只有像刘邦这样的人不拘小节，胸有大志，最终才能获得成功。

从前文可知，刘邦和项羽相峙的时候，刘邦就去找陈平想办法。刘邦问陈平，你看我和项羽两个人打仗这么久了，谁也打不败谁，这样下去天下什么时候能够统一？你快想一个好点子出来，让我能尽快打败项羽来结束战事。

陈平很有谋略，他思考后就分析给刘邦听。他说，我以前跟着项羽做事，对他了解甚多。项王这个人出身显贵，自视甚高。因为出身贵族，他很懂得礼数，也一贯遵守着贵族的道德观。就是因为这样，那些自视很高，注意自己身份名誉的人都跟随着他。这些人虽然对项王很忠心，中间也有一些有才能的人，但是项王性格多疑，他不敢放心地使用别人，这点和大王您不一样。按照项羽的这个性格，我们可以使用反间计，让项羽不再信任这些人。那时候，就等于砍掉了项羽的左膀右臂，这样不就能打败他了吗？

刘邦认为这个计策可行，就让陈平来做此事。做事就得有活动经费，刘邦马上就给陈平黄金，然后让陈平全权去做这件事情。那时候的黄金指的是黄铜，也是当时很贵重的金属，可以当钱来用。四万斤黄铜在那时也是一笔大数目了。至于钱怎样用，花在了哪里，刘邦全部不管。对刘邦来说，那些是细节问题，他只要管理好陈平，给他钱，给他充分的信任，这件事就算完成了。至于过程是怎样的，刘邦全然不顾。

对领导者来说，细节问题有些是因为管不过来，所以不管，是故意不管的。这种对细节的不追究，其实是对臣下表示信任亲和的一种方式。

淮南王英布造反，刘邦亲自带人去征讨，萧何留守京城，负责后方的所有事情。在这个过程中，刘邦不断地派人来问候萧何，身体怎么样啊？最近在干什么啊？都是些小细节，萧何知道刘邦日理万机，他一般不注意这些小事的。现在，他总是这样派人来表示对自己的关心，很让萧何感动，于是工作就更加努力了。

这时萧何门下有门客就看出问题来了，他问萧何，丞相你觉得皇上对你怎么样啊？萧何说，皇上很信任我，还不断地派使者来看我，问我好不好。这时门客就说，既然这样，丞相离祸也就不远了。您想想您现在位极人臣，还能当上比这更大的官吗？皇上又怎么有时间来关心这些小事？他

其实是不放心您，怕您谋反啊。

萧何一想，马上出了一身冷汗。这门客就给萧何出了个主意：自污，也就是把自己的名声弄坏。刘邦回到京城后，就收到很多老百姓告萧何的状子。这些状子都说萧何利用权势，强行购买百姓的地，弄得大家没有土地耕种，流离失所。

然而，事实却是刘邦对此只是轻描淡写，也没有追究萧何的责任。

为什么不追究萧何的责任？因为刘邦担心的是大事，是萧何谋反。如果萧何有谋反的野心的话，他肯定会勤政爱民，想办法收买民心，面子上做得非常好。就像当初刘邦为了取得江山对老百姓所做的一样。如果刘邦不是心怀大志，进咸阳以后就不会见到金钱美女不动心了。现在萧何为自己弄些好处，搞得民怨沸腾，这证明他胸无大志，满足于现状，所以刘邦就放心了。比起谋反来说，占老百姓一些地，这只不过是些小事，没有必要去追究他的责任。

在历史记载和现实生活中，都会存在这样的人，他们做不到“成大事者不拘小节”，看待任何问题都不注重大局，而是只拘泥于小节。

在评价别人方面，他们不会全面看人，而只是纠缠于一点小过失。柳文在《与友人论文书》中曾经这样写道：“大玉上的瑕疵，怎么可能损害它的光泽呢？”所以司马光在《谏院题名记》中说：“处在这个官位的人，应当从大处着眼，舍弃细小之事。”这是对统治者和管理者的告诫，也是对所有人的劝告。统治者应从全局出发，不拘小节。人非圣贤孰能无过，所以要懂得理解别人，宽以待人，只有这样，才能利用他们的智谋达到自己的目的。

在开创事业的过程中，我们应该看到宏观的局面，也应该注意细节的完善，因为在成就事业上，细节有时候也会决定成败。但是在用人上，我们却要换一个角度看问题。

古人曾说：人无完人。的确，人都不是完美的人，每个人或多或少，都会存在一定的不足，不足可能是身体上或者精神上的，但这并不影响一个人才能的发挥。只要将他的才能用对地方，就照样可以为自己的事业添加光彩。

相反，如果一个人表现得过于完美，那么就会有两种可能：一种，是这个人有一些不是很好的居心；另一种，就是管理者根本驾驭不了这种人。这也是现代一些知名企业在招聘人才时，看重人是否犯过错误，并且，犯过一些不是致命的错误的人，他们会比那些有着完美履历的人更加受到重视。因此，对细节问题不过分注意，体现的是用人上的一种大智慧。

提早预防潜在威胁

在个人成功或者企业发展的道路上，总会有一些被人忽视的问题，这些问题逐渐积累，到最后就会成为一道难以逾越的鸿沟，这时候人们才发现，当时如果稍加注意就可以清除掉这些小问题，也不至于发展到绝境。

优秀的管理者，总能够提早做好准备，确立管理制度，对潜在威胁进行清除或者预防。

刘邦建立国家后，设立了八个异姓诸侯，当时诸臣对他比较忠心。但时过境迁，自从卢绾反叛后，刘邦感觉自己身边可信的人越来越少，而此时吕后的势力却不断膨胀，这使他忧心如焚。

刘邦采用盟誓的方法分封同姓诸侯王，以确保刘姓的天下。他选择吉

日举行召典，命令朝中文武群臣到祭祀刘氏祖先的太庙参加祭祀大典，吕后也接到命令一同参加。

祭祀的案几上供奉着牛、羊、猪三牲，旁边还拴着一匹活生生的小白马。庙堂里钟鼓声奏响，烟气弥漫。祭祀用的盛酒器皿里盛满了醇酒，还不时散发出阵阵香味。此时已是午时三刻，刘邦随手拈起了一炷香，继而走向供桌，挥起右手，大声喊道："刑白马！"早已在一侧待命的持刀武士瞬间将刀刺入白马腹中，只见鲜血从白马腹里喷涌而出。

侍从赶紧用盛酒的坛子把白马血接了起来，文武群臣每人分别给一杯白马血，吕后也接到一杯。

刘邦第一个端起手中的血酒，认真地说："自今日起，非刘氏宗族的人，不能够封为王；没有建立战功的人，不能够封为侯。胆敢有违背誓言的人，不论地位高低，权力大小，天下一同诛讨！"说完，刘邦昂起头来，将血酒一饮而尽。紧接着，吕后也手捏住鼻子，屏住呼吸，一口将血酒喝下。文武群臣们此时也纷纷举着酒杯高喊道："诚领圣命，万死不辞！"之后，庄重地将血酒喝下。

大家心里明白，刘邦这样做是冲着吕后来的，皇帝和皇后争夺权力的斗争，已到了互不相容的地步。

祭祀盟誓完毕以后，刘邦近旁的一个侍从提醒他："吕后的妹妹是舞阳侯樊哙的妻子，照此看来，舞阳侯必是吕氏集团的人。如今他正手握重兵，领军讨燕未回，万一他趁陛下病危的时候，领军回朝，并帮助吕后肆意诛杀戚姬和他的儿子赵王如意，到那时该如何办？"

事实上，樊哙为刘邦手下的一员猛将，对刘邦忠心耿耿。项羽设鸿门宴，樊哙冒着生命危险，闯鸿门宴，救出刘邦；他作战英勇，平定三秦中功绩卓著，他攻取槐里（在今陕西省兴平县东南）、占有郿城（在今陕西省眉县东北）、水淹废丘（在今陕西省兴平县）、逼死了章邯；接着，

又协助捉拿韩信，并灭掉陈豨，功绩显著。在史书上关于他的记载也很多，如说他“斩首百七十六级，虏二二百八十八人”，破灭敌军7支，攻取坚城5座，平定了6郡52个县，而且还抓获过敌国丞相一个，俘虏敌方将军12人，抓获敌军俸禄在300石至2000石的官吏就有11人，可见他的功劳之大。

更值得一提的是，樊哙为人率性直爽，并敢当着刘邦的面指出其错误。淮南王英布叛变朝廷的时候，告急的文书接踵而至。此时的刘邦却因为太子刘盈和吕后赌气，呆在深宫内院里不肯召见群臣，同时还命令守卫宫门的卫士不许放进一人，以防打扰到自己。群臣心急如焚，这个时候，又无人敢违背皇上的禁令。此时，樊哙却一声怒吼，挽起了衣袖，阔步向前，他推开了拦路的卫士，一人径直往刘邦所在的内宫走去。

内宫之中，刘邦枕着旁边的一个小太监。刘邦头枕着太监的腿，双眼未曾睁开，一个人正躺在龙床上呼呼打盹呢。樊哙走入内宫，声情并茂地劝说：“陛下还记得当时沛县起义吗？我们南征北战，好不容易才夺取了天下，陛下当时那是何等威武，可现在……陛下不思进取、意气用事，我们作为臣子的，哪个看了不寒心啊！秦朝为何会灭亡？这才几年啊，陛下您这么快就忘了吗？”

樊哙言中了刘邦的要害，其言辞恳切更是催人泪下，刘邦听后，感慨颇深，猛地睁大了眼睛坐起身来。刘邦匆忙从龙榻上起来，径直走向金殿，开始与群臣商量如何征讨英布、消除叛乱的计划。

政治斗争是残酷的、无情的，充满了阴谋诡计，自古以来皆是如此。刘邦以为：虽然吕后心肠毒如蛇蝎，亦心狠手辣，但她毕竟是个女流之辈，没有领兵作战的能力，没有拥兵自立的危险。樊哙却是不可多得的将才，是一员猛将，虽然眼下忠于刘姓、忠于朝廷，但若以后起了反叛之心，和吕后同谋那又如何？现在相信他，还不如就此杀了樊哙，这样既断

了吕后的左膀右臂，也消除了朝廷潜在的隐患，这才是朝廷稳定的大计。

因此，刘邦就把当时的谋士陈平和大将军周勃找来，命令他们找几个可靠之人，穿上便衣，用朝廷驿站的车马，昼夜奔走不停，必须追上樊哙，在军营中杀了樊哙，并让陈平把樊哙的头带回来，以为凭证。周勃则奉刘邦之令留在了燕国，来接替樊哙领兵。

陈平办事谨慎细致，深得皇上信任。此刻他在去杀樊哙的路上对周勃说道："樊哙是皇上挚友，又是皇亲国戚，现在虽然圣上生气了，要杀掉樊哙。但万一只是气头上，以后后悔了怎么办？岂不拿我们是问？我们不如抓了樊哙带回朝廷，交由让皇上处理。"周勃非常赞同陈平的意见，认为很是在理。于是两人追上了樊哙，在远离军营的一个僻静之处，拿出圣旨，向樊哙宣读，并传达圣意。此时的樊哙却显得异常平静。他跪在地上朝向南方叩了两个头，并把兵符拿了出来，自己反背上双手，命令军士将自己捆缚起来，然后独自走进囚车，并让陈平把自己押送回京城，交由皇上处置。刘邦为保刘氏江山，"白马盟誓"牵制吕后，这倒是暂时起了作用，可惜的是，他殃及了对其忠贞不贰的开国功臣樊哙，这难免引起其他忠臣的离心离德。宫廷的政治斗争，必将愈演愈烈。

无论是个人，还是团队、企业，甚至一个国家，管理者对于潜在威胁，都要提早预防。正所谓防微杜渐，对于那些不好的现象，如果不去预防，到了遏制不住的时候，就只能苦果自尝了。发现了这些隐患，管理者就要充分运用自己的管理手段，制定一些相应措施，以防止这些隐患不会发生，或者在发生时有相应的应对措施遏制发展势头。

吕后是刘邦的结发夫妻，在开始的时候，吕后也是一个非常贤惠的妻子，当年刘邦不事产业，苦苦支撑刘邦和孩子一家四口的，就是曾经的大家闺秀吕后。但是经历了多年的战乱，在战乱中的颠沛流离，见证了自己丈夫在战争岁月中为争夺天下而表现出的绝情和冷漠，尤其是在终于熬到

了出头之日，刘邦竟然想用戚夫人来代替自己的地位，吕后的内心发生了巨大的变化。

一向以识人著称的刘邦，又怎么会察觉不到自己妻子的变化，对于这种变化，刘邦要采用一定的措施进行预防。在当时，吕后采用张良的计谋，以商山四皓辅佐太子刘盈，刘邦已经不能通过改立太子来削弱吕氏，因此，采取了白马盟誓的做法。

刘邦的一生中遇到过许多凶险，在辛苦创建了基业之后，必然不希望别人将自己的江山据为己有，于是对于这些存在的隐患，刘邦很早做了预防措施。不能否认，刘邦的预防措施都起到了效果，这在后来，吕氏为祸时诸侯王奋力辅佐刘氏的时候体现了出来。白马盟誓显示了刘邦的远见卓识，也让我们学到了预防潜在威胁的道理。

在现代社会，管理者同样要面对各种不同的问题，也总会有许多的威胁存在于我们的发展之路上，就好像战场上，马蹄铁丢掉的那个钉子，如果不注意，迟早会影响到大局。因此对于那些潜在威胁，一定要防微杜渐。

未雨绸缪，知人防变

一个团队成功发展起来之后，对于发展中立下汗马功劳的成员，一定要妥善安排。功劳越大，居功自傲也就越明显，在利益得不到满足的时候，很容易会对团体造成不好的影响。管理者一定要注意这个问题。

熟悉中国历史的人都知道，过河拆桥，狡兔死、走狗烹是历代帝王

在夺取政权之后惯用的手法。而刘邦帐下的三位大员对此却有着不同的看法，张良是最早看透这一结局的，所以他早早隐退，得以保全；萧何是较晚看透这一结局的，但他在受到刘邦警告之后，只顾求保，最后也得以善终；韩信则对此既看不透又很傲慢，所以最终被杀，这就是政治韬略不同所导致的结局不同。

我们先来说说张良，刘邦稳坐皇位后，看到韩信握有重权，并且深得军心，所以食不知味，辗转难眠。于是，他宴请群臣，虽然大臣们对他的胜利表示祝贺，但仍忧心忡忡。张良喜欢察言观色，明白了刘邦的顾虑，所以就私下会见韩信，对他说："你是否还记得勾践杀文种之事？自古至今，任何将士只能与君主共患难，而不能与其同享福。飞鸟尽，良弓藏；狡兔死，走狗烹。所以，前车之鉴，后事之师，我们都要好自为之。"张良分得清轻重缓急，见好就收，他请求回乡养老。虽然，对于张良的要求，刘邦故意表现出恋恋不舍，再三挽留，但暗自窃喜，最后封张良为留侯。张良功成身退的做法可谓有先见之明。

我们再来说说萧何。从前文我们已经知道，汉王五年的时候，刘邦已经战胜项羽，统一了天下，于是按功劳进行封赏。至于谁的功劳大，谁的功劳小，由于很多大臣争功，所以经过了一年多的讨论还没有一个结果。然而汉高祖认为萧何的功劳最大，所以封他为酇侯，赏赐的食邑也是最多的。很多不服的功臣们都说："我们身穿铠甲，手握兵器，作战多的人参加多达一百多次战役，少则数十次战役，曾经尽全力、拼命去攻取城池，占领土地，虽然所立战功不等，大小有别。但对于萧何来说，他没有立汗马功劳，只是舞文弄墨，议论政事，并没有真正参加作战，但在按功劳进行悬赏的时候却高于我们，这何以服众？"面对群臣的不满，刘邦用猎狗与猎人的比喻让武臣无话可说，加之萧何全族人相随，群臣更是哑口无言。

毫无疑问，有了上述的故事，萧何认为自己不可能受到高祖的怀疑，仍然忠心耿耿地为刘邦办事，甚至不惜亲自出马帮助刘邦暗害韩信。吕后决定除掉韩信之后，为了减轻韩信的怀疑，萧何亲临侯邸相邀韩信进宫，韩信看到萧何亲临，毫不推辞即与萧何一道前行。谁知刚一朝见，吕后即盛气指责韩信企图造反，并不容置辞，随即又大声命武士立押韩信赴钟室处斩。

韩信临刑前大呼道："恨不早听蒯通之言，今日竟被骗冤死在妇人女子之手！"萧何原以为吕后最多只会把韩信下狱，听候刘邦班师回朝时审理，绝未料到吕后竟会出此狠毒手段，一时瞠目结舌说不出话来，心中自忖：刘邦临离京前必有所授意，不然的话，吕后哪敢如此擅权？因此也吓得不敢多言。此事经吕后飞章奏闻后，刘邦并无任何表示，却下了一道圣旨："拜丞相萧何为相国，益封五千户，派一都尉，率兵五百名为相国警卫！"萧何自此才吃了一惊：这不是连自己都给怀疑上了吗？于是，他采纳身边人的计谋决定自保。

从前文可知，等到高祖出兵消灭了黥布，班师回朝的时候，老百姓排列成行拦住道路，上书给汉高祖，说相国萧何用低贱的价钱强行购买老百姓的田地住宅数千万。高祖回到了朝廷，萧相国来拜见。高祖笑着说："堂堂一国的相国，竟然夺取人民的田地住宅，使自己得利！"于是把人们控告相国的书信都交给萧相国，并且说："你自己去向老百姓谢罪吧！"

本来此事已有一个圆满结局，但萧何还是难以掩盖对百姓的关切之心，于是利用这个机会替百姓请求说："长安的土地非常狭窄，上林苑中有许多空地，虚弃而没有利用，希望能够让老百姓到上林苑内耕种，让他们收走粮食，草则不收走，留下来给禽兽吃。"

高祖听了十分震怒，说："相国你接受了商人许多财物，于是替他

们请求开我的上林苑！”因此把萧何交给廷尉加上刑具拘禁起来。过了几天，王卫尉侍从高祖，上前问高祖道：“萧相国犯了什么重大的罪恶，陛下怎么突然把他关起来呢？”

高祖说：“我听说李斯担任秦朝丞相的时候，有好的事情都归功于君主，有坏的事情都归到自己身上。现在萧相国接受了商人很多金钱，而替人民请求开放我的上林苑，用这种方法来讨好人民，所以我把他拘囚起来，治他的罪。”

王卫尉说：“凡是职务分内的事，如果对人民有方便的地方就请求皇上实行，这真正是身为一国的宰相所应该做的事，陛下为什么怀疑相国收受了商人的金钱呢？而且陛下以前曾经跟楚国对抗数年，后来陈豨、黥布又相继反叛，陛下曾经亲自率领军队，前往征讨，这些时候，萧相国镇守关中，只要把脚跟稍微摇动一下，关中以西的地方就不是陛下所能保有的了。萧相国不在这些时候谋求自己的利益，现在竟然会贪图商人所送的金钱吗？而且秦朝的帝王因为不知道自己的过错才亡了天下，李斯替他的君主分担过错，又有什么值得效法的呢？陛下怎么怀疑宰相的为人那么浅薄啊！”

汉高祖听了心里很不高兴。这一天，高祖派人拿着皇帝的符节把萧相国释放出来。萧相国这时年纪已老，平素又十分恭敬谨慎，所以入朝的时候，光着脚上前向皇上谢罪。高祖说：“相国请不要这样！相国替人民请求开放上林苑，我不答应，我简直像是夏桀、商纣一样的君主，而相国却是贤能的宰相。我拘禁了相国，是想要老百姓知道我的过错罢了。”

值得庆幸的是，刘邦最终还是放过了萧何，但是倘若萧何像韩信一样不懂得刘邦的帝王之术，那么，他的性命也就危险了。

不论刘邦对旧臣忘恩也好，残酷也罢，我们且不计较他对待功臣的态度，单就他这种未雨绸缪的思想，在任何时候都是值得借鉴的。

春秋战国时期，时局动荡，许多的国君都被自己的手下所害，各国交相替代，重臣功高盖主，动不动就会取而代之。秦始皇一统天下，废分封，行郡县，很好地将权力统一到了自己的手中，但是不能不说，郡县制在当时政权不牢固、民生不稳定的时期有着无法弥补的缺点。

前车之鉴，辛辛苦苦打江山的刘邦非常注意对手下的提防，免得重蹈前人覆辙。早在政权尚未建立，国家尚未统一的时候，刘邦就开始不断削弱手下的权力（刘邦曾几次从韩信手中分兵出来），到了国家建立的时候，刘邦又怎么会让自己的天下存在隐患？

我们现代人的事业也是如此，无论什么时候都不要放松警惕，生于忧患、死于安乐的道理要时刻长存心中，忧患意识的存在才能保证自己的事业处于一种稳定的发展态势之中。

以德服人收南越

以德服人，是我们对人的一种态度，更是成功者的一种气度。我们面对的世人千千万万，各不相同，我们想要适应生活，适应社会，应该抱定以诚待人、以德服人的态度来适应人们个性的不同。

新兴的国家一旦建立起来，边境问题就成为最关键的环节，几乎所有的新兴朝代都有同样的问题，而刘邦在这个问题上为后代既留下了教训（如对匈奴的征讨），也留下了经验（例如对待南越的问题上）。

我们知道，秦朝时赵陀本是真定人，而秦政府则命赵陀率十万“楼船之士”向岭南进军，占领悉易。随后，秦始皇在那里设置了南郡，任命任

嚣为南郡守尉，而任嚣则任命赵佗当了龙川县县令。

秦末爆发了农民起义，当时任嚣身患重病。他感觉自己活不了多少时间了，所以把赵佗叫到床前说：“陈胜、吴广、刘邦、项羽这一帮人把天下弄得不太平，至于今后形势怎么样，任何人都无法预料。南郡之内有好几千里，地方富裕，山川险峻。我本来是想派兵阻断中原通往岭南的路径，不让乱军窜入，但是现在我病成这个样子，真是力不从心。我看你很能干，又有众人辅佐，所以在这里过得很好，小则能成一方霸主，而大则能成一国之君。这件事我想了很久，今天就托付给你，你可得好好干啊！”说完，就把秦朝颁赐的符节文书转交给赵佗，赵佗发誓自己一定会按任嚣的嘱托去做。

任嚣死后，赵佗当了南郡守尉。他除掉秦政府任命的官吏，全部换成自己的亲信，又给秦越城岭、都庞岭、萌诸岭、骑田岭、大庾岭的驻军发出命令，要他们严守关隘，不许中原军队进来。秦朝被推翻的消息传来，赵佗趁机攻占了桂林郡和象郡，控制了整个岭南，自封为“南越武王”。

由于岭南的主要居民是越人。因此，赵佗采取团结和依靠越人的政策，在各级行政机构中，吸收越人做官，组成汉、越联合政权。他尊重越人的习俗，自称“蛮夷大长老”，带头穿戴越人的服饰；鼓励汉、越通婚，让自己的孙子婴齐和王室子弟娶越人的女儿为妻。王室的女子也嫁给越人首领。对边远地区的越人首领，经常送些礼物进行拉拢，越人对赵佗都很感激。

刘邦也认为赵佗把南越治理得“甚有文理”。他忙于巩固在中原的统治，决定对山高路远的赵佗采用安抚手段，使之“和集百越”，不要成为南边的祸害，便派太中大夫陆贾为特使，带着诏书、王印和礼品，去岭南封赵佗为“南越王”。

赵佗根本不把朝廷的特使放在眼里。他头上不戴帽子，挽着一个大大的椎髻，腰里不系带子，露出黑黑的肚皮，两条腿叉开，很不雅观地坐在地面上，俨然是一位未曾开化的蛮夷酋长，等着陆贾拜见。

陆贾不卑不亢，义正词严地说："你是中国人，你的父母、胞弟和祖先的坟墓都在真定。如今你怎么能忘了中国人的习惯，把自己打扮成这般模样，难道你是想凭借南越这块小地，跟皇帝对抗吗？如果真是这样，那你就错了。秦朝纲纪败坏，苛政暴政，天下英雄纷纷举兵加以反抗，将士们流血牺牲，推翻了它。而你在这场革命中不仅没有立下战功，还割地自立，这样太不对了吧。对于你的这种行为，朝廷的将相都要求讨伐你。但大汉皇帝因为不愿劳苦百姓，所以才派我送上王印，破例封你为南越王。你应该知恩报恩，以礼相待，用臣下的礼节到郊外隆重迎接才是，没想到你却如此不通情理。如果这事让皇帝知道了，一定会掘了你的祖坟，灭了你的家族，再派将领带领十万兵马来南越问罪，到那时候你手下的将士一定会杀了你归附中原，那时，你肯定会死无葬身之地！"

陆贾对赵陀采取的策略是晓之以理，动之以情，临之以威，的确起了作用，赵陀赶紧站了起来，连连谢罪说："由于我在边远地方住的时间太长了，所以忘记了中原的礼节，还望先生多多包涵。"随后，他赶忙返回内室，穿戴整齐后，按照礼仪接受了朝廷的封授，并摆设酒宴，为陆贾接风。

赵陀喝得满脸通红，借着酒劲问陆贾："我和萧何、曹参、韩信相比，谁的本领比较强？"

陆贾不想扫他的兴致，所以就顺口说："你比他们都强一点。"

听到陆贾如此说，赵陀兴奋得忘乎所以，又问："那我跟当今皇帝比呢？"

这可是原则问题，当然不能信口开河。所以，陆贾正色回答："当今皇帝是布衣出身，在沛县起兵，征讨暴秦，消灭强楚，继承三皇五帝的伟业，为天下人谋利益。在他管辖的土地上，土地辽阔，人口众多。而国内

政治稳定、经济繁荣，这是历代以来还没有过的。你治理越国，人口不过几十万，而且大多数百姓尚未开化，住地又崎岖不平，充其量只能够算得上大汉的一个郡，你有什么资格跟当今的皇帝相提并论呢？”

赵陀自嘲地说：“可惜我没有留在中原，所以才落到这里当上皇帝呢！”说完，自己又哈哈笑了两声。

陆贾在南越逗留了几个月，在这段时间内，他和赵陀开怀畅谈，并且劝他一定要牢记臣子应该做的事情，要与中原搞好关系。在陆贾打算回长安时，赵陀奉上贵重的礼物，表示心甘情愿地向中原朝廷俯首称臣。

刘邦对陆贾的南越之行非常满意，于是给他升了官。在此后几年里，南越和汉相处融洽。而双方在边界上设立榷坊，互通有无，这极大地促进了南北经济的发展。

古语云：“遇欺诈之人，以诚心感动之；遇暴戾之人，以和气熏蒸之；遇倾邪私曲之人，以名义气节激砺之；天下无不入我陶冶矣。”意思是说，遇到狡猾欺诈的人，要用赤诚之心来感动他；遇到性情狂暴乖戾的人，要用温和态度来感化他；遇到行为不正自私自利的人，要用大义气节来激励他。假如能做到这几点，那天下的人都会受到我的美德感化了。这一段话讲出了以德服人的重要性。

现在看来，刘邦为巩固中原统治，对赵陀实行安抚的政策，避免了其成为南边的祸害，在当时是高明的，值得后人效仿。以德服人是我国古代贤人修身治国的重要信条。相对于南越的历史情况，德服百越是最佳的选择。刘邦建国后，国力一时还没有强盛到像秦始皇当年一样。即使是秦始皇，对于南越的情况也不得不采用安抚，所以刘邦的安抚政策是很对的。相比吕后对于南越的征伐，以及后来文帝的作为，更能体现出以德服人的英明之处。

历史证明，在人际交往中绝不能颐指气使，而是要以德服人，这样

才能真正地让人口服和心服。如果领导人对于不服从自己的人，采取武力和权力等高压手段，虽然能使其暂时归顺，但心里未必真服。相反，如果以德感人，别人就容易受到感动，也就容易真心归顺你，才能为你出谋划策，献身献力。刘邦就十分注意这一点。

以德服人是做人的根本，在今天，它又有了一些新的内涵，以德服人是我们当今宣扬的物质文明和精神文明的重要基石和标志。以史为鉴可知兴替，以人为鉴可知得失，我们想要获得成功，也要注重与人交往中的以德服人。

名垂千古之举

一个新王朝，承袭旧王朝的某些制度，这是很正常的现象，特别是在政府机构的设置方面，更是一种必然的现象。刘邦承袭秦王朝的职官制度和某些法律条文，乃是明智之举。因为这些制度和法律，已经被秦王朝实施了十多年，老百姓多已熟悉了它们，刘邦的汉王朝继承下来，可以起到稳定政治秩序的作用。刘邦重定了这一套制度，使得新政权更加稳定和规范化，这是任何一个新政权都必需的。

公元前200年7月，奉刘邦之命出使匈奴实施“和亲”政策的娄敬回到长安，他根据自己沿途的观察和思索，向刘邦提出了迁徙豪强以实关中的建议：

匈奴河南白羊、楼烦王，去长安近者七百里，轻骑一日一夜可以至

秦中。秦中新破、少民，地肥饶，可益实。夫诸侯初起时，非齐诸田，楚昭、屈、景莫能兴。今陛下虽都关中，实少人。北近胡寇，东有六国之族，宗强，一日有变，陛下亦未得高枕而卧也。臣愿陛下徙齐诸田，楚昭、屈、景、燕、赵、韩、魏后，及豪杰名家居关中。无事，可以备胡；诸侯有变，亦足率以东伐。此强本弱末之术也。

刘邦立即同意娄敬的此项建议，并任命他全盘负责这一工作。娄敬于是一次将东方六国旧贵族及其后裔10余万口迁至800里秦川，让他们散居于长安附近地区。公元前198年11月，刘邦再一次“徙齐、楚大族昭氏、屈氏、景氏、怀氏、田氏五姓关中，与利田宅”。

刘邦的迁徙豪强政策并不是自己的一项创举，而是秦皇朝固有政策的延续。秦皇朝在统一六国的过程中和统一全国以后，曾多次实施迁豪之策。《华阳国志·三》这样记载：“惠文始皇，克定六国，辄迁其豪杰于蜀。”从公元前230年至公元前221年，随着秦军次第灭亡六国，六国的旧贵族及其依附者富商大贾等等，大都被强行迁离原地。

秦皇朝统一全国后，有记载的迁豪共两次。一是公元前221年“徙天下富豪于咸阳十二万户”。这是秦代迁豪唯一有明确数字的一次记载，大概也是数量最多的一次迁豪。二是“秦末世，迁不轨之民于南阳”。这一次究竟迁了多少人，不得而知；而“不轨之民”是否应该全作豪民解，亦不好确定。但其中必有一定数量的豪民则是可以肯定的。在迁豪的同时，还有更大规模的徙民。从秦惠王继位（公元前289年）至秦朝末年的七八十年间，有记载的徙民就多达十四五次，约平均5年一次。秦始皇统治时期徙民最频繁，达9次之多。其中向岭南一次就迁徙罪徒50万人，创造了空前的历史记录。这说明，秦朝的迁豪徙民，规模大，次数多，是秦王朝经常进行的工作。

徒民在很大程度上是出于军事和国土开发的需要，虽然带有严酷的军事强制性质，但从总体上讲其作用是积极的，它巩固了国防，加速了边远地区的开发，促进了民族的融合和先进文化的传播。迁豪显然是对六国旧贵族及其依附富人的惩罚性和管制性措施，其目的是巩固封建统一，加强中央集权，防止他们起来兴风作浪，从事复兴故国的活动。六国政权虽然被秦始皇用强大的军事力量一一消灭了，但六国旧贵族在其各自的故国，不仅在政治上还有相当广泛的影响，而且在经济上也还有较雄厚的力量。这些人，国亡家尚在，不贵而富有，他们显然构成了对秦皇朝的潜在危险。因此，秦朝统治者不论在其逐次平定六国的过程中，还是在统一全国之后，都有迁豪之举。

秦朝实施迁豪对于巩固国家统一，加强中央集权、稳定社会秩序的确起了较好的作用。首先，由于六国旧贵族被迁到遥远而陌生的地方，远离故土，不仅与故国人民的联系被斩断，而且又被置于秦政府强大军事力量的严密监视之下，这样就大大削弱了他们在政治上的影响；同时，由于他们中的大多数人在迁徙之后处于离群索居状态，很难职聚成团结统一的力量。

由刘邦开始的西汉迁豪徙民政策，直到汉哀帝时才宣布终止，前后持续了差不多200年的时间。这项政策在历史上几经变化，迁徙目的、对象前后都有很大的不同。那么，以“伐无道，诛暴秦”相号召的刘邦，为什么在建国之初就毫不迟疑地接受娄敬的建议，继续秦皇朝的迁豪政策呢？

首先，与秦朝迁豪的原因一样，也是为了消除政治上的潜在危险。六国旧贵族及其依附者富商大贾，虽然经过秦始皇时期的二次迁徙，力量受到很大削弱，但是，漏网之鱼尚多。这些人在秦末农民战争中仍然表现出相当大的力量。娄敬所谓“诸侯初起时，非齐诸田，楚昭、屈、景莫能

兴”，就是指的此种情况。项梁叔侄所代表的楚国旧贵族的力量，田广、田荣和田横所代表的齐国旧贵族复兴故国的不屈气概，刘邦当然都记忆犹新。一有风吹草动，他们之中仍有可能出现揭竿而起、据地称王的领袖人物。让这类人物散在全国各地，刘邦是寝食难安的。通过迁豪将这批危险人物置于自己眼皮底下监视起来，就等于消除了一大块心病。因而娄敬的建议一经提出，刘邦没有丝毫犹豫就接受并付诸实施了。

其次，是为了充实关中地区，强干弱枝，以对付其他地区的反叛势力和匈奴的侵扰。关中地区本来富甲天下，但经过秦末农民战争，尤其是楚汉战争的破坏，土地荒芜，人口减少，经济力量相对削弱。同时，关中北距匈奴较近，容易遭受这支游牧民族的攻击，将六国旧贵族迁到这里可以化不利因素为有利因素。一方面能够增加关中的人口，加速这里的开发；另一方面，六国旧贵族及其依附者都有较雄厚的经济实力，可以使关中经济得到较快的发展，从而增强抵抗匈奴的力量。他们作为汉皇朝政治上的潜在危险也就大大地缩小了。

再次，强迫其迁离故土也是对旧贵族及其依附者富商大贾在经济上的巨大打击。这些人在迁离故土时虽然可以带走一些动产，如金银财宝之类，但大量的不动产如土地和房舍等都得忍痛抛弃了。当然，后来刘邦也对他们实施了一系列的安抚政策。通过对六国旧贵族的安抚政策，拉近与现政权的距离，逐渐达到对汉皇朝的认同，达到“无事，可以备胡；诸侯有变，亦足率以东伐”的“强干弱枝”的目的。这个政策经过刘邦及其后世子孙的相继实施，的确收到了较好的效果，原来预期的目的基本上都达到了。关中地区的经济得到了较快的发展，成为汉皇朝稳定的中心区域。在对异姓诸侯王和同姓诸侯王的斗争中，尤其是平定吴楚七国之乱和后来反击匈奴的斗争中，这里都成为汉皇朝的战略总后方，起了任何别的地方都不可替代的作用。

这种繁荣局面的出现，首先应该归功于手足胼胝，不畏寒暑，辛勤劳作的广大农民，其次也应归功于刘邦及其后继者制定和执行的政策。刘邦正是在秦朝二世而亡这一血的教训启示下，在农民战争所创造的历史条件制约下，制定了一系列顺应历史潮流和百姓愿望的政策，使劳动人民中蕴藏的生产积极性和创造性充分发挥出来，从而使一个经济文化高度发达的汉皇朝屹立于古代的东方。刘邦也因此作为一代创业皇帝名垂千古。

第六章

御权有术——刘邦这样对我说御权

不是谁都能执掌权力，运用权力，只有有头脑的人才能有效地掌握权力，运用权力。这不仅需要有非常高的智商，还要具备很高的谋略和良好的精神状态。这样，在危急的时候，你才可以安如泰山；在得意的时候，你才可以冷静面对。刘邦在这方面就做得很好。

“和亲”之计除威胁

秦汉以来，匈奴一直是威胁中国北方的一股强劲力量。匈奴原是北方的游牧民族，在战国末期趁中国诸侯内斗正盛、无暇北顾之际，逐渐南侵。尤其赵国北方，曾受严重威胁，幸赖名将李牧经营有方，阻挡住了匈奴对中原文明的威胁。

秦始皇统一天下后，忙于国内的治理工作，无暇顾及边防。匈奴于是更为猖狂，数度入侵北河一带，秦始皇不得已筑长城以防之。

始皇三十三年起，大将蒙恬数度北伐，收复北河之南44县地，匈奴稍畏之，北徙十余年。

秦皇朝灭亡后，匈奴再度南侵，并渡过北河来骚扰中原北方地区。

这时，匈奴出了一个非常有作为的首领叫冒顿。他训练出一支强悍的军队，一直觊觎中国的北方，趁中原混乱之际，迅速带兵南侵。

关于冒顿，《史记·匈奴列传》有一段关于他的图强记载：“冒顿既立，是时东胡强盛，闻冒顿杀父自立，乃使使者谓冒顿，欲得头曼时有千里马。冒顿问群臣，群臣皆曰：‘千里马，匈奴宝马也，勿与。’冒顿曰：‘奈何与人邻国而爱一马乎？’遂与之千里马。居顷之，东胡以为冒顿畏之，乃使使谓冒顿，欲得单于一阏氏。冒顿复问左右，左右皆怒曰：‘东胡无道，乃求阏氏！请击之。’冒顿曰：‘奈何与人邻国爱一女子乎？’遂取所爱阏氏予东胡。东胡王愈益骄，西侵。与匈奴间，中有

弃地，莫居，千余里，各居其边为瓯脱。东胡使使谓冒顿曰：‘匈奴所与我界瓯脱外弃地，匈奴非能至也，吾欲有之。’冒顿问群臣，群臣或曰：‘此弃地，予之亦可，勿予亦可。’于是冒顿大怒曰：‘地者，国之本也，奈何予之！’诸言予之者，皆斩之。冒顿上马，令国中有后者斩，遂东袭击东胡。东胡初轻冒顿，不为备。及冒顿以兵至，击，大破灭东胡王，而虏其民人及畜产。既归，西击走月氏，南并楼烦、白羊河南王。悉复收秦所使蒙恬所夺匈奴地者，与汉关河南塞，至朝那（今甘肃固原东南）、肤施（上郡郡治，在今陕西榆林南），遂侵燕、代。是时汉兵与项羽相距，中国罢于兵革，以故冒顿得自强，控弦之士三十余万。”

正值刘邦和项羽对峙荥阳之际，中原内部疲于内战，根本无暇顾及边防，这让冒顿的势力得以迅速扩张，其掌握的游牧骑兵军团多达30余万，北方诸国均被纳入其管辖之下。

大汉王朝建国后，刘邦命韩王信进入晋阳，并在马邑建立防寨。同时，冒顿也率大军南下，包围住马邑的韩王信营寨。冒顿的骑兵团来无影去无踪，凶悍无比，韩王信无法抵御，只好派遣使者去和冒顿谈判，寻求和解。

刘邦在听到马邑危急的消息后，立刻派军前往协助，因此韩王信有心归向匈奴的情报也为汉援军截获。虽无法判断韩王信是否有心投降，但刘邦以前线主将存有二心，将危及国家为由，正式派钦差指责并警告韩王信。韩王信因害怕刘邦追究责任，只好率军向冒顿投降。冒顿也随即率军南下，攻陷了句注及太原地区，并包围韩国首邑晋阳。

为了确保大汉帝国的领土完整，刘邦决定御驾亲征，以樊哙军团为先锋，北上攻击匈奴及投敌的韩王信的军队。韩王信自恃勇猛，和樊哙会战于铜硖。刘邦亲自赴前线指挥，汉军士气旺盛，韩军不敌，主将王喜阵亡，韩王信败走匈奴。原属赵国的白土人曼丘臣和王黄等人，拥立赵王室

苗裔赵利为王，并收编韩王信残余兵马，和韩王信及匈奴暗中联合攻打远征的汉军。

冒顿单于令左、右贤王各率领万余骑兵，屯于广武以南，响应王黄等号召，并向晋阳附近进击。樊哙率军猛击，匈奴败走，但很快又再集结。樊哙下令北击，不料却碰到大寒流来袭，雪花鹅毛般落下，天寒地冻，士兵被冻得连兵器都拿不起来。樊哙只好下令休战，驻屯于晋阳。

刘邦也在晋阳坐镇，指挥大局，等待气温回升再发动北伐战争。冒顿也赶往前线，驻屯于代谷。这时，刘邦派出密探，前往探查冒顿的布防。冒顿有所警觉，故意将勇士及肥壮的牛马藏起来，只将那些老弱残兵和瘦弱牲畜不露痕迹地展示给刘邦的密探看。

汉军情报人员回以匈奴势弱可击，刘邦为慎重起见，再派出十余批人马去刺探，但所得的情报皆相同。

刘敬（娄敬）长年在边疆作贸易，自认对匈奴了解较多，于是提议由自己亲自出使冒顿营寨，以探虚实。不久，天气转暖，但刘敬还未归来。

依据情报，刘邦集团认为冒顿是畏惧汉军北上，有意撤营，由此认为这是一个绝好的攻击机会，因此召开御前会议，众将都一致认为匈奴可击，如果等刘敬回来，必会丧失时机。事不宜迟，刘邦马上率领32万大军北上，以图大举消灭匈奴。

正当刘邦军队到达北方军事重镇句注时，碰到了急速返回的刘敬。

刘敬向刘邦劝谏道："两国相互争战，依常理应尽量掩饰弱点，展现优势。但臣前往冒顿营，果然只看到老弱残兵，这必然是匈奴有意暴露其短，再以伏兵出奇突击我们，所以我判定现在不是攻击匈奴的时候啊！"

刘邦已箭在弦上不得不发，对此不以为然，斥责刘敬道："你这人就会靠那张嘴巴，现在又胡说八道，扰乱军心！"于是下令械系刘敬，并送往广武监禁。

由于30万大军人数太多，为配合粮食补给方便，必须分由数条大道北上。刘邦下令各军在平城集结，便自率主力军急速北上。刘邦主力部队路况较佳，很快便到达平城，等候其他军团一到，便要对冒顿营寨发动攻击。

其实，汉军所有的行动，全在冒顿的掌握中。冒顿见诱敌成功，便立刻发动匈奴各部落游牧骑兵40余万，将白登山团团围住，并派遣部队切断了平城方面的驰援。

虽然有樊哙军团拼命死战防御，匈奴军暂时无法攻陷白登防寨，但仓促间进军，粮食携带有限，没过几天，刘邦的主力部队就陷入了断粮的困境。外围的部队完全遭到阻断，更不用说运粮的后勤部队了，刘邦主力部队已处在被匈奴大军团团包围的境地之中。

这就是刘邦被困于白登山的故事，见于多种古书。其中《刘敬列传》是这样记叙的："汉七年，韩王信反，高帝自往击之。至晋阳（今山西太原西南晋源镇），闻信与匈奴欲共击汉，上大怒，使人使匈奴。匈奴匿其壮士肥牛马，但见老弱及羸畜。使者十辈来，皆言匈奴可击。上使刘敬复往使匈奴，还报曰：'两国相击，此宜夸矜见所长。今臣往，徒见羸瘠老弱，此必欲见短，伏奇兵以争利。愚以为匈奴不可击也。'是时汉兵已逾句注（今山西朔县东南），二十余万兵已业行。上怒，骂刘敬曰：'齐虏！以口舌得官，今乃妄言沮吾军。'械系敬广武（山西原平北约百里）。遂往，至平城（今山西大同东北），匈奴果出奇兵围高帝白登（山名，在今山西大同东北）。"

在这个著名的故事中，匈奴冒顿单于用的是以弱示强之计，计出《孙子兵法·计篇》，原作"能而示之不能"，为著名的"诡道十二法"之一，意思是本来能打却故意装作不能打。明代兵书《百战奇法》，对此计作了进一步阐述，其《强战》篇载："凡与敌战，若我众强，可伪示怯弱以诱之，敌必轻来与我战，吾以锐卒击之，其军必败。"这就是说，强而示弱之计，

是在我方强大而敌方弱小的情况下应当采用的计谋，其好处有三：一是使敌人误认为自己强大我方弱小而轻易出战，不至于被我方的强大吓得缩回去；二是使敌人因误以为自己强大、我方弱小而失去戒惧，骄傲轻敌，从而在事实上变得更加虚弱，不堪重击；三是可以诱敌深入，使之陷入我方预先设置的埋伏之中，在最大的限度内给敌人以歼灭性的打击。

在白登之围中，匈奴兵力为40万，汉军号称32万，其实只有20余万；匈奴兵全部为骑兵，汉军只有10万为骑兵，其余为步兵；匈奴兵生长在北方，精于骑射，能耐严寒，而汉军生长在南方，步战为长，骑射为短，且不习惯严寒气候。所以，无论从哪个方面来看，匈奴都远比汉军强大。当时冒顿如果不用强而示弱之计，而是直接与汉军拼实力，即使能够战胜，至多也只能打成击溃战，而不能将汉军的前锋部队连同他们的皇帝及重要谋臣武将一下子全包围在白登山上。

刘邦上当受骗，这与他本身有极大关系。他之所以中了冒顿单于的强而示弱之计，关键在于他犯了数胜而骄的错误。在刘邦看来，强大如项羽，尚且败在他的手里，匈奴又算得了什么？所以，他视刘敬的忠告为沮军之“妄言”，不仅置若罔闻，不加采纳，而且将刘敬系于狱中，欲治其罪。这实际上再次验证了“骄兵必败”这一铁的战争规律。

这次白登之围，幸亏有陈平急中生智，想出了一招“美人计”。刘邦派一名使者，带着金银珠宝和一幅图画秘密去见冒顿之妻阏氏。使者送上厚礼又献上一幅图画，上面画的是一位娇美无比的美女，使者声称是献给匈奴王的中原女子。阏氏害怕丈夫得了这么漂亮的女子后自己被冷落，于是便劝说丈夫，即使夺得汉地也不宜久居，不如卖个人情，将来和刘邦也好和睦相处。

匈奴王经过反复考虑，同意了夫人的建议。后来，双方的代表经过多次谈判，达成了停战协议。

美人计果然见效，冒顿慢慢放松了戒备。而这时，他怀疑与其合作的王黄、赵利军队失约，怕与汉军有阴谋，于是下令放开围师之一角，意图引汉军突围，再加以歼灭，以免汉人联合起来内外夹击，反造成匈奴军无谓伤亡。

这时又碰到数日大雾，视线不良，汉使者趁机偷偷突围出境，来往于阏氏、平城、白登间数回，匈奴围兵竟然不觉。

由于距离不远，刘邦一行很快便到达平城，后续的军团也陆续到来，平城防务已完全强化。

冒顿判断敌我势均力敌，刘邦天运尚在，不可击也，于是下令撤军北还。

刘邦碰到这次严重挫折，也无心再战，只下令樊哙驻屯代地，防范匈奴军再度南侵。

陈平认为机会难得，下令弓弩手攻击，每支弩用两支箭，均向外射，形成两条火线，形成一条安全通道，让刘邦直驱冲出。

匈奴军在大雾天遭到奇袭，急于防护，终于让刘邦和其特遣队安全冲出重围。

刘邦白登突围这件事，据《史记·陈平世家》载，陈平“以护军中尉从攻反者韩王信于代。卒至平城，为匈奴所围，七日不得食。高祖用陈平奇计，使单于阏氏，围以得开。高帝既出，其计秘，世莫得闻。”

而《史记·匈奴列传》是这样记载的：“高帝先至平城，步兵未尽至，冒顿纵精兵四十万骑围高帝于白登，七日，汉兵中外不得相救饷。”“高帝乃使使者间厚遗阏氏，阏氏乃谓冒顿曰：‘两主不相困。今得汉地，而单于终非能居之也。且汉王亦有神，单于察之。’冒顿与韩王信之将王黄、赵利期，而黄、利又不来，疑其与汉有谋，亦取阏氏之言。乃解围之一角。于是高帝令士皆持满傅矢外乡，从解角直出，竟与大军

合，而冒顿遂引兵而去。”

从这些记载来看，刘邦当时的确是用了陈平的奇计才得以脱身的。

刘邦回来后，非常后悔，立即下令赦免刘敬，并向刘敬道歉道：“不听先生的话，果然在平城受困。朕之过也。”于是封刘敬二千户，为关内侯，号称“建信侯”。但刘邦本打算用陈豨和赵王张敖来抵抗匈奴，没想到却因为谋反的牵连而失了国，虽然刘邦又重新立了赵王，可是新的赵王刘如意是刘邦最为疼爱的儿子，他自然不会把他派往前线。所以，匈奴的骚扰也就有愈演愈烈之势。

匈奴的威胁，一直是刘邦心中的心病。匈奴的战斗力很强，刘邦知道不能和他们硬碰硬，所以便一再命令樊哙采取坚守策略，尽量避免正面冲突。

刘邦这次出马征剿匈奴失败后，从前线回到洛阳，当即召见诸侯，共商抵抗匈奴大计。

淮南王英布、梁王彭越、赵王张敖、楚王刘交等人都来了，但没有人敢接下征剿匈奴这个重任，因为谁都知道，匈奴实在是太强悍了，弄不好就要全军覆没。

此时天下唯一能击败匈奴的，大概只有韩信了，但刘邦不愿再度起用已被贬为淮阴侯的韩信。起用韩信虽然可以打败匈奴，但如果韩信打败匈奴后再调转枪口对准刘邦的话，大汉王朝的末日也就不远了。

见满朝文武竟然没有人能提出有效的防御策略，刘邦突然想到了刘敬，于是马上召见他询问解决匈奴问题的办法。

刘敬对刘邦说：“天下刚刚统一，士卒需要长期的休息，才能积蓄起足够的战斗力来对付匈奴，因此轻易使用武力将是很危险的。冒顿凶残无比，连自己的父亲都敢杀害，父亲的妃子也都被他占为己有。对这种人只能讲实力，如果向他晓以仁义之道，无疑是对牛弹琴。不过，我倒有一个

计策，将可产生较长期的结果，只怕陛下不愿采用！”

刘邦见刘敬这样说，就问他：“不用武力，还有其他什么办法吗？”刘敬便回答：“最好采用‘和亲’的办法，就是大家讲和，相互结为亲戚，过各自的和平日子。皇上如果能够把公主嫁给单于，再送他一批很值钱的嫁妆，他一定感激皇上，把公主立为阏氏，他生的儿子就是太子，将来就是单于。皇上能够把咱们多余的，而匈奴却没有的东西送给他们一些，经常跟他们来往，帮助他们，匈奴还能不感激皇上吗？我们还可以派人去教导他们，让他们也懂得礼节。这样，冒顿单于活着是皇上的女婿，他死了，外孙子做单于，哪里会有外孙子打外祖父的？如果这样，不用武力，不必打仗，就能把匈奴感化过来。”

刘邦与吕后一商量，吕后怎么也不同意，刘邦被她闹得没有办法，同时也觉得对不起自己的女儿，就打消了把女儿嫁给单于的想法。但是总得有个人去，刘邦就在后宫里找了一个女子，冒充是大公主，派刘敬为使者去跟冒顿单于订约。冒顿同意了，刘邦就把所谓的大公主和一批丰厚的嫁妆，由刘敬作代表，护送到匈奴去了。冒顿单于见到了美丽的公主，便把她立为阏氏，不再与汉朝动武。

对于刘邦采纳刘敬的和亲之计，后世多有不同的评价。

有人认为，冒顿既然不知敬事自己的父亲，怎么会知道尊敬岳父呢？因此这样的计策，实在不值得一提。丁晏也说，司马迁“言刘敬之智，其言都关中及匈奴不可击，具见硕画，至请以公主妻单于，开千古和亲之衅，此则罪之大者，匪直谋之不臧也。”认为司马迁只赞“其建都之安而不及他事，可云特识”。

其实，这些议论，都有其偏颇之处。中国统一的专制政权建立之后，刘敬是第一个提出和亲之策的人。

这个政策虽然不能从根本上解决匈奴的威胁，但他缓和了民族矛盾，

稳定了边疆，也就暂时解决了刘邦的外患。从当时的实际情况来看，这一计策的提出有一定的现实性与合理性。汉初，匈奴正处于上升时期，其精锐骑兵三四十万，势力十分强大，汉政权则由于连年战争的影响，经济困顿，国力衰弱，根本不具备与之进行全面军事对抗的能力。这时，要想稳定社会，发展经济，就必须有一个相对和平的环境。所以，和亲作为一种权宜策略，不仅是需要的，而且也是必要的。

其次，这一计策在当时的确是收到了一定成效的。在汉匈和亲之后的数十年中，匈奴未再大规模地骚扰西汉边境，西汉王朝因而得以休养生息，发展生产，恢复国力。再次，和亲之计在客观上促成了汉民族与其他民族之间的文化交流，增进了民族之间的了解，在一定程度上避免了大规模战争对社会经济文化的进一步破坏。从上述意义上讲，和亲之计是具有积极意义的。也正是由于上述原因，刘敬的和亲之计自汉以后逐渐演变成了一种政策，在历史上产生了重要而深远的影响。

该舍就舍，得失利益看长远

生命的每时每刻，我们都会面临两难境地，需要做出抉择，常常摆在我们面前的是两条或两条以上的路。每条路上都有无限风光，充满了神秘、新奇、刺激和诱惑。更难的是我们往往不知道每条路收获和风险的比例是多少，选择其中一条，就必须放弃另外一条，这种放弃往往是令人心痛的。

刘邦的英明之处，在于他能在历史的关键时刻，抓住历史的机遇，

并敢于不惜任何代价、不受任何旧观念的束缚，为达到目的而不择一切手段。尽管他自己并没有能力洞察历史的机遇，但是，当他的谋臣们向他提示这种机遇并提出建议时，他总是能根据自己利益的需要，欣然接受并果断决策。

汉高祖五年（公元前202）十月，刘邦追击项羽的军队到达阳夏（今河南省太康县）南，而项羽的军队在陈县（今河南省淮阳市）。刘邦命令军队停止进攻，等待韩信、彭越率大军赶到固陵（今河南省太康县南、淮阳市北），与项羽会战。

到了约定的日期，韩信和彭越均没有如期赶来。项羽立即抓住这一时机回军向刘邦的军队发起进攻，将刘邦打得大败，刘邦只好深沟高垒，处于防守态势。这说明刘邦的军队，根本不是项羽军队的对手，刘邦的军队与项羽的军队对抗，防守尚感到吃力，会战则必败无疑。项羽与刘邦打了三年多的仗，只是一味地和刘邦打攻坚战、阵地战，从没有想过应该和他打运动战，在运动中寻找机会与刘邦会战，以歼灭刘邦的有生力量，这是项羽在战略和战术方面最大的失误。

其实，项羽在这一点上，早有成功的经验，他在彭城之战中，就采用了运动战术。他保持自己军队的高度机动性，紧紧咬住刘邦的军队不放，在刘邦军队撤退的过程中，向其军队发起攻击，歼灭其有生力量，取得了以少胜多的大胜利。但是在这以后，项羽始终紧追刘邦本人不舍，刘邦到哪儿，项羽的军队就攻击到哪儿。而刘邦则坚决不与项羽会战，始终利用防御工事与项羽相抗衡。在这种情况下，项羽强攻下荥阳、成皋，是付出了极大代价的。

更为重要的是，项羽是远离自己的后方，作攻击性的战斗，只能千方百计地寻找战机与刘邦军队会战，而不能与刘邦的军队在某处战略要地对峙。否则，就失去了自己军队的机动性，暴露了自己军队后勤供应困难的

弱点。刘邦在战争中，已经探寻到扬自己之长、避自己之短的规律，而愚蠢的项羽始终未能从战争的经验中探寻到对付刘邦的正确战略战术，他舍弃了自己的长处，而用自己的弱点去和刘邦的长处相对抗，结果使自己始终抓不到战机，在旷日持久的对抗中，白白耗费了自己的军力，使自己越打越弱。

从前文不难看出，刘邦在固陵吃了大败仗，他对韩信和彭越不如期来会战感到十分焦虑。他问张良："韩信和彭越不如约会战，这可怎么办？"张良对他说："楚军快要失败了，韩信和彭越不能从消灭项羽中获得更多的封地，当然不会出兵会战。如果你能和他们共分天下，他们立刻会出兵会战。如果你不给他们分封地盘，则形势的发展就很难预料了。如果你能将陈以东直至东海的地盘，分封给韩信，将睢阳（今河南省商丘县）以北直到谷城（今山东省平阳县西南）的地盘，分封给彭越，并让他们为此而战斗，那么，就很容易将楚军打败了。"

刘邦接受了张良的建议，立即派出使者通知韩信和彭越说："大家联合起来攻打楚军，打败楚军后，从陈以东到大海的地盘给齐王，睢阳以北到谷城的地盘归彭相国。"韩信、彭越立即派人报告刘邦说："我们立即发兵攻打楚国。"

韩信和彭越开始并没有按刘邦的约定出兵到固陵，参加聚歼项羽的会战，这让刘邦孤军深入，吃了大败仗。这说明韩信和彭越尽管在政治上站在刘邦一边反对项羽，但他们都已经取得了独立的地位，是否消灭项羽，就看刘邦能否允诺给他们以更多的利益了。

聪明的张良看到了这一点，及时给刘邦提出了舍地集诸侯的建议，而英明的刘邦也以消灭项羽这个大局为重，答应将属于项羽的以鸿沟为界的地盘，全部分封给韩信和彭越，自己仅仅维持鸿沟以西的地盘。这就极大地调动了韩信和彭越的积极性。对于韩信和彭越来说，刘邦不要项羽的

一寸土地，而把项羽的土地让他们两人瓜分，却出兵和他们一起来攻打项羽，这项协议对他们来说是太优惠、太有诱惑力了！他们当然会全力以赴抓住这个大好时机，因为他们很清楚，刘邦、韩信、彭越三方合力，消灭项羽易如反掌，并无任何的风险可言，他们在政治上有帮助刘邦消灭项羽之名，利益上又有裂地封土之实，这样的行动，又有谁不愿意参加呢？

韩信、彭越在得到刘邦的封地许诺后，立即率军赶赴陈县，与刘邦共同对付项羽。

刘邦曾派刘贾率军到项羽的后方，配合彭越打击项羽。这时，刘贾也率军南渡淮河，围攻寿春（今安徽省寿县），攻占了城父（今安徽省涡阳县西北）。刘邦又派人策反了项羽的大司马周殷，周殷用舒县（今安徽省庐江县）的兵力，攻下了六县（今安徽省六安县），和刘贾一起，控制了九江郡，并迎接黥布重返他原来的封地，刘邦分封黥布为淮南王。于是，黥布、刘贾、周殷也加入了聚歼项羽的行列。

韩信在刘邦封他为齐王后，曾派灌婴率领一支军队深入到项羽后方打击项羽。取得了一连串的胜利后，终于迫使留守彭城的项羽军队投降，俘虏了项羽的柱国项佗。乘胜又迫使留县（今江苏省沛县东南）、薛县、沛县、酂县、萧县、相县这几个彭城周围的县城相继投降。他又率军攻打谯县（今安徽省亳县）、苦县（今河南省鹿邑县），俘虏了项羽的亚将周兰，并在苦县的颐乡和刘邦相会，共同率军赶赴陈县，攻击项羽。

刘邦、韩信、彭越、黥布等各路军队会师于陈县，和项羽的军队在陈县附近会战，项羽的军队寡不敌众被打败。项羽率军向东逃窜，刘邦的各路大军紧追不舍，在垓下（今安徽省灵璧县东南）追上了项羽的军队，聚歼项羽的最后决战终于来临了。

俗话说："舍得舍得，先舍后得"，刘邦以暂时的利益作为牺牲，却获得了长远的利益。这就十分符合那句至理名言："两利相权从其重，两

害相衡趋其轻。”前一句因是在两利之间抉择，相对来说比较容易；后一句实践起来往往就需有勇气了，因再小的“害”也是损失，更何况有时两种情况都很严重。

人们的目的无非名利，但这种利益与自己的努力成正比，如果以战争手段去抢夺，那么你“失去的东西，永远比得到的更多”。

在战争中，爱兵如子可能是所有将帅的美德，所以，损失士兵的事是统帅所不愿意做的，但有时为了获得战争的胜利也不得不作出牺牲，因此，以小损换大益正是在一定程度上最大限度地保存了士兵的利益。

《国史补》中记载，渑池道中有车载着瓦瓮，堵塞在狭窄的路上。正赶上天气寒冷，冰雪盖路又陡又滑，进退两难。天色将晚，公家的和私人的旅客成群结队走来，数千车马拥挤在后面，毫无办法。这时有一个叫刘颇的旅客，催马赶来，问道：“车上的瓮能值多少钱？”回答说：“七八千。”刘颇立即打开包裹取出银子，将瓮全部推到山崖下。不大一会儿，车载轻了能够前进，后面的车队也喊叫着前进了。

还有一个这样的故事，说的是一个伐木工人在砍树作业中，遭受事故而果断脱险的经过。一天，他独自一个人在森林里伐木，不慎被倒下的树压住了右腿。他试图把腿抽出来，可是办不到，腿被压得死死的，一点儿也动弹不得，伐木工很清楚，他不能靠等待，否则会因耽误得太长流血过多而死去。他拿起手边斧子，狠命地朝树身砍去。可是由于用力过猛，三四下后，斧子便断了。还好他够着了电锯，开始用电锯锯树。但他很快发现，树呈45°角倒下，巨大的压力随时可能会把锯条卡住，那样，他只有坐以待毙了。最后他下定了决心，拿起电锯对准了自己的右腿……他从树下解脱出来，终于得救了，但他永远失去了右腿。

伐木工的选择对常人来说是难以想象的，但他是对的，失去一条腿总比失去整个生命要好得多。对于刘邦来说，给韩信封一个齐王，这种损失

比自己失去整个战争甚至葬送政治生命要好得多，这笔账谁不会算呢？

工作和生活中我们也会遇到痛苦的选择，能否像伐木工那样镇静又勇敢呢？真正做到两害相衡取其轻可是不容易啊！

宋朝一个叫孙伯纯的官员，在他治理海州时，朝廷向海州征调军器，其中有弩椿箭竿这类的物品。但海州是沿海地区，从来不产这类东西。老百姓发愁，他们向孙伯纯提出，能否用鳔胶来代替、折算。孙伯纯对他们说："弩椿箭竿，大家都知道不是海州所产，这次朝廷调发，不过是为一时急需，如果以土产品代替，恐怕你们以后年年都要被征调而没有停止的时候了。"

孙伯纯大概是出于他当海州父母官的爱民心理说这一番话的。以海州百姓看来，用本地特产鳔胶来代替弩椿箭竿来应付朝廷的征调，既能应急又不费周折。但孙伯纯却提醒他们，一旦如此，他们将背上长期的包袱，永久利益会受到损害，所以不如这次多破费些，以免今后征调之苦。

孙伯纯站得高看得远，把眼前利益与长远利益的轻重权衡给百姓，是因为他懂得眼前利益与长远利益的辩证关系。同样，刘邦在围歼项羽的过程中，之所以能够许诺将天下分封给其他诸侯，是因为他的最大敌人是项羽，而消灭项羽对他来说则是最大的利益，为了这个利益，他无论做出多大的让步都是应该的。

善于舍弃是一种境界，是历尽跌宕起伏后对世俗的一种坦然，是饱经人间沧桑之后对财富的一种感悟，是运筹帷幄、充满自信的一种流露。只有在了如指掌之后才会懂得舍弃并善于舍弃，只有在懂得并善于舍弃之后才会获得大成功。

舍弃是一种坦荡的心境和大度的气概。生命里有很多事情都是不尽如人意的，所以我们在很多时候都要面临舍弃。在我们蹒跚学步时如果父母不舍得放开我们的手，说不定我们到现在还不会走路；在我们经历一次成

功时，要舍弃我们的骄傲，否则就没有下次的成功；我们受到挫折时，要舍弃挫败感，否则就会活在失败的阴影之下。

舍弃是自然界的规律，舍弃是一种成长方式，一种健康生活的艺术；舍弃，能让我们正确地审视自己；舍弃，是我们人生旅程的一种超越；舍弃，也是一种胸怀，更是一种升华；舍弃是一种睿智，它可以放飞心灵，可以还原本性，使我们真实地享受人生；舍弃是一种选择，没有明智的舍弃就没选择的余地。

人生需要执着，但执着是因为有了众多舍弃才闪耀光华；人生需要舍弃，有了明智的舍弃，才能迎来最后的成功。所以说，舍弃是做人的境界，也是人生的一堂必修课。

投其所好，消除隔阂

一个善于沟通的人，无论在哪种场合下与人沟通，总是可以通过很多渠道了解到对方的喜好。对他人喜好之物表示感兴趣，可以顺利地找到沟通的共同点。但是，要做到投其所好并不容易，这个问题不适合主动挑起，更多的是要暗示，因为不经意和他人的兴趣爱好相一致，会更令他人兴奋。如果主动挑起话题，往往达不到效果。下面就让我们看看刘邦是如何用沟通与项羽抹去隔阂的。

刘邦布置停当之后，深恐项羽情急之下杀了自己的家人，便与张良、陈平商量如何营救家人。两人的观点比较一致，都认为项羽缺乏粮草，必然会后退，此时正好可以和他讲和，救回太公和吕后。

刘邦担心地说："项羽性情暴躁，一句话没说好，便会动怒，派人议和，必须要找非常可靠的人。"

话音刚落，就有个人愿意前往。此人叫陆贾，原是楚人，仪表堂堂，学问口才俱佳。谋士对自己的口才都相当自信，陆贾也不例外。项羽虽然不愿意和谈，但还是接见了陆贾。

陆贾一上来就滔滔不绝，听得项羽几乎要打呵欠。他首先肯定项羽的主张，认为天下苦于战乱已久，确实应该结束战争。

"大王和汉王原本都是楚地人，两人并肩作战如同兄弟，兄弟何苦要致对方于死地，和谈对彼此都有好处。目前，大王和汉王不分胜负，但大王的军队远征在外，粮草补给很不方便，坚持下去未必有利。汉王顾念父亲和妻子的安危，诚心想和大王谈判，这事对双方和天下人都有利，希望大王认真考虑。"

陆贾的观点其实很有道理，而且也很诚恳，楚国的许多重臣也倾向于这种观点。但项羽却不以为然，虽然他也知道自己粮草各方面都陷入困境，但感情上，他总不愿意和刘邦这个手下败将和谈，他始终相信，只要大战一场，刘邦必输。

"项王，你意下如何？"陆贾问。

项羽瞪着眼珠子，怒道："你认为刘季有资格跟我和谈，平分天下？"

陆贾本想点头，忽然想起汉王的家人还在项羽手中，万一自己话说不好，项羽杀了他们就误了大事。陆贾只好避开问题，无奈地解释："汉王确实有诚意啊，大王！"

"你不用说了，"项羽一挥手，很有魄力地说道："要结束战争一点都不难。你回去禀告汉王，如果他真的为黎民百姓着想，就出来与我决一死战吧！"

陆贾回来后，仍不失风度地向刘邦禀报："虽然任务未能完成，但我

也未辱使命，已把和谈的意思传达给项羽，而且为大王赚够了面子。”

刘邦心里肯定大骂陆贾为“竖儒”，但面子上仍给予一番鼓励和安慰。

陆贾失败后，刘邦仍不肯死心。就在刘邦为和谈的事情一筹莫展的时候，一个叫侯公的人提出想去楚营试试看。侯公的出身不清楚，若非他在这时刻挺身而出，也许历史上就不会留下这个人的名字。

侯公这人是个高个子，人瘦瘦的，看上去一阵风就可以吹倒。侯公从军的时间很长，一向不修边幅，看上去甚至有些邋遢，刘邦很欣赏这种不拘小节的人。和陆贾一样，侯公只是刘邦的门客，而非下属。

侯公出发前建议刘邦：楚汉双方以鸿沟为界。鸿沟是荥阳附近的运河，这就是象棋中楚河汉界的来历。

侯公来到楚营后，一点也不急于见项羽，而是经常跟接待人员谈论一些道家养生术，诸如呼吸吐纳、运气养心之类。项羽听了大感奇怪，终于按捺不住好奇心，主动召见侯公。

侯公慢悠悠地走了进来，见了项羽，丝毫没有惧色，从容地向前，行了个礼，便坐下。

项羽瞪着眼睛问道：“汉王既不出战，又不退兵，现在派你来是何用意？”

侯公淡淡地说道：“汉王的见解也没有什么高明的地方，我侯公来这里可不是为汉王说话的，我是为天下百姓来这里，只要你们两位和解，天下百姓才有好日子过。”

项羽听说侯公是个道家信徒，便提了提道家的一些问题，他发现侯公对道家的兴趣非常浓，远远胜过什么楚汉相争、止戈和谈。这让项羽颇有好感，至少感觉侯公是个立场比较中立的人，而不单单是刘邦派遣的说客。

见项羽不再反感自己，侯公问道：“大王是想战呢？还是想和呢？”

项羽答道：“我愿一战。”

侯公不但没有摇头，反而点点头，理解地说："大王想战我能理解，大王将士勇猛无敌，天下无人不知楚军的厉害。但现在大王粮草匮乏，即便是战的话也是胜负难料啊！而且将士疲乏，难免军心不振。所以，为大王自己，也为天下苍生着想，还是和为好啊！"

听了侯公的说辞，项羽也心动了，确实战事僵持，再拖下去对自己也没好处。项羽终于答应和谈，便问如何议和。侯公提出了两个条款：一是楚汉两国，以鸿沟为界，彼此相安，不再侵犯；二是归还汉王家人，让他们骨肉团圆。

听到这里，项羽又差点不满了，他最讨厌别人有目的而来。

侯公马上感觉到项羽的情绪，说道："大王释放汉王家人，不仅让汉王感恩戴德，也让天下人交口称颂大王明德：大王不杀别人的父亲，那是明孝道；大王不辱别人的妻子，那是明正义；已经抓住，又放他们回去，那是明仁德。具备这三德，大王已占据一个道德制高点，倘使汉王将来违约，错在他，而非大王。古人说，多行不义必自毙，汉王如果不念大王的恩德，再度出师，那天下人都会辱骂汉王，试想汉王还能取胜吗？"

听到这里，项羽也是心服口服。于是，同汉军在荥阳东南20里外的鸿沟划定国界，东面属楚，西面归汉。

和约签订后，侯公领着太公、吕后以及审食其等人前往汉营。父子、夫妻分别这么长时间，再次相逢，总是喜事一件，刘邦流出了热泪。

通过上面的故事我们可以看出：寻找对方的兴趣点，达到知己知彼，沟通才能够畅通无阻，才能使合作无间，携手共赢，走向成功之路。

突破常规，勇于变革

著名诗人爱默生说了一句富有哲理性的名言："一个人的样子就是他整天所想的那个样子，他不可能是别种样子！"

一个人的思想决定了他的长相，决定了他的一切。只要我们知道他在想什么，就知道他是怎样的一个人。我们的生存方式，完全决定于我们的思想。如果我们想的都是伤感的事情，我们就会悲伤；如果我们想的都是可怕的情况，我们就会害怕；如果我们想的都是失败，我们就会失败；如果我们沉浸在自怜里，大家都会有意躲开我们……为了改变我们的生存方式，增加我们的生存资本，我们就要突破思维，换一种思考方式，去创造，去变革。

刘邦做皇帝后，发布了一系列的诏书命令，以指导这个封建王朝各项事务的运行。他发布的第一个诏书是封吴芮和无诸为王，平心而论，吴芮与无诸在灭秦之役和楚汉战争中没有什么特别突出的功劳，《史记》《汉书》对他们的功绩只以寥寥数语记之，为什么在汉皇朝开国伊始，首先获得王爵和封地的是他们呢？

吴芮其人原为秦皇朝的番阳（今江西波阳县东）令，这是长江中游彭蠡泽畔一个偏僻小县的县令。大概因为他为官不太扰民，颇有些政绩，因而被当地百姓称誉为"番君"。秦末农民战争的烽火燃起的时候，流落江上"为盗"的英布前来归附。他看出英布并非等闲之辈，就把女儿嫁给

他，并带领当地的越族人民毅然投身起义队伍，北上反秦。公元前207年刘邦率军攻取南阳时，吴芮的部将梅锅率兵参战，协助他攻取了淅、丽等地，对促进秦皇朝的迅速灭亡起了一定的作用。后来，吴芮追随项羽，率百越之众同项羽一起入关。项羽起初也承认吴芮参与反秦的功劳，因而在大分封时赐予他衡山王的名号，以邾（今湖北黄冈）为都城，是项羽分封的18个诸侯王之一。以后，项羽出尔反尔，又削夺吴芮的爵位与封土，将其降为番君。楚汉战争一结束，刘邦刚登大位，立即以其参加反秦起义有功为由，改封他为长沙王，都临湘（今湖南长沙市）。

封为闽越王的无诸，是春秋晚期称雄东南的越王勾践的后裔。战国后期承袭其祖先为王。秦朝统一中国以后，他的王位被废，在他统治的地方设立了闽中郡（今浙江南部和福建一带）。秦末农民起义爆发以后，无诸认为复国的时机已到，就追随番阳令吴芮参加了推翻秦皇朝的斗争。可是项羽入关实行大分封时却没有赐予他任何爵位与封土，他的愤怒与不平是可想而知的。楚汉战争中，他自然参加了刘邦的阵营。战争结束后，刘邦封他为闽越王，以闽中郡为封地，以东冶（今福建福州市）为都城，算是对他参加反楚战争的酬赏。

刘邦建国伊始，并没有首先封赏他最亲近的功臣宿将，而是对与他关系比较疏远，且并无特殊功劳的吴芮和无诸进行封赏，表面上似乎出人意料，实际上有他的深意。王夫之对刘邦此举评价甚高，他认为此处表现了刘邦远远超过张良、萧何、陈平的大智，只有“量周天下”的帝王，才能有此“事出于人所不虑”的举措。应该承认王夫之的分析是有见地的。刘邦当时是否想得这么多这么深，他此举是出于“圣心独断”还是君臣共谋，还有待于进一步研究。不过，刘邦此举不失为英明决断则是可以肯定的。

由于吴芮长期为官江南，加上政声颇佳，为了稳定江南地区的统治自然以封他王于此地最为合适。特别是，吴芮本人在政治与军事上并无卓

越才干，而其所统辖的军事力量又很弱小，封其为长沙王，既是治理该地的合适人选，又可作为汉皇朝与宣布独立的南越之间的缓冲。况且，当时的江南，虽然地域广阔，气候地理条件也较优异，但人口稀少，尚待开发，经济文化均较落后，吴芮名义上虽领有五郡，实际上只有长沙和豫章二郡，象郡、桂林、南海三郡尚在南越王的统治下。吴芮根本无法形成威胁汉朝中央的力量。所以，刘邦此时乐意在他身上显示一下自己的“大公”。吴芮做长沙王以后，对汉朝中央奉命唯谨，丝毫不存在倨傲失礼之处。所以后来刘邦在削平异姓诸侯王的时候，只有长沙王及其子孙得以世享其禄，保住了爵位与封土。

无诸是粤人，又是勾践后裔，因而在闽越地区的少数民族中有着较高的威望和影响。刘邦封他于故地为王，能够更好地稳定汉皇朝在那里的统治。闽中地处东南海隅，亦是荒远之地，鞭长莫及。而刘邦当时注意的中心是中原地区。只要能维持闽中地区的和平与安宁，使少数民族与中原人民和睦相处，刘邦当然不惜封爵。而且，在当时的历史条件下，封无诸为王治理闽中之地，较之从汉朝中央派另外的任何郡县官吏都要便利得多。后来历史的发展表明，刘邦称帝之初即首先封赏此两人，的确显示了他政治上的深谋远虑。不久之后，刘邦开始了削平异姓诸侯王的斗争。尽管中原地区的诸侯王们对汉中央剑拔弩张，而英布、韩王信和燕王卢绾等甚至与汉中央兵戎相见，但江南地区却保持了稳定，吴芮及其子孙与无诸的确尽了自己守土牧民的责任。

刘邦战胜项羽，匆忙登上帝位，虽然标志着他取得了具有历史意义的伟大胜利，但是，对于刘邦来说，这仅仅是一个新时期的开端，摆在他面前的还有一系列复杂的亟待解决的问题。大汉皇朝的巩固和繁荣，还需要付出更多的艰苦努力。项羽集团虽然消灭了，但六国旧贵族的残余势力还流散于全国各地。由于他们与故国百姓还有着千丝万缕的联系，他们仍

然构成社会的不安定因素。这一批人需要妥善安置，谨慎处理。项羽集团的覆灭，尽管标志着与汉军对抗的最大武装力量的消失，然而，在楚汉战争中和战争后陆续分封的一些异姓诸侯王却又成了汉朝中央的潜在威胁。他们封国广阔，跨州连郡，遍布于函谷关以东的中原地区，形成半独立的政治军事集团。不彻底解决他们，汉皇朝的统一就是不完整的，其巩固自然也要打很大的折扣。同时，雄踞北方边疆地区的匈奴乘秦末中原大乱之际，经常越过长城，南下骚扰，其来去如飙风般的铁骑已构成对北部边疆地区的严重威胁。靖边同样是巩固汉皇朝统治的重要内容。更重要的是，经过七年战争，最富庶的中原地区已经是人口锐减，土地荒芜，经济凋敝，十室九空，国家和百姓都异常贫困。如何使残破的社会经济得到恢复和发展，使背井离乡的百姓得以回乡安居乐业，使新生的汉皇朝走向繁荣昌盛，更是刻不容缓需要解决的问题。刘邦作为一个军事统帅的才能在反秦战争和楚汉战争中已经得到了充分的证明。他的政治才干究竟如何，还需要在治理国家的复杂事务中接受新的考验。

刘邦虽然做了皇帝，大汉皇朝揭开了历史上新的一页，但是，六国贵族中的一些豪杰之士还不愿归服这个新的皇朝，而项羽军中的一些将士也还隐匿民间，拒绝出来自首。收降并妥善处理这批山森伏莽是巩固汉皇朝所必须面对的。刘邦根据不同对象，采取不同政策，在短期内较好地处理了这些问题，为汉皇朝消除了隐患。

一个人最糟糕的是不求进取，墨守成规，不敢变革。要打造生存的资本，就必须思想常新。事物是不断变化、发展的，人生也总得有所发现、有所创造，永不满足地积极进取，自强不息。在学习、劳动和工作中，永不满足于已有的成绩，总是看到不足，以成绩为起点，向着更高的目标积极进取，就会不断取得新的成就，在日新月异的进步中得到成长。

思维是人类生存的灵魂。它好像双桨，激荡起生命的涟漪；它好像火

炬，点燃起精神的烈焰；它好像翅膀，鼓动起冲击的力量。思维，对于人来说，好像花之蕊，果之核，水之源，山之脉，海之潮。一个不会思想的人，往往活得黯淡，活得平庸，活得无味。

生活中有些人是永远都无法让思维敏锐起来的。因为，他们并不能领会到微妙细致的情感，他们自身通常就是粗枝大叶、感觉迟钝的，因而也就无法理解那些思维敏锐的人。

敏锐的思维是良好的性情，以及在紧急时刻快速反应能力的综合产物。一位成功的人士，他总能采取一些特殊的方法，促使自己的灵感得到激发，并由此做出一些有效的事情。

任何一个有创造成就的人，都是战胜常规思维的高手，他们不被过去的思维所困扰，能突破常规思维的束缚，取得创新硕果。通常有很多人在思考同一类问题时，不知不觉地滑向了惯性轨道，绕着常规的思路旋转，很难从中挣脱出来。常规好比是一个无形的枷锁，严重地束缚了创新思维的正常运行。因此，在创新思维中，一定要突破思维定式的框架，突破常规思考的思路、模式，不要被常规思维束缚了我们的头脑和手脚。

逆道顺守，文武并用

战争结束以后，如何实现从战争政策到和平政策的转变，以达到长治久安的目的，正是作为开国皇帝刘邦日夜思考的问题，而他听从了陆贾的进谏，为汉朝的发展、壮大奠定了很好的基础。

汉五年（公元前202年）正月，刘邦在定陶的汜水之阳匆匆地举行了

登基大典，向全国臣民宣布了汉皇朝的正式建立。不久，刘邦即移驻洛阳，打算在此建都。五月，他在洛阳南宫大宴群臣，共同讨论总结在楚汉战争中战败项羽的经验。就是在这次宴会上，刘邦从用人路线方面阐述了自己的成功之道。

汉朝建立以后又在制度和政策上采取了一系列有别于秦朝的措施，力图在实践中与秦皇朝划清界限。但是，如何从思想理论上总结秦朝灭亡的教训，同时给汉初的政治经济政策一个理论上的说明与阐发，却是刘邦及其布衣将相的群体难以做到的。恰在此时，有一个名叫陆贾的谋士以自己精心创作的《新语》一书，在汉初的反思潮流中承担了这一任务。

陆贾是楚国人，以客卿的身份随刘邦参加了反秦战争和楚汉战争。由于他能言善辩，学富五车，满腹经纶，因而常常作为刘邦的使者完成各种复杂而艰巨的任务。如在进军关中的道路上，他奉刘邦之命收买守卫峣关的秦将，使之丧失警惕，为起义军突袭临关的成功创造了有利的条件；在楚汉战争中，又是他作为汉军的使者前往楚军军营，说服项羽释放了被掠为人质的刘邦父亲和妻子；西汉皇朝建立以后，他又两次出使南越，劝说南越王赵佗归附汉朝，对于缓和汉越关系和汉朝南方边境的安定，起了很好的作用。自从投奔刘邦以后，他最常充当的角色就是说客。刘邦初定天下后，陆贾被刘邦封为中大夫。

从前文可知，陆贾读过许多先秦的典籍，对儒家的《诗》《书》等文献也很有研究，在与刘邦交谈时经常加以引用和宣扬。

有一次，陆贾在刘邦面前津津乐道地称引《诗》《书》，刘邦听了，很不耐烦，刘邦一副不屑的口吻说："老子的天下是马上夺来的，读《诗》、读《书》干什么？"

陆贾既然是说客，自然不会就此罢休，他清楚地知道，刘邦的习惯就是如此！

陆贾说："皇上在马上夺得天下，难道在马背上可以治理天下吗？商汤周武用武力夺取天下而用文治管理天下，文武并用，才是长治久安之策。吴王夫差，晋国智伯，极武而灭亡；秦国严刑苛法，灭亡在赵高手里。假使秦国统一天下之后，行仁义，法先圣，皇上今天能坐在这座宫殿里吗？"

刘邦听到这里，脸上自有愧色，于是对陆贾说："你给我好好地研究一下秦国为什么失去天下，我凭什么取得天下，以及古代国君的成功与失败的经验和教训。"

刘邦要求陆贾为他总结历史与现实斗争的成功经验与失败教训，以便作为自己与臣僚们治国安邦的参考。正是在这一背景下，产生了陆贾精心创作的《新语》一书。该书共12篇，史载陆贾每写好一篇，即呈送刘邦。刘邦即让他在群臣面前宣读。每一篇不仅得到了刘邦的高度赞扬，而且群臣听了也都情不自禁地高呼万岁。刘邦亲自给这部书起了一个名字，号曰《新语》。顾名思义，就是它说出了从未听说过的新鲜话语。显然，《新语》一书解决了汉初统治集团上上下下都普遍关心的问题，成为刘邦君臣们的政治教科书。

大概刘邦读过《新语》之后还未来得及贯彻实施就逝世了。汉惠帝登基后，吕后当国，诸吕逐渐地窃居要津。这时，吕后明目张胆地违背刘邦的"白马之盟"，坚持封王诸吕的形势日益明朗，但朝野上下却无人能够阻止。陆贾明白，这一场统治集团的内部斗争肯定会酿成血肉横飞的惨剧。知识分子明哲保身的人生哲学使陆贾以生病为名辞去了大中大夫的官职，举家迁往好畤（今陕西乾县）居住。他将自己出使南越时所得赏赐的一部分卖掉，获值千金，平分给五个儿子，让他们各自独立，自谋生计。陆贾自己则"安车驷马"，佩带价值百金的宝剑，携带歌伎和侍者十余人，四处游历，结交宾客，颐养天年。

他对自己的五个儿子说："与汝约：过汝，汝给吾人马酒食。极欲，十日而更。所死家，得宝剑车骑侍从者。一岁中往来过他客，率不过再三过。数见不鲜，无久恩公为也。"根据陆贾的年龄和当时的形势判断，看来陆贾是打算以这种方式悠闲自在地度过自己的下半生了。陆贾如此安排自己的生活，所奉行的正是"达则兼济天下，穷则独善其身"的儒家人生哲学，是一种不得已而求其次的选择。其实，赋闲中的陆贾并不是远离人间烟火，他仍然时刻关心着汉朝的政局，并随时准备为之尽自己的一份力量，贡献自己的聪明才智。

公元前188年，惠帝刘盈死去，吕后立刘盈后宫子为皇帝，进一步控制朝政，诸吕专权的局面最终形成，刘氏政权危如累卵。这时候，右丞相陈平忧心如焚，他知道自己无力与吕后正面抗争，又不甘心刘氏皇统的断绝，更怕祸及自身，平时只得深居简出，装着一副与世无争的样子，使吕氏疏于防范。其实，他是苦苦思索一条既能避祸、又能维护刘氏皇统的出路。

有一次，陆贾特意到陈平府上造访，不待门人传达，径直入座。正在闭目苦思的陈平竟没有发觉陆贾的到来。

陆贾故意探问陈平："何念之深也？"

陈平是个城府很深的人，不做正面回答，故意反问："生揣我何念？"

陆贾于是单刀直入，一下揭开谜底："足下位为上相，食三万户侯，可谓极富贵无欲矣。然有忧念，不过患诸吕、少主耳。"

至此，两心相印。陈平立即向他求教万全之计，陆贾于是便将自己经过多日深思熟虑的计策向陈平和盘托出，他说："天下安，注意相；天下危，注意将。将相和调，则士务附；士务附，天下虽有变，即权不分。为社稷计，在两君掌握耳。臣常欲谓太尉绛侯，绛侯与我戏，易吾言。君何不交欢太尉，深相结。"

这是一个以协和的将相为领导，以刘邦创业时期的元勋重臣为核心，团结其他文武臣僚，相机挫败吕氏篡权阴谋的计划。

以屡出奇计著称的陈平苦思冥想也没有设计出来的万全之策，竟从陆贾的口中说了出来。陈平喜出望外，立即主动与周勃深相结纳，互相达成默契。与此同时，陈平又以奴婢百人，车马50乘，钱500万交给陆贾做游资，让他广泛地在汉朝公卿大臣中间进行活动，以便沟通信息，联络感情，进行诛除诸吕的密谋活动。由于陆贾当时已不是朝中的显官，而仅仅是一个退职的闲员，所以他的活动不为诸吕注意。他充分利用了这一条件，充当陈平、周勃等人的幕后军师和联络人员，起了别人无法替代的作用。公元前180年，吕后一死，诸吕即迅速被周勃、陈平等人诛灭，其中的一个重要因素应归之于陆贾运筹帷幄之功。

陆贾一介书生，生于战乱年代，无斩将夺旗之功，对功名利禄并不十分看重。他官秩不过千石，且为官时间不长，一生的绝大部分时间是做客卿或赋闲家居。最后得以寿终，是一个乐天知命的人物。

在西汉初年的政治舞台上，陆贾的声势并不显赫，但是，他却是西汉皇朝统治理论的创建者之一，是当时地主阶级中对历史和现实了解得最清楚、眼光最远大而锐敏的人物之一。一部《新语》奠定了他在汉代思想史上承上启下的地位。

陆贾《新语》一书，是西汉皇朝地主阶级的理论家总结秦亡的教训和刘邦获取天下的成功经验，第一次把儒、法、道结合在一起而提出来的较完备的理论。它以“无为”为最高政治理想，以仁义、礼法、任贤为基本内容，为西汉皇朝的长治久安创建了思想理论基础。

《汉书·艺文志》把《新语》列为儒家，其实，陆贾的思想与孔子、孟子、荀子等为代表的原始儒学已有相当的距离，除了儒家的基本思想外，还包含有黄老和法家思想的许多内容。

这套充满浪漫色彩的政治理想，其实质就是要求统治者对刚刚从秦末农民战争和楚汉战争的长期战乱中解脱出来的劳动人民，采取一种较少干扰，任其自然的统治方略，实行轻摇、薄赋、节俭、省刑为主要内容的缓和矛盾的政策，给他们一个恢复发展生产的良好环境，使之尽快出现经济繁荣，社会安定，百姓安居乐业的局面。在此前提下，封建国家再以赏罚劝惩之，以仁义教训之，使之弃恶向善，促进整个社会风气的好转，从而出现上下和睦、尊卑有序，君上无为而百姓和乐的景象。十分明显，在这幅理想的蓝图中，道家的“无为而治”，儒家的“仁义礼乐”，法家的“赏善罚恶”等基本信条，都融会贯通到一起了。

秦朝“以法为教”“以术为师”，穷兵黩武，严刑峻法，导致二世而亡的悲剧，使汉初的思想家们把眼光投向了儒家的仁义礼乐。陆贾作为秦末农民战争的参加者之一，亲眼看到不可一世的秦皇朝在起义军的战马嘶鸣中迅速土崩瓦解，他清醒地认识到民心不可侮，民意不可违，民力不可轻，是否得到百姓拥护是一个皇朝兴亡成败的关键，是“夫欲建国、强威、辟地用远者，必得之于民”。而要想得到百姓的拥护，就必须把自己的统治建筑在最稳固的基石之上。这就要求统治者做到“握道而治，依德而行，席仁而坐，仗义而强，虚无寂寞，通动无量”。具体办法也就是要以仁义取代“极武”，以道德取代利欲，以贤能取代奸佞，以“无为而治”取代好大喜功。陆贾以秦朝二世而亡的史实为根据，说明一味的高压、残酷的刑罚、过量的盘剥，即法家的那一套统治方略，不仅不是巩固统治的法宝，而且恰恰成为导致暴乱的根源。

陆贾指出，秦始皇与秦二世父子都笃信法家学说，认为严刑峻法，兵马斧镇是万能的，结果仅15年二世而亡，武力刑罚之不足恃由此可得到充分证明。刑、武之所以不足恃，原因就在于它只能失民心而不能得民心。只有用仁政德治代替极武和虐刑，才能树立起真正的政治威信，使“民畏

其威而从其化，怀其德而归其境，美其治而不敢违其政”。

陆贾相信，在强大的仁义道德力量的感召下，一定会出现“百姓以德附，骨肉以仁亲，夫妇以义合，朋友以义信，君臣以义序，百官以义承……守国者以仁坚固，佐君者以义不倾”美好的治世局面。

为了强调仁义的作用，陆贾在这里对传说中的尧舜和虽有记载但被美化了的周公都做了过分美化的描述。显然，在当时的历史条件下，特别强调一下仁义的作用，对于曾经参加过反对秦朝暴政的西汉统治者来说，更具有现实意义。不过，如果因此而认为陆贾就是单纯的儒家学者那就错了。事实上，陆贾虽然十分强调仁义的作用，但并不否认刑罚的重要性，而是认为两者各有各的用处，它们相辅相成，紧密配合，“文武并用”，才是治国抚民的比较完善的方法。

认真地总结秦国失败教训，是刘邦建立汉朝的重要步骤。

刘邦在经济上继续秦代的重农抑商、奖励耕战政策。为了解决劳动力问题，刘邦下令招集逃亡劳动力，解放奴婢，鼓励生育，赦免囚徒等。刘邦降低商人地位，不准穿丝织品，不准持兵器，不准乘车骑马，不准为官，不准买卖奴婢，加重商贾税收等，这些无疑都对社会经济的发展起了一定的作用。

帝王的决策影响的不仅仅是自己的权势和地位，还会给整个国家带来巨大的变化。随着局势的变化，国策也应当适当进行调整，否则拘泥不变，必然会造成被动的局面。刘邦在建国以后，顺利实现了国策的调整，与此同时，也把用人的重点从武臣转移到陆贾等文臣。一个强大的封建王朝就这样崛起了。

承袭秦制稳政权

有因袭才能有创新，想把原来的一切都打翻，重新创造一切是不切实际的。如果真要付诸实施的话，将会引起剧烈的社会动荡，付出高昂的成本。务实的政治家，是不会庸人自扰的，保持稳定是他最重要的职责，生事则是最大的忌讳。

从汉元年被封汉王，到汉五年定陶称帝，在这四五年间，刘邦在与项羽作战的同时，数回关中，在萧何的协助下，立太子，建汉制，已建立起汉初政治制度的雏形。这套政治制度，到汉十二年四月他逝世前，经过不断增补，已基本趋于完善。所谓的“汉袭秦制”，是指这套政治制度基本因袭秦朝。

秦始皇统一中国后，打破了传统的分封制，将大权揽于自己之手，在全国建立起中央、地方和乡村基层三级统治网络。西汉政权也是如此。

汉的中央政府和秦王朝一样，设“三公九卿”，皇帝则总揽大权。

所谓“三公”，即指丞相、太尉和御史大夫。丞相，为三公之首，主要任务是辅助皇帝处理国家政务。秦设左右丞相，而刘邦只设一相，到孝惠帝时，才增设二相；太尉，为全国最高军事首脑，主管国家军事；御史大夫，也可称副丞相，为全国最高监察首脑，他的任务比较繁杂，既要协助丞相处理政事，又要掌管符玺、图籍、秘书及朝内文件，还要受理百官奏事，监察百官。汉元年，刘邦拜萧何为丞相，留守关中；汉九年，刘邦

将丞相改为相国，复拜萧何为相国。太尉，汉始未设，直至汉十一年，刘邦北征陈豨，才拜周勃为太尉，领兵随往。汉初第一位御史大夫是周苛，为汉元年所拜。汉四年，周苛守荥阳被项羽所杀，刘邦复拜其弟周昌为御史大夫。汉九年，周昌被徙为赵相，翌年江阴侯赵尧又接任此职。

三公以下，就是九卿，即：一是奉常（太常），掌宗庙祠祭，朝廷礼仪，并主持考试，所属太史令掌史书、历法、天象、灾异之事；二是郎中令（光禄勋），皇帝的最高警卫官和朝廷政务秘书长，管理宫殿掖门户，所属诸大夫、议郎，负责顾问应对；三是卫尉（中大夫令），宫内警备长官；四是太仆，管理皇帝的车马；五是廷尉（大理），全国最高司法首脑；六是典客（大行令、大鸿胪），负责各少数民族事务；七是宗正（宗伯），管理皇族事务；八是治粟内史（大农令、大司农），全国最高财政首脑；九是少府（考工），皇帝私人财政长官，管山海池泽税收。对于汉初担任过九卿的官员，史书中记录不够全面。据《汉书·百官公卿表》载：叔孙通在汉七年任过奉常；王恬起在汉五年任过郎中令；郦商在汉六年任过尉卫；夏侯婴、上不害分别在汉元年、汉六年任过太仆；义渠在汉五年任过廷尉。除此之外，襄担任过治粟内史；阳咸延担任过少府。

“三公九卿”制，源于秦，传至汉，基本没有什么改动，构成了秦、汉王朝的最高统治机构。以后，历代沿革，名称虽有所改动，但其职权范围，基本上和汉代保持了一致。

汉初，在地方上，也仿效秦廷，力求推行郡县制。

秦朝初年，秦始皇将全国分成36个郡，而到末年，增加到40个。

刘邦自封汉王，到楚汉战争结束，这期间，他每占一个地方，每平定一个诸侯国，都依秦法，力求设置郡县：

汉元年（公元前206年）八月，刘邦还定三秦，就将关内之地，分设为渭南、河上、上郡三郡。

汉二年（公元前205年）十月，他将河南国改成河南郡；三月，虏殷王印，置河内郡；六月，拔废丘，将雍地分为中地、北地、陇西三郡；九月，韩信破魏王豹，又把其地分为河东、上党、太原三郡。

汉三年（公元前204年）十月，韩信兵下赵地，刘邦又将其地分设了常山、代郡二郡。

如此等等，刘邦所设置的这些郡县，据《史记·汉兴以来诸侯王年表》记载，达15个之多，但具体哪15郡，书中并未记全。钱大昕《廿二史考异》上认为，这15郡应为：河东、河南、河内、东郡、颍川、南阳、汉中、巴、蜀、广汉、陕西、北地、上郡、云中并内史。而项立岭、罗义俊在《刘邦》这本小册了中，认为云中为地名，非郡名，钱大听先生误将地名当成了郡名，应将云中改为上党。

在汉初，刘邦直接统治的就这15郡，后来在铲除异姓王的过程中，虽也立了一些同姓王，但也同时增设了一些郡县，在他逝世前，这种郡县已增加到20余个。

汉初郡县官员的设置，也几乎与秦王朝相同：郡设郡守，掌管一郡行政；郡尉，主管一郡军事。

郡下设县，县的设置主要根据人口稠稀而定，“县大率方百里，其民稠则减，稀则旷”。因县有大有小，所以设置的官员也略有差异：够万户以上的县，设县令，以下的则设县长。县令、县长，是一县最高的行政长官，下配副手县丞，协助县令、县长处理一县政务。一县军事，则由县尉担负。这些县级的主要官员，一律由汉朝廷直接任免、调动，也直接向汉朝廷负责。

西汉的乡村基层组织，也是仿效秦制，从下向上的组织形式是：伍、什、里、亭、乡。五家为一伍、有伍长；十家为一什，有什长；百家为一里，有里正（魁）、里监门；约十里为一亭，有亭长；十亭为一乡，乡置

三老、秩、啬夫、游徼。其中三老主教化；秩、啬夫掌民事纠纷、收赋税；游徼则主抓地方治安。因乡政权仅次于县，地位十分重要，所以汉初对三老有专门的规定：

“举民年五十以上，有修行，能帅众为善，置以为三老，乡一人。择乡三老一人为县三老，与县令丞尉以事相教，复勿徭戍。”

由此可见，三老的位置，也反映出汉初对乡村政权建设的重视。

这套从中央到地方由三层组成的政权机构，从下至上构成了中央集权国家的封建统治网络。这套网络，具有两个鲜明的特点：一是用郡县制代替了传统的“世卿世禄”“分土封侯”的分封制，符合历史发展的潮流；二是国家的军政大权和对郡县主要官吏的任免权都掌握在皇帝手中，这对抑制地方割据势力，维护国家统一，发展经济、文化，都起到了重要的作用。

刘邦在推行郡县制的同时，也在相当地区实行了分封制：汉六年（公元前201年）初，在分封功臣的过程中，他一下就分封了140余人为侯，大侯食万户，小侯食五六百户。具有代表性的有：萧何为酂侯，张良为留侯，陈平为曲逆侯，曹参为平阳侯，周勃为绛侯，樊哙为舞阳侯，郦商为曲周侯，夏侯婴为汝阴侯，灌婴为颍阴侯，傅宽为阳陵侯，靳歙为建武侯，王吸为清阳侯，周昌为汾阴侯，赵尧为江阴侯，陈豨为阳夏侯，任敖为广阿侯，王陵为安国侯，审食其为辟阳侯，吕释之为建成侯等。

在刘邦称帝前后，因各种原因，他还分封了九个异姓王，即楚王韩信，梁王彭越，淮南王英布，韩王信，赵王张敖，燕王卢绾，长沙王吴芮，闽越王无诸和南越王赵佗。

在封建社会里，领主割据势力常是大乱的一个发动者。汉初，这些王侯，尤其是握有军、政、财三大权力的诸王，拥有颇大的势力，对新生的汉政权构成了直接的威胁。这点，刘邦凭自己多年从军从政经验，已看得

十分清楚。为此，他把这些异姓王看成眼中钉、肉中刺，必欲铲除而后快。从他称帝到逝世，在这七八年间，刘邦采用了各种方式，除吴芮、无诸、赵佗三人得以保全之外，其余或降、或擒、或杀。刘邦这种诛杀功臣的行为，虽违背道义，但对维护汉初政权、百姓的生息却有着进步作用。

刘邦在铲除异姓王的同时，又在原土地上先后分封了九个同姓王，即：刘肥为齐王，刘交为楚王，刘濞为吴王，刘长为淮南王，刘友为淮阳王，刘恢为梁王，刘如意为赵王，刘建为燕王，刘恒为代王。在这九王中，除刘交、刘濞外，其余均为刘邦之子。

这样，在汉初的国家体制中，就形成了一种郡县制与分封制相互交叉、并存的局面。

掌控权力，强干弱枝

在管理的过程中，针对权力，管理者有两种方式可以选择，一是专制，二是制衡。但是无论是哪一种管理方法，都要注意的一点是：关键性的权力，要牢牢掌控在管理者手中。为了防止下属权力过大，影响管理实施，管理者就要做到强干弱枝，掌控关键的、主要的权力。我们一起来看一下刘邦在这一方面是如何做的。

垓下之役，刘邦军的主力是韩信率领的30万齐国军队。项羽灭亡后，刘邦最担心的就是韩信。幸好韩信军队中的骑兵统帅灌婴和步兵统帅曹参都是刘邦的亲信，对韩信有很大的牵制作用。

战争结束后，刘邦下令各诸侯先返回自己的封地，等候进一步评定功劳和分封。因此，大家都在非常愉快的气氛下，班师凯旋回到了自己的封国。

此时，张良、陈平却建议刘邦率禁卫队伺机夺取韩信的兵权，以免日后产生祸患。他们认为，在灌婴、曹参的协助下，只要刘邦亲临韩信的军队，要制住韩信、夺取他的兵权并不困难。

刘邦认为有道理，便开始想办法夺取韩信的兵权。得知“韩信在返回齐国临淄前，准备先到齐国西南巡视，并暂驻营于定陶”的消息后，刘邦便率禁卫军直奔定陶。他想借劳军的名义直接进入韩信的大营，夺得韩信指挥30万大军的令旗。

当时，灌婴、曹参均支持刘邦的做法。韩信见此，也不敢抗议，只保留直属军队的指挥权，其余的全部军权都很坦然地交给了刘邦。

刘邦向韩信承诺：分封他为楚王，齐国则另有分派。楚国远远大于齐国，而韩信又是楚国人，因此韩信很乐意地接受了。

由于刘邦宣称，这次行动旨在确立自己在诸侯中的领导地位，并不伤害韩信的权益，在实际中反而给韩信幅员更大的楚国，其他诸侯也并未引起恐慌。相反，他们认为刘邦的夺权行为是善意的，是必要的。

韩信的30万大军，虽已划归朝廷指挥，但是韩信拥有楚国，仍是刘邦之外军事势力最大的，而且韩信的军事才能刘邦望尘莫及。刘邦封他为楚王后，心里仍然视韩信为最大威胁，认为万一韩信有心谋反，其可怕程度丝毫不亚于项羽。

于是，刘邦来了个“敲山震虎”，从其他诸侯王开刀，逐步消除异姓诸侯王对自己的威胁。

燕王臧荼在楚汉相争中始终保持中立状态。臧荼的燕王是项羽封的，刘邦不过是承认既有的事实而已。在刘邦与项羽对峙的四年中，臧荼从未表示支持汉王。

臧荼认为，天高皇帝远，刘邦远在关中，鞭长莫及，于是有意独立，脱离中央政府的管辖。韩信从齐国迁调为楚王后，齐国一直未有新王，这让臧荼认为有可乘之机。7月，臧荼宣布不再奉侍汉王。

为了表示统一的决心，刘邦不畏路途遥远，决定御驾亲征。8月，赵王张耳和长沙王吴芮病故，其子继承王位，他们对汉王的忠诚度也大不如他们的父辈。

臧荼判断刘邦不可能派部队前来。他先强度关山，企图让刘邦不得不承认事实。但是，刘邦却克服万难，亲率大军前来征讨。

燕军兵力不多，没多久便被汉军包围，臧荼只好投降。于是，刘邦以太尉长安侯卢绾为燕王。

韩信拥有楚国后，觉得楚国的地盘虽大，但是与固陵之约所说的“共分天下”还是有很大差异，心中自然有些不平。

到楚国后，韩信先巡抚诸县邑，并统合管辖楚境之军权，出入皆有部队相随，以防刘邦再度突击夺取军队指挥权。此外，韩信还收留了数败刘邦、让刘邦痛恨不已、在垓下之围后便失去行踪的原项羽手下悍将钟离昧。

刘邦很快就得知了这些消息，内心大为不快，便下令韩信逮捕钟离昧，亲自解送至京城审判。但是，韩信对刘邦的命令置之不理。

于是，追缉钟离昧的官员向刘邦告发，说韩信庇护重犯，有造反的意图。刘邦召见将领们商议，询问大家的意见。将领们多主张采取强硬措施，率领大军直逼楚国，擒捕韩信和钟离昧。但是，刘邦却有顾虑，一直低头不语。

由于官员告发韩信有意谋反的事情是秘密的，韩信本人并不知情，陈平便对刘邦说：“自古以来天子常有巡狩、会诸侯的礼仪，以显示关心地

方民情。如今，您可假装将赴云梦地区巡狩，并会诸侯于陈、楚之西界。韩信接到天子巡狩会诸侯的消息，会依礼仪以非武装的姿态前来会盟，只要韩信没有决战的准备，陛下便可轻易地擒捕他，这只要一个力士便可以做到了。”

刘邦对陈平的计策大为赞同，于是马上下令通知诸侯们，他将到云梦地区巡狩，并在陈地会诸侯。随即，刘邦就率禁卫军团出发了。而随行的将领也都有自己的军团跟随出行。

韩信听说之后，将信将疑，因为钟离昧一事尚未调查清楚，而刘邦却带领诸侯来巡狩，而且要与自己在陈地见面，他到底是什么目的呢？如果在此时举兵反叛，定被围剿，不管结果如何，但绝对不是出自韩信的本意。

有人向韩信建议说：“只要杀死钟离昧，向皇上表示您的忠诚，皇上就不会为难你了。”

韩信觉得有道理，于是就和钟离昧商量。虽然钟离昧并不认为这样做能解除韩信的危难，但也不忍心因为此事而牵连韩信及楚国军民，只得自杀身死。

刘邦于12月在陈地会诸侯，此时，韩信带着钟离昧首级前往谒见。但刘邦仍然下令逮捕韩信。韩信因觉得自己无罪，所以反抗刘邦。随后，刘邦就把调查官员的控诉书，宣读给韩信和众诸侯看。韩信无言以对。

于是，刘邦就下令擒住韩信，载于军队后，返回洛阳。回长安后，刘邦下令大赦天下，贬韩信为淮阴侯。

刘邦对于部下的态度，大有“飞鸟尽良弓藏，狡兔死走狗烹”的味道，但是我们不能只是对这种手段进行一味批判，而是应该学习刘邦这种集权的思维模式。

刘邦在与项羽博弈天下时，充分信任部将，尤其是韩信，将军队指

挥权委托给他，让他独当一面，在创建汉帝国的过程中，是非常必要的。而当刘邦战胜项羽、建立汉帝国后，他面临的首要任务是稳定局势。俗话说：稳定压倒一切。稳定对于天下初定的政权来说，比什么都重要。而要确保天下的稳定，就必须牢牢地控制军权，限制和收缴那些功臣宿将的兵权。如此一来，像韩信等手握重兵、能征善战的将领自然首当其冲地成了刘邦要制服的对象。

刘邦对将领的不断削弱，体现了我国一贯的强干弱枝，一人集权的思维模式。强干弱枝的思想体系到宋朝才真正形成，但是对于其思维的运用却早已存在。刘邦对于这种思维的运用是很成功的。首先他分封与郡县并举，将天下布置成一种相互制约的状况，《史记·汉兴以来诸侯王年表序》曾记载："而汉郡八九十，形错诸侯间，犬牙相临，秉其厄塞地利，强本干弱枝叶之势，尊卑明而万事各得其所矣。"

强干弱枝思想系统的提出和实施，一直到后来的宋太祖赵匡胤时期。但是这种思想的源流，却早就产生了，历代君王为了自己的统治地位，都会运用这种思想，其具体做法就是，削弱下属的权力，将关键性的权力掌控在自己手中。只有这样，才能保持自己的统治地位，从而使自己的管理能够有效地保持下去。

现代社会的一些团队中，权力不够集中，造成分权严重，各部门各自为战，直接影响到团队发展的大局，这些都是管理者不懂得集权造成的。在团队管理中一定要权责明确，确立领导的有效领导和管理，刘邦的做法可以给我们很大的启示。

选择合适接班人

一个企业要想获得长期而稳定的发展，仅仅依靠一位优秀的管理者是不够的，即使优秀如乔布斯一样的管理能人，也要面对退休问题。因此，企业要及早建立和完善接班人的培养制度，这是保证企业长久发展的重要前提。而“西汉王朝”这个庞大的企业，同样会面临着刘邦退休，选择太子的问题。

刘邦晚年，心里最大的隐忧除了匈奴和异姓诸侯王的威胁外，主要就是继承人的问题。

吕后所生的嫡长子刘盈，是理所当然的继承人，在汉王时代便被立为太子。刘盈生性仁慈、软弱，没有乱世领导者应有的风范和气魄，虽然历经患难，但还是学不会如何保护自己。

除了长相高大英俊外，刘盈一点也不像他父母。他既不像刘邦那样潇洒和大而化之，也不像吕后那样坚强和狠毒。而且，刘邦长年征战在外，对刘盈也没有什么感情可言。

刘邦晚年特别宠爱年轻的戚姬，常常和戚姬在一起。戚姬生了一个儿子叫刘如意。刘如意既聪慧又可爱，年纪虽小，却非常懂事，反应又快。刘邦认为，刘如意比较像自己，便有心废刘盈，改立刘如意为太子。

为了自己的儿子能够当上太子，戚姬极力拉拢大臣，希望他们支持刘如意。但是，汉朝的一些元老大臣都比较同情个性仁慈，又没有犯什么错

的刘盈。每次刘邦提出更立太子的事情，总是得不到大臣的支持。太子之位关系到帝国根基，刘邦在没有得到众大臣的支持下，也不好独断专行。于是，更立刘如意为太子一事并没有什么进展。

母以子贵。吕雉虽然贵为皇后，但是太子的废立直接影响到她未来的命运。因此，吕雉对太子废立的事情非常担心。如果太子刘盈被废，自己未来的权势也将随之而去，一生的心血自然会付诸流水。历经长年的患难和孤独，吕雉变得相当敏感而不安，对别人有极端不信任的倾向；但是也因为长年的孤独和忍耐，她的个性也变得非常坚强，非常自信。她绝不愿意让戚姬的意图得逞。

由于刘邦具有绝对的决定权，刘盈随时都可能被废掉。她想来想去，最后决定向善于谋划又深得皇帝信任的张良求计。

张良也反对废立太子，他认为一动不如一静，太子是国家的根基，任何人为的变化，都有可能造成混乱。不过，他认为这是刘邦的家事，只要刘邦不问，他便一概不管，一切顺其自然。

吕雉派吕泽去请求张良指点迷津。张良起先说这事是皇上的家事，他没有资格插手，但是在吕泽软硬兼施的要求下，张良没有办法，只好给他出了一个主意。

张良说："这不是靠口舌争辩就可以解决的。我知道皇上一直想邀请四位高人为其幕僚，但这四人年岁已大，皆以为皇上为人傲慢轻侮，所以相偕逃匿山中，义不为汉臣，但是皇上还是非常尊重这四位高人。现在你们倘能不爱金玉璧帛，请太子亲自写书信，用最谦卑的态度，准备最舒适的车子，并派去最擅言辞的人，邀请这四位高人。我相信，他们是会接受太子邀请的。如果他们能来，便聘之为宾客，经常和他们一起上朝廷，让皇上看到。皇上必会惊问是如何请到这四位高人的。只要皇上知道这四人已为太子所用，太子之位便安如磐石了。"

张良所说的四位高人，就是“商山四皓”，是当时非常有名气的隐士。

吕泽把这个办法告诉了吕雉，吕雉便命吕泽派人奉太子刘盈的亲笔书信，卑辞厚礼，去聘请此四人。果然，四位高人接受了太子的聘请，一起住进了吕泽的家，成了太子的宾客。

由于长期劳累，加上征讨英布时，刘邦受了伤，他的病情开始一天一天地恶化，他认为自己的时间可能不多了，决心处理已搁置多年的继承人问题。

太子少傅张良劝刘邦不要废立太子，刘邦不但不听，反而立即着手准备废立太子。

太子太傅叔孙通极力为太子辩护说：“昔日，晋献公以骊姬之故，废太子申生，立奚齐，造成晋国混乱数十年，成为天下笑话。秦始皇不早定扶苏为继承人，让赵高得以有机会诈立胡亥，造成亡国，此为陛下所亲见啊！今太子为人仁孝，天下皆知也，这也是陛下和吕后辛苦培育的功劳，怎能轻易放弃呢？陛下如果真的想废长立少，臣愿先伏诛，以头血洗此地。”

叔孙通说辞慷慨，摆出一副要杀身成仁的模样。

刘邦看到叔孙通如此维护太子，只好说：“老先生可以休息了，我只是开玩笑罢了！”

大臣们见叔孙通舍命维护太子，非常感动，也纷纷进言支持太子刘盈。

刘邦见群臣不支持赵王，只好暂时搁置此议。

朝议罢，刘邦决定大摆酒宴以庆祝征伐英布的胜利。太子刘盈也奉命陪侍。

在宴会上，刘邦突然看见在太子侍从的宾客席上，有四个须眉皓齿、衣冠甚伟的老人，心里似有所感，便派人问他们的姓名。

得知是“商山四皓”时，刘邦大吃一惊，说：“我曾派人寻求公等四人，你们都回避不肯见面。现在，为何都成为了我儿子的宾客呢？”

“商山四皓”回答说：“陛下一向看不惯读书人，常谩骂之，我等义不受辱，故害怕而逃匿也。但听说太子为人仁厚，恭敬爱士，天下读书人无不延颈愿为太子效死，所以臣等才出来辅佐太子的啊！”

刘邦只好很郑重地说：

“还烦请你们替我调教太子啊！”

“商山四皓”向刘邦祝酒后，便先行离去，刘邦站起来以目送之。

刘邦立刻召见戚姬，指着“商山四皓”说：

“我本来想废立太子，但有此四老辅佐，太子羽翼已成，不容易更动了，今后还是以吕后为主了。”

戚姬闻之泣泪不止。刘邦起而离去，结束酒宴。从此，便不再谈论废立太子之事。

刘邦在考虑继承人时，也考虑到了“一致性”，但是由于在博弈天下时，忽视了把太子带在身边参加实际锻炼，使得太子显得有些软弱。刘邦见太子不如自己，担心他无法继承自己的江山，便有废立太子，改立更像自己的小儿子刘如意为太子。但是，太子是天下之根本，轻易废立太子势必要破坏一致性。好在吕雉及时向张良问计，张良向太子推荐了“商山四皓”，刘邦见自己都请不动的“商山四皓”已为太子所用，认为太子羽翼已丰满，才不再坚持废立太子。

太子之争，是如何保持刘氏江山“一致性”的争论，也是后宫里吕雉和戚夫人之间的一次实力较量。在这场博弈中，刘邦的本意是偏向戚夫人和赵王刘如意的，但是他中了吕雉的计谋；误认为太子可以担任继承刘氏江山的大任，结果废立之事便不了了之。其实，后来的吕氏乱政事件表明，太子刘盈的确不堪托付天下，维护太子的地位是吕雉夺取政权的一个阴谋而已。而且吕后很高明地利用了群臣的呼声。在太子废立的问题上，刘邦最终改变主意，意味着他在与吕后的博弈中，遭遇了惨败。

太子是国之根本，是保持一个王朝“一致性”的执行人。一个王朝要想继续传承下去，必须要高度重视太子的人选，这个人选必须要有广泛的群众基础。如果最高统治者一意孤行，让没有群众基础、不能深孚众望的人成为太子人选，这无疑是不利于社稷稳定的。

同样的道理，在现代社会，一个企业要想持久地保持自己的竞争力，也必须要高度重视企业的一致性。只有企业的一致性得到了保证，企业才有可能持续、稳定、健康地发展。

没有沉不了的船，没有垮不了的企业，没有不变的市场，没有不老的生命，没有永远正确的思想。要想确保企业的“一致性”，企业的经营管理者一定要高度重视接班人的培养。那些优秀的经营管理者之所以在自己卸任以后，还能让企业保持源源不断的活力，一个重要的原因就是他们非常重视接班人的培养，以确保企业的一致性。

管理者建立的接班人培养制度，可以有效帮助企业避免在长期的发展过程中遭遇到管理人才断层的尴尬，一如今天的苹果公司一般。著名的快餐公司肯德基，就规定了管理者必须要先培养好自己的接班人之后才可以升职，原因自然也是为了防止出现人才断层的局面。

对一个企业的发展来说，培养接班人意义重大。它能够保证企业的人力资源储备不至于出现断裂，也能有效地降低甚至消除员工辞职或离职造成的损失。人才是企业发展的基础，只有让源源不断的人才来为企业服务，企业才能够始终走在健康经营的轨道上。

后　记

在我国悠久的历史中，涌现出了一批叱咤风云、扭转乾坤的帝王，这些帝王无不具有一种非凡的开创精神。他们如夜空中群星般璀璨夺目，开创了一代王朝的新纪元和新气象，荡涤着时代，演绎着历史；他们是一个朝代的先锋，挥舞着新政权的猎猎旗帜，翻开了历史的新篇章。

看他们如何拥有权力？是强抢霸取，还是策动智慧，以德服人，使人心汇集？当权力在握时，是居安思危，励精图治，还是纵逸骄奢，在位而不谋政？一般领袖要具备一种权威的形象，对下属要有功必赏，有罪必罚，奖罚分明，这是管理者所奉行的不二法门。知人用人是一门大学问，如何才能知人？是任人唯亲，还是任人唯贤与才？不责人小过，不揭人隐私，不念人旧恶，这也是优秀领导者的必然风范。用人不疑，疑人不用；宁用愚人，不用小人，是治国兴家亘古不变的真理。阅读一个个伟人的档案，我们不难发现这些道理。

本书的编写得到了北京大学历史学系的众多专家、教授的大力支持，安徽师范大学文学院的多位教授、博士也亲临编写现场给予指导，在此表示衷心的感谢！尤其要特别感谢安徽省濉溪中学的一级教师田勇先生在本书编写、审校过程中给予的辛苦付出和大力支持！本书参考、引用了诸多专家、学者的著作和文献资料，谨对这些资料的作者表示衷心的感谢！有些资料因为无法一一联系作者，希望相关作者来电来函洽谈稿酬事宜，我们将按相关标准给予支付。

邮箱：945767063@qq.com　联系人：姜正成